이주,
그 먼 길

이주, 그 먼 길
우리 사회 아시아인의 이주·노동·귀환을 적다

1판1쇄 | 2012년 4월 20일
1판4쇄 | 2017년 8월 21일

지은이 | 이세기

펴낸이 | 정민용
편집장 | 안중철
책임편집 | 윤상훈
편집 | 강소영, 이진실, 최미정

펴낸 곳 | 후마니타스(주)
등록 | 2002년 2월 19일 제300-2003-108호
주소 | 서울 마포구 양화로6길 19, 3층 (04044)
전화 | 편집_02.739.9929/9930 영업_02.722.9960 팩스_0505.333.9960

블로그 | humabook.blog.me
페이스북 | humanitasbook
인스타그램 | humanitasbook
트위터 | @humanitasbook
이메일 | humanitasbooks@gmail.com

인쇄 | 천일문화사_031.955.8100   제본 | 일진제책사_031.908.1407

값 13,000원

ⓒ 이세기, 2012
ISBN 978-89-6437-153-4 04300
       978-89-90106-16-2 (세트)

이 도서의 국립중앙도서관 출판시도서목록(CIP)은 e-CIP홈페이지(http://www.nl.go.kr/ecip)와
국가자료공동목록시스템(http://www.nl.go.kr/kolisnet)에서 이용하실 수 있습니다.
(CIP제어번호: CIP2012001699)

우 리 사 회
아 시 아 인 의
이 주
노 동
귀 환
을
적 다

이주,
그   먼   길

이
세
기
지
음

후마니타스

차 례

일
러
두
기
_____

1. 2005년부터 2011년까지 '한국이주인권센터' 홈페이지와 『삶이보이는창』, 계간 『작가들』에 게재한 글을 바탕으로 고쳐
   썼다. 발표 순서에 구애받지 않고 재구성했으며, 글 끝에 발표된 때를 적었다.
2. "한국 이주 정책 및 이주 인권 운동 연표"를 수록해 관련된 법령과 통계의 변화, 각 글이 쓰인 배경을 이해할 수 있게 했다.
3. 단행본, 정기간행물에는 겹낫표(『 』)를, 기고문, 단편, 시 제목에는 큰따옴표(" ")를, 법령, 공연물, 텔레비전 프로그램,
   노래 제목에는 가랑이표(〈 〉)를 사용했다.
4. 법령명은 국가법령정보센터 표기를 따랐다.
5. 인물의 나이는 글이 처음 작성된 시점을 기준으로 해 괄호 안에 적었다.
6. 사진은 지은이가 제공했다. 사진과 문구가 직접 관련되지 않은 경우에는 인물의 이름을 적지 않았다.

인천 남동 공단의 공장 기숙사 현관

파키스탄 이주노동자에게서 전화 한 통이 왔다. 인천 남동 공단에서 모임이 있는데 함께할지를 묻는다. 좋다고 답한 뒤 찾아가는 공단 길은 어둠으로 가득하다. 회합 장소인 공장 기숙사에 들어서자 카오스처럼 벗어 놓은 얽히고설킨 신발이 자못 절경이다. 저것이 바로 삶이라면 그야말로 극적이다. 라호르에서, 카라치에서, 이슬라마바드에서 신발이 끌고 왔을 이주의 길이 불현듯 궁금했다.

_____2부 "굿다하 피스!"

타이 방콕 거리

사윙 씨가 고향을 떠나 이주노동자로 한국에 온 것은 그의 나이 28세였다. 타이 동북부 오지인 잠롱에서 한국으로 올때, 그는 고향에다 땅을 사 연못이 딸린 집을 짓고 가정을 건사하며 사는 꿈을 꿨다. 그곳에서 고등학교를 마쳤지만, 다른 또래들처럼, 일자리가 없어서 무직으로 지내야 했다. 대부분의 친구들은 일자리를 찾아서 고향을 등지고 방콕 등지의 대처로 떠났다. 그 역시 주어진 운명을 극복하기 위해 가까운 소도시로 가 돈을 벌었다. 그러나 그가 받은 돈으로는 가족의 생활비를 충당하는 것은 물론 자신의 장래를 계획할 수 없었다. 아무리 벌어도 남는 것은 밑도 끝도 없는 생활고와 절망뿐이었다.

_____1부 "이주, 그 먼 길"

타이 동북부 잠롱으로 가는 길

일자리는 생기지 않고 실업률만 증가하다 보니, 일이 있는 곳으로 노동력이 몰릴 수밖에 없다. 그래서 일을 찾아 국경을 넘어 목숨을 건 이주를 단행한다. 가족을 먹여 살리기 위해, 자신의 꿈을 이루기 위해 힘겨운 이주를 감행하는 것이다. 많은 이주노동자에게 "왜 고향을 떠나와서 고생을 하느냐?"라고 물으면 대답은 한결같다. 자신의 나라에는 "일이 없다."는 것이다. 나는 잠시 사윙 씨가 이주를 위해 떠나왔을 길 위에서, 내가 떠나온 길을 생각해 봤다. 순간적으로 스치는 풍경들이 나를 어떤 고통으로 내몰았다. 고통이 더할수록 이 길을 오갔을 이주노동자의 꿈과 좌절이 떠오른다. 사윙 씨도 이 길을 따라 한국으로 이주노동을 왔을 것이다.

_____1부 "이주, 그 먼 길"

잠롱에서 만난 사윗 씨

방콕에서 만난 리음 씨

사잉 씨는 한국에서 7년 동안 일했지만 처음 5년간은 벌이가 신통치 않았다. 그 때문에 부인과는 아들 하나를 낳고 헤어졌다. 그 뒤에도 한 번 더 한국에 이주노동자로 가서 1년여 일했지만, 빚만 졌을 뿐 지금은 방 한 칸 딸린 집이 전부다. 집터는 있지만 집을 짓지 못할 만큼 궁핍하다. 사잉 씨는 여건만 되면 다시 한국에 가고 싶다고 했다. 집을 짓고 결혼도 하고 싶다고 했다. 가족도 건사하며 살고 싶다고 했다. 하지만 그는 잡초만 무성한 텅 빈 집터를 바라보며 한숨을 쉬었다.

_____1부 "이주, 그 먼 길"

리웅 씨는 2005년경 이주노동자로 한국에 왔다. 입국한 지 2개월도 되지 않은 어느 날 아침, 프레스에 그의 손가락이 싹둑 날아갔다. 손가락 다섯 개의 보상금은 3천1백만 원이었다. 그 돈을 가지고 타이에 와서 택시 두 대를 소유한 사장이 되었다. 그는 차에 오른 나를, 웬일인지 손가락이 없는 뭉툭한 오른손을 치켜세우며 배웅했다. 마치 자신의 모습을 기억해 달라는 뜻 같았다. 그의 삶이 송곳이 되어 폐부를 찔렀다.

_____1부 "이주, 그 먼 길"

필리핀 마닐라에 있는 몰 오브 아시아

세부와 마닐라에 들렀다. 필리핀은 소비의 천국을 연상케 하는, 아시아 최대의 쇼핑몰인 몰 오브 아시아가 있는 나라
다. 동시에 가장 많은 이주민을 해외로 보내는 나라다. 국민의 30퍼센트가 이주민이 되어 세계의 구석구석으로 이주하
고, 국민총생산의 13퍼센트를 이주노동으로 벌어들이는 나라가 오늘날의 필리핀이다.

_____1부 "뫼비우스의 끈"

마닐라의 파시그 강

이들은 마치 마닐라 중심을 관류하는 파시그 강에 떠다니는 부레옥잠인 릴리 같은 운명이다. 도심 한가운데와 빈민촌 사이를 유유히 떠내려가는 릴리의 모습은 세계 각처를 떠도는 필리핀 이주민의 삶처럼 정처 없다. 마닐라 만까지 흘러 갔다가, 태평양과 만나 숨 쉬듯 밀려갔다 밀려오는 파도 너머에 몸을 맡기고는, 유빙처럼 떠돌다 끝내 사라질 운명이 바로 릴리의 삶이다. 이주의 삶이 릴리와 다르지 않다.

——1부 "뫼바우스의 끈"

필리핀 보홀에 있는 탁빌라란 거리

실상 이주노동은 환상과 같은 것이라서 어느 정도 돈을 모으면 삶이 연장되지만, 그렇지 못하면 앞날이 막막할 정도의 절망이 찾아온다. '완전한 귀환'은 "많이 벌고, 많이 아껴서 모국의 가족들에게 더 밝은 미래를 제공한다."라는 이주노동자의 목적이 달성된 경우다. 하지만 많은 이주노동자들은 귀환한 이후 가족과 결합하고 지역사회와 통합하는 과정에서 많은 문제에 직면한다. 리아 씨가 사는 보홀을 찾아갔다. 시내 중심에는 트라이시클의 행렬이 끝이 없다. 매캐한 매연을 내뿜으며 사람들의 발이 되는 트라이시클 운전이, 이곳에서 직업을 창출하는 유일한 일처럼 보인다.

―――1부 "뫼비우스의 끈"

보홀에 있는 팡라오 섬 해변가에 선 리아 씨

리아 씨가 번 돈은 가족을 건사하는 데 소비되었다. 그녀에게 남은 것은 결혼 연령기를 훌쩍 넘긴 자신뿐이다. 이주노동을 하면서 그녀도 늙어 갔다. 그녀가 얻은 것은 여전히 불안한, 뫼비우스의 끈과 같은 미래다. 어느 누가 고향을 떠나고 싶겠는가. 어느 누가 부모 형제를 뒤로하고 외따로 떨어져 고된 이주노동을 하고 싶겠는가. 이주는 더 나은 삶에 대한 욕망과 생존을 위한 몸부림에서 시작된다. 많은 이들이 세계 곳곳에서 이주노동을 꿈꾼다. 더 나은 삶을 위해, 가족을 위해, 치욕스러운 오늘을 벗어나기 위해 탈출을 꿈꾼다.

_____1부 "뫼비우스의 끈"

라마단 마지막 날 축일에 참석한 이주노동자들

대부분의 이주노동자는 성장 배경과 환경을 봤을 때 그나마 선택받은 이들이다. 하지만 노동에는 선택이 없다. 한 집안의 가장, 남편, 아버지로서 이주노동을 가는 것이 아니라, 사출직 노동자, 가구 배달 기사, 일용직 건설 노동자, 야간 일을 전담하는 노동자로 가는 것이다. 그가 그 나라에서 어떤 신분이었는지, 성장 배경이 어떻고 어떤 위치에 있었는지 따위에는 관심이 없다. 오로지 지시에 따르고 복종하는 건강한 노동력에만 관심을 가질 뿐이다.

____1부 "뫼비우스의 끈", 2부 "어디로 가야 하는가"

전기 릴선 조립 작업을 하는 공장의 이주노동자

고향으로 귀환해 조그만 의류 공장을 차리는 것이 그의 꿈이었다. 자고 일어나 몇 발자국만 가면 공장 작업장이고 일이
끝나 또 몇 발자국 떼면 방이었지만, 그는 꿈이 있어 행복했다. 일주일씩 주야 맞교대로 하루에 열두 시간 일해야 했지
만, 그는 불평하지 않았다. 몸은 쇳가루 때문에 늘 알레르기에 시달리고 하루에도 여러 차례 생산량 독촉을 받으면서
도, 그는 웃음을 잃지 않았다. 필사적으로 일했다. 여기에서 밀리면 갈 곳이 없었다. 어렵게 온 이주노동이기에 뼈가 녹
아내리는 한이 있어도 참아야 했다.

————2부 "어디로 가야 하는가"

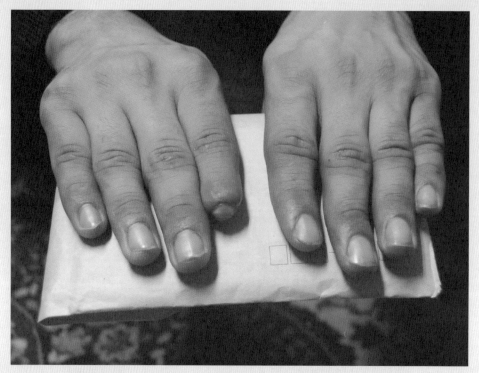

샤마슈 씨의 손

"회사에서는 한글로 된 서류를 내밀면서 사인을 요구했는데 그 내용이 무슨 뜻인지 알려 주지 않았어요. 그냥 사인하면 된다는 거예요. 결국 사인했지만 3개월이 지난 지금까지 아무런 조치도 취하지 않는 것을 보니 뭔가 잘못된 것 같아요." 샤마슈 씨가 산재를 당했다며 손을 내민다. 내민 손의 검지 마디가 없다. 한국에 들어와 일주일 만에 프레스에 손가락이 잘려 2개월 동안 입원했다는 그는 산재 처리가 어떻게 될지 궁금해했다. 월급 통장을 보여 주었는데, 합의금은커녕 산재 처리도 되지 않았고, 통상 임금의 70퍼센트 선에서 임금이 지급되었을 뿐이다. 날씨가 추워지자 손마디가 쑤신다며, 계속 치료도 받고 보상도 받고 싶다고 했다.

──2부 "굿다하 피스!"

인천 가좌동에 있는 이주노동자 숙소

몸이 아파도 병원은 엄두도 못 낸다. 친구를 만나고 싶어도 대중교통을 이용할 수 없다. 비싼 택시비를 내고 가야 한다. 한국인에게 폭행을 당해도 경찰서에 갈 수가 없다. 모국어로 쓰인 책 한 권도, 신문 한 장도 구경하지 못한다. 번 돈을 고향에 송금하기 위해 살아갈 뿐이다. 생활하는 방은 단출하다. 간단한 취사도구와 카펫만이 세간의 전부다. 방 안의 풍경은 그가 언제든지 이곳을 떠날 준비가 되어 있음을 보여 준다.

_____2부 "어디로 가야 하는가"

공장 기숙사에서 상담을 받고 있는 이주노동자들

이주노동자는 입이 있어도 항의할 수 없다. 항의는 곧 추방을 의미하기 때문이다. 누구보다도 사업주가 이를 잘 알고 있다. 저항할 수 없는 이주노동자는 그저 노동력을 제공하는 기계로 살아갈 것을 요구받는다. 끝내는 영혼까지 거세되어 소모품으로 전락한다. 피와 땀과 눈물이 있는 인간임에도 인간으로 대접받지 못하는 현실을 뭐라 할 수 있을까.

_____2부 "거세되는 영혼"

공장 기숙사에서 상담을 받고 있는 이주노동자들

미등록 이주노동자를 대대적으로 단속하는 배경에는 이들을 불온하게 여기는 정서가 깔려 있다. 이주노동자의 집단적 요구와 정치적 발언이 증가할수록 단속도 심해진다. 조합을 만들고 이라크 파병 등에 목소리를 내는 이주노동자들의 활동에 공안 정치를 방불케 하는 단속이 진행되고 있다. 경제적 요구에서 정치적 요구로 발전될 수 있는 이주노동운동을 봉쇄하려는 의도가, 이주노동자에 대한 근본적 대안을 마련하지 않은 상황에서 얼마나 실효성이 있을까.

_____2부 "어디로 가야 하는가"

이주노동자 한국어 수업을 마친 뒤

"가난한 나라에서 왔다고 인격까지 가난한 것은 아니다."

"일하러 온 사람을 왜 불쌍하다고 하는지, 노동하는 것이 왜 불쌍한지 모르겠다."

"우리는 이 땅에 노예로 온 것이 아니다."

"우리를 가지고 장사하지 마라. 우리는 사고파는 물건이 아니다."

"우리에게도 정당한 요구를 할 권리가 있다."

"우리의 노동력은 불법이 아니다."

_____2부 "우리는 노예가 아니다", "우리가 희생양인가"

어느 날 하루 나는 마른 꽃처럼 마음도 말랐다

당신은 나를 알아도 알려고 하지 않았다

나는 바보처럼 당신에게 다가가고 있다

하나의 진실을 꼭 잡으면서

너는 나를 버린다 나를 바보라고

그래도 나는 왔다 당신의 사랑을 위해

당신은 나를 모른다 하늘은 있지만 구름이 없다

나는 어디에도 없다

바람은 있지만 나는 어디에도 없다

_____ 하킴, "아무도 모른다, 나를" 중에서

'이주민과 함께하는 아시아 문학의 밤'에서 시를 낭독하는 하킴 씨

"내가 시인으로 태어난 나라는 한국이에요. 한국의 가좌동은 내 영혼이 메마르지 않게 해준, 마음의 고향이에요."
공장에서 돌아와 홀로 빈방에 드러누우면 가끔씩 '나는 누구인가'라는 의문이 들었다. 서른두 살, 미혼, 고향에 갈 수 없는 처지. 그런 자신을 발견할 때마다 세상에 버려진 존재라는 생각이 들었다. 고향의 들과 강이 아직도 선연하지만, 이제는 이골이 난 머나먼 이국의 이주노동 또한 생활의 일부가 되었다. 야간작업을 하다 잠시 멈춰 고개를 들어 공장의 불빛을 봤을 터다. 물량을 뽑아내기 위해 손과 발이 부산한 그의 눈에, 슬프고 아름다운 불빛이 흐릿하게 스며들던 때도 있었으리라. 텅 빈 공장에 남아 기계 소리와 함께 작업할 때면, 홀로 있는 자기 자신을 볼 때가 있었으리라. 그때마다 무료함을 잊기 위해 흥얼흥얼 콧노래를 불렀다. 콧노래는 다시 시가 되어 찾아왔다. 이주노동자의 손끝에서 슬픔과 사랑이 흘러나왔다.

_____ 3부 "나는 누구인가"

고향에는 부모님이 계신다

사람들이 친절하다

물소가 생각난다

여러 가지 야채가 많다

친구들이 보고 싶다

_____티마폰, "고향" 중에서

'이주민과 함께하는 아시아 문학의 밤'에서 시를 낭독하는 티마폰 씨

한국어를 공부하며 난생처음 시를 썼다며 수줍어한다. 그녀에게 고향 얘기를 묻자 눈동자가 빛난다. 타이 야채에는 뭐가 있는지 알려 달라고 하자 밝게 미소 짓는다. "타이는 야채가 많아요. 카나, 박티, 박붕, 바까, 박박룽……." 줄줄이 대는 야채 이름에서 고향의 풀 내음이 흠씬 묻어난다. 된장찌개·꽃게탕·동태찌개나 잡채쯤은 직접 만들 수 있다기에 어떻게 배웠느냐고 묻자 인터넷에서 배웠단다.

"아직 모든 것이 부족해요. 한국 예절도 알고 싶고, 한국어도 더 많이 배우고 싶어요."

그녀의 바람에서 이주민으로서의 삶이 배어 나왔다. 새로운 문화를 접한다는 것은 낯선 일이지만, 그런 삶 또한 곧 일상이 아니겠느냐고 그녀는 말한다.

"모든 것이 떨리는 처음이에요."

_____3부 "두 이주민의 세상살이"

자스민 씨가 아들딸과 함께 가꾸는 옥상 텃밭

아들이 초등학교에 입학하면서 새내기 학부모가 된 자스민 씨는 요즘 눈코 뜰 새 없이 바쁘다. 아들이 학교에서 적어 온 알림장을 이해하는 일은, 알 수 없는 암호문을 해독하는 것처럼 어렵다. 도통 무슨 말인지 알 수 없을 때는 이웃집 아주머니에게 도움을 요청한다. 밤늦게 알림장을 들고 문을 두드리기가 내키지는 않지만 어쩔 수 없는 일이다. 잔업까지 하고 들어온 날은 몸이 천근만근처럼 무거워, 알림장 챙기는 일이 그야말로 고역이다. 다행히도 아이가 학교생활에 적응해 가는 모습을 보니 대견하고 고마울 따름이다. 자스민 씨가 일을 끝내고 퇴근하는 길은 종종걸음이다. 집에서 기다릴 아들과 딸이 눈에 밟힌다. 옥상 텃밭에 물도 줘야 한다. 집으로 오는 길에 그녀는 시장 좌판에 깔려 있는 봄나물에 몇 번이나 눈이 갔다. 한국 생활을 12년 하니 봄나물쯤은 쉽게 구분할 수 있는 눈썰미가 생겼다. 알싸하게 아리는 두릅 맛은 그녀에게도 잊지 못할 봄의 맛이다.

───3부 "자스민의 인생 유전"

왕홍위 씨와 딸 장리

탕위엔이라는 중국식 떡국을 함께 먹자는 전화를 받고 왕홍위 씨의 집을 찾아갔다. 방 한구석에는 장리가 배운다는 한국어 교재가 놓여 있었다. 그동안 한국어를 배웠다며, 묻지도 않았는데 더듬더듬 말을 한다. 장리는 다문화가족지원센터를 학교로 생각하고 다닌다고 했다. 이야기하는 도중 장리는 두통을 호소했다. 가끔씩 방문을 열어 환기하지만 두통이 심하다고 했다. 방 안에만 있어서 그런 것이냐고 묻자 고개를 끄덕인다. 그러고는 팔뚝을 보여 준다. 아토피였다. 중국에 가고 싶지 않느냐고 물었다. 그래도 어머니가 있는 한국이 좋단다. 방학 중인 지원센터가 열려 하루빨리 한국어 수업을 받으면 좋겠다고 했다. 그나마 외출해서 사람들을 만날 수 있는 유일한 기회란다.

_____3부 "갈 곳 없는 이주 청소년"

"온종일 방 안에서 놀아요. 밤이면 가끔 산책을 나가요."

네 살 된 돈나린의 하루를 물으니 이렇게 대답했다. 돈 씨 부부는 한국 생활 9년째를 맞고 있다. 부인인 린 씨가 산업 연수생으로 먼저 한국에 왔다. 그리고 얼마 뒤 남편이 고용허가제로 들어왔다. 그 사이 한국에서 둘째 돈나린을 낳았다. 돈나린은 국적이 없다. 태어나자마자 무국적자가 되었다. 필리핀 친정에서 자라고 있는 첫째는 열 살이 되었다. 낳은 지 1년도 안 된 젖먹이를 떼어 놓고 한국에 온 이래 여태껏 헤어져 살고 있다. 때마침 딸과 인터넷으로 메신저를 하고 있기에, "딸 보고 싶지 않아요?" 하고 물으니, 그녀의 눈에 잠시 눈물이 맺혔다. 그녀는 메신저를 통해 필리핀에 있는 큰딸을 보는 것이 일과라고 한다.

_____3부 "파트타임 인생"

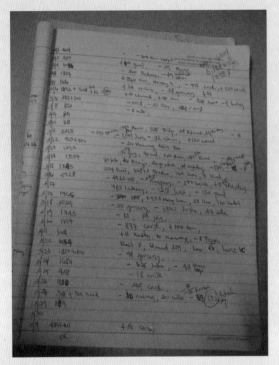

린 씨가 쓰는 가계부

한 달에 얼마씩 생활비를 보내느냐고 물으니, 가계부를 내놓는다. 월세 20만 원, 가스비 13만 원, 수도료 3만 원, 전기료 3만 원, 음식비 30만 원, 돈나린에게 5만 원, 남편의 차비 등으로 하루 1만 원, 기타 한 달 30만 원 정도 들어가는 돈 이외에 필리핀에 있는 딸과 어머니를 위해 매달 18만 원, 3개월에 한 번은 40만 원 정도를 송금한다. 빠듯하다. 그래도 한국이 좋단다. 이유가 궁색하지 않다.

"일이 있잖아요."

돈 씨는 최근 새로운 일자리를 얻었다. 가구 배달 일을 하다가 공장에 취직한 것이다. 월급제는 아니고 파트타임이지만 월 120만 원은 번다. 아침 7시 반에 출근해서 저녁 9시까지 꼬박 일하고 집에 들어온다. 그래도 힘들지 않다. 자신은 그런대로 괜찮은 편이라며, 인근 공장에서 핸드폰 조립 일을 하는 필리핀 이주 여성들의 경우 보통 60만 원 정도를 받는다고 한다. 최저임금에 훨씬 못 미치는 돈이라고 하자, 그는 손사래를 치며 말을 이었다.

"최저임금, 이곳에는 없어요."

———3부 "파트타임 인생"

오성혜 씨와 에리카 · 환희 남매

"다문화 가정을 꾸려 가기가 너무 힘이 들어요. 우리를 그냥 사람으로 대했으면 좋겠어요."
오성혜 씨는 일본에서 배운 일본어와 방글라데시 출신인 남편의 기술로 생계 문제를 해결할 수 있으리라 믿었다. 이주
초기만 하더라도 이들에게는 의욕이 넘쳤다. 자신들의 다문화적 특성이 한국 생활에 빠르게 정착하는 데에 도움이 되리
라고 믿었다. 하지만 시간이 지날수록 이들을 찾아온 것은 냉대와 편견이었다. 다문화 가정 1세대라고 할 만한 이 부부
에게 생활은 곧 싸움이었다. 일자리를 찾는 어려움부터 시작해, 주변의 따가운 편견과도 싸워야 했다.

_____3부 "에리카의 꿈"

몽토야 씨와 둘째아들 볼강타미

몽골의 초원과 흰 구름이 떠가는 모습을 볼 수는 없지만, 한국에서 10년간 살았어도 지하 셋방을 벗어나지 못했지만, 아이가 커가는 모습을 보며 절로 피로를 잊는다고 했다. 아이가 이곳에서 자라 사춘기가 되고 청년으로 성장할 때까지, 어쩌면 그녀와 가족은 몽골과 한국을 오가는 유목민 생활을 계속해야 할지 모른다. 일을 찾아 시화 공단을, 그리고 안산과 인천의 변두리 공단을 전전하면서, 이제는 생계를 위해 일해야 하는 여느 한국 사람과 다를 바 없는 일상을 보내고 있다. 이주 초기만 하더라도 토야 씨 부부는 한국에서 얼마간의 이주노동이 그들에게 새로운 꿈을 일궈 주리라 믿었다. 몽골에 파오를 짓고 스포츠 관련 일을 하면서 부모를 모시고 살자고 다짐했다. 하지만 지금은 가족 모두 뿔뿔이 흩어져 있다. 불안정한 생활도 힘겹지만, '불법체류'라는 낙인이 토야 씨와 타밀에게 미래를 꿈꾸지 못하게 한다. 가족 이주를 인정하지 않는 한국의 이주 정책은 이주 아동에게 지옥을 선사한다.

_____3부 "솔롱고스를 떠나는 아이"

버마행동 한국 사무실

키가 크고 구부정한 그가 인파 속에서 다가왔다. 뚜라 씨는 버마 민주화를 위한 이주노동자 조직인 '버마행동'의 대표다. 오늘날 미얀마라고 불리는 나라를 떠나온 지 17년째다. 자신의 조국을 한사코 버마라고 부르는 그는, 산업 연수생으로 6개월을 보낸 후 스스로 미등록 이주노동자가 되었다. 그리고 난민이 되었다.

"예전에는 '난민' 하면 아프리카에서 굶어 죽어 가는 사람들만 떠올랐어요. 왜 내가 난민인가 했죠. 그런데 강제 단속에 걸려 추방이라도 당하면, 나는 반정부 활동을 했다는 이유로 감옥에 가거나 죽을 수밖에 없어요. 내가 처한 상황을 이해하고 나니, 나야말로 내 나라에 갈 수 없는 난민이라는 것을 깨달았어요."

그가 뱉은 말에서 독한 고독이 묻어났다. 하지만 내일은 올 것이다. 양곤에서, 방콕에서, 다카와 카트만두에서도 내일은 올 것이다.

_____3부 "밍굴라바, 뚜라"

인천 국제공항 대합실에서, 귀환하는 이주노동자들

그의 등 너머로 먼 길을 온 사내가 보인다. 터번과 히잡을 벗고 콧수염까지 깎고는 말끔한 신사복으로 차려입은 사내는, 사방에 나무 한 그루 보이지 않는 광막한 산맥 아래 토담집들만 몇 채 있는 마을을 떠난다. 가방 하나 들고 가족의 배웅을 받으며 길을 떠난다. 웃음 띤 얼굴은 이내 잔뜩 긴장해 굳어지고 그가 떠나온 자리마다 그림자가 길게 드리운다. 이제 그는 자신이 떠나온 자리로 되돌아가 생활에 묻힐 것이다.

_____2부 "진돗개와 야반도주"

이주는 끝이 없는 다람쥐 쳇바퀴 같다. 돌아온 곳의 현실이 또 다른 탈출을 꿈꾸게 하는지도 모르겠다. 그게 유일한 생존이자, 삶의 탈출구가 아닌가. 이주의 삶을 통해 얻는 것과 잃는 것은 무엇인가. 불안한 이주의 삶을 통해 무엇이 변화하는가. 그들의 눈빛이 두려움의 눈빛인지, 아니면 새로운 꿈을 향한 눈빛인지 알 수 없는 채로, 나는 스스로 이주노동자가 되어 천천히 공항 출구를 빠져나왔다.

_____1부 "이주, 그 먼 길", "뫼비우스의 끈"

저자 서문

지난 몇 해 나는 꿈을 품은 많은 이주민과 만났다. 임금 체불, 폭행, 산업재해 등이 주였지만, 간혹 정신 질환을 앓는 환자도 상담했다. 극도의 긴장으로 과호흡 증상을 보이는 이주노동자도 있었으며, 정신분열증에 시달리는 이도 있었다. 또한 밤만 되면 언제 닥칠지 모르는 단속과 강제 추방에 대한 공포로 작은 발소리에도 잠을 이루지 못하는 미등록 이주노동자가 많았다. 이들에게는 가혹한 일이었지만, 나에게는 한국 사회와 아시아를 이해하는 임상 분석과도 같았다.

사람은 누구나 꿈을 꾼다. 새로운 삶을 위해 더 나은 세계를 꿈꾼다. 이유가 무엇이든 현재의 삶이 신산辛酸하기 때문일 것이다. 세계가 물구나무서 있어서인지 몰라도, 사람들은 현실을 부정하고 새로운 세계를 목말라한다. 그리고 그 간절한 목마름이 꿈을 낳는다. 꿈이야말로 사람을 사람답게 만든다. 때로는 목숨도 걸게 한다. 어떤 이는 국경을 넘다가, 또 어떤 이는 출입국 단속에 쫓기다가 하나뿐인 생명을 한줌의 잿더미로 태워버린다. 그 꿈은 악몽이 되기도 하는데, 꿈을 꾸는 것이 누군가에게는 희망이 되는가 하면, 다른 누군가에게는 절망이 되기 때문이다. 어쩌면 내가 만난 대다수 이주노동자들은 악몽을 꾸는 이들이 아닌가 한다.

25년 전에는 나도 악몽을 꾸는 공장 노동자였다. 하루에 열여덟 시간씩 잔업에 철야까지 해가며, 월요일에 출근해 토요일 새벽이 되어서 퇴근하곤 했다. '아우슈비츠'라고 명명한 성형成型 공장을 나와 목재 공장을 전전하던 내 청년 시절은 온통 현장 노동자의 이력으로 채워졌다. 공단 주변에 있는 허름한 산동네에 살면서 꿈 많은 노동자가 되었다. 당시 일당이 3천1백 원이었는데, 그 돈을 모아서 월세를 냈고 쌀과 한두 종류의 찬거리를 사서 생활했다. 차비마저 빼고 나면 수중에는 2주일 치 담뱃값만 남았다. 집을 나와 부양할 가족이 없었던 것이 그나마 다행이었다. 일을 하면 할수록 온몸에서 진이 빠졌지만, 정작 생활은 나아지지 않았다. 그러니 한 달을 참아 내기란 여간 힘에 부치는 일이 아니었다. 정상적인 삶을 살 수 없었던, 괴물 같은 시대의 악몽이었다.

내가 노동 현장에 투신했던 그때와, 오늘날 이주노동자가 처한 현실이 다르지 않다. 오히려 악화된 것도 있다. 이주노동자의 현실을 들여다볼수록, 부끄러운 한국 사회의 짙은 그림자를 볼 수 있었다. 산업 연수생들은 동일한 노동을 하면서도 노동자 신분을 보장받지 못했다. 노동조합을 결성하기는커녕 사용자에 대한 단결권·단체교섭권을 떠올리는 것조차 힘겨웠다. 이주노동자는 가난한 나라에서 온 값싼 노동력 취급을 받거나 영혼이 없는 그림자일 뿐, 사람이 아니었다.

미등록 이주노동자의 경우는 더욱 심각했다. 어떤 법적 보호도 받지 못한 채 낯선 땅에서 보이지 않는 인간으로 살아가야 하는 이들은, 대개

번듯한 사업장이 아니라, 30명 안팎의 노동자가 일하는 공장에서 주로 야간 전담 노동에 투입되었다. 한국인이 퇴근한 텅 빈 공장에서 기계 소리와 함께 밤샘까지 마친 뒤에야 비로소 무거운 몸을 이끌고 컨테이너 방으로 갔다. 살림살이라고는 가스레인지와 싱크대가 전부인 한 칸짜리 방에 납덩어리 같은 몸을 뉘었다. 고향에 있는 대가족의 생계가 그의 노동에 달려 있었다. 나는 그들에게 이주노동의 고달픔에 대해 묻곤 했는데, 그들은 오히려 "나 자신을 이기지 못하면서 어떻게 세계를 이길 수 있겠는가."라고 반문하며, 고통쯤은 얼마든지 참을 수 있다는 인내를 보였다. 그때마다 내가 이방인이 된 것 같은 부끄러움을 느껴야 했다.

이주 과정에서 겪는 문제는 간단치 않다. 가령 사업장에서 폭행을 당한 이주노동자는 임금 체불이나 사업장 이전 문제와도 연계되어 있다. 그뿐 아니라 의료와 체류 자격부터 생존권과 정주권에 이르기까지, 문제가 복합적으로 얽혀 있는 특징을 보인다. 때로는 치도곤 같은 모멸과 치욕을 견뎌야 한다. 그가 어디에서 왔고 어느 곳에 있든지 인간으로서 존엄을 보장받아야 함에도, 현실은 그렇지 않다. 이주가 전 사회적이고 일국을 넘어 전 지구적인 문제임에도, 인간의 존엄성을 지켜 줄 노동권과 시민권이 보장되기까지는 여전히 요원하다.

공동의 역사와 현실이 운명의 사슬처럼 이어진 오늘날의 아시아는 이주로 고통을 받고 있다. 신자유주의로 대변되는 세계화가 곳곳에서 활개치는 지금, 그 어떤 국가도 그 운명을 피할 수 없게 되었다. 또한 아시아 곳곳에서 숨 쉬고 생활하는 모든 이들은, 언제라도 이주의 삶으로 전락할 수 있다. '아시아 체제'의 이 같은 질곡을 극복할 주체는, 세계 경제체제의

하위자로 전락한 모든 아시아인이다. 새로운 세계를 열 수 있는 힘은 결국 인간애를 지닌 인간의 행동에 달려 있는 것이다. 여기에서 '화'和와 '쟁'諍의 '다름과 같음'을 사유하게 된다. '화이부동'和而不同, 서로 같되 다름을 통해 종당에는 서로 다름이 하나라는 화엄의 아시아를 기대하는 것은 불가능한 것인가.

아시아의 하늘은 이어져 있다. 그가 어디에서 왔고 무엇을 하든, 피부색이 어떻고 쓰는 언어가 무엇인지와 상관없이, 우리는 사람이다. 생존과 좀 더 나은 삶을 위해, 새로운 세계를 향해 길을 떠나는 우리 모두는 이주민이다. 그런 면에서 나는, 이주민의 문제가 당사자의 목소리로 발언되기를 바란다. 우리 모두의 문제로 외치기를 바란다. 그래서 그 목소리가 아시아에 대한 애정과 연동連動의 단초가 되었으면 한다. 세계사의 고리에서 억압당하고 천시되었던 아시아에서 새로운 문명이, 모든 인권이 존중받는 새로운 도약이 움트기를 기원한다. 자신의 존재를 부당하게 잃어버린 투명한 인간이 아니라, 인류의 아픔에 공동의 목소리를 내는 것이야말로 인간 본래의 모습이기 때문이다.

이 책에 실린 글은 대부분 2005년에서 2011년 사이에 '한국이주인권센터'와 '아시아이주문화공간 오늘'에서 활동하며 썼다. 이 책의 주인공은 이주노동자와 이주민이다. 그들의 목소리가 없었다면 이 책은 가능하지 않았다. 그리고 무엇보다도 값진 것은 이들과의 만남을 통해 '우리 모두는 이주민'임을 깨닫게 되었다는 사실이다.

이주의 삶은 꿈을 꾸는 것이다. 비록 신산한 삶이 기다릴지라도 새로운 세계를 향한 꿈은 포기할 수 없는 신성한 것이다. 우리 모두는 신성한 꿈을 모시고 있다. 나도 꿈을 꾼다. 국경이 없다면, 민족과 이데올로기가 없다면, 차별이 없다면 이 세계는 어떨까 상상한다. 끝으로 이 책이 나오기까지 도움을 준 많은 분들에게 고마움을 전한다. 모두에게 평화의 인사를 드린다.

2012년 4월
이세기

1부___ 　　불안한 귀환,

　　그

　　후

일이 끝나면 하루하루 치욕을 견디게 해달라고 기도했답니다.
어떤 날은 밤새 울었어요.
그때, 고향에서 들었던 풀벌레 소리가 공장 마당 한쪽에서도 들리더군요.
내가 살고 있는 이곳이나 내가 잠시 살았던 한국이 모두 연결된 것 같았어요.
서로 다르지 않아요.
우리 모두는 이주민이에요. 어디에 있건 간에.
———"뫼비우스의 끈" 중에서

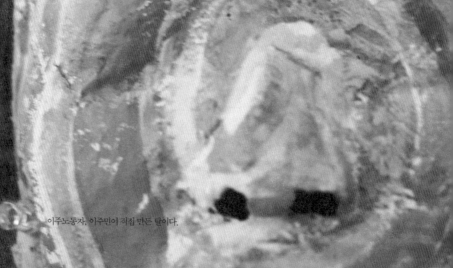

이주노동자, 이주민이 직접 만든 달이다.

이주, 그 먼 길

사왕 씨가 고향을 떠나 이주노동자로 한국에 온 것은 그의 나이 28 세였다. 타이 동북부 오지인 잠롱에서 한국으로 올 때, 그는 고향에다 땅 을 사 연못이 딸린 집을 짓고 가정을 건사하며 사는 꿈을 품었다. 그가 태 어난 마을에는 180여 가구, 7백여 명이 살고 있다. 지방 국도의 조그만 대 로변을 사이에 두고 집 몇 채가 흩어져 있고, 마을 입구에 초등학교와 보 건소, 그리고 사원이 하나 있을 뿐, 타이의 여느 농촌 풍경과 다를 바 없 다. 농사를 짓는 부모의 2남 1녀 중 장남으로 태어난 사왕 씨(37세, 타이)는 그곳에서 고등학교를 마쳤지만, 다른 또래들처럼 일자리가 없어서 무직 으로 지내야 했다. 대부분의 친구들은 일자리를 찾아서 고향을 등지고 방 콕 등지의 대처로 떠났다. 그 역시 주어진 운명을 극복하기 위해 가까운 소도시로 가 돈을 벌었다. 그러나 그가 받은 돈으로는 가족의 생활비를 충당하는 것은 물론 자신의 장래를 계획할 수 없었다. 아무리 벌어도 남 는 것은 밑도 끝도 없는 생활고와 절망뿐이었다. 그런 그에게 반가운 소 식이 전해졌다. 한국에 가면 돈을 벌 수 있다는 것이었다. 그는 한국으로 오기 위해 9만 바트라는 거금을 빌려 송출 브로커 비용으로 주고, 1999년 고향을 떠나 한국에 이주노동자로 왔다.

그가 처음으로 간 곳은 인천 5공단이었다. 인천의 대표적인 기계 단지로 주로 프레스 직종이 몰려 있는 공단이다. 그는 밤낮으로 일해 매달 70만여 원을 받으며, 5년간 다람쥐 쳇바퀴 돌듯 살았다. 산업 연수생 계약 기간인 3년이 지났지만 귀환하지 않은 채 미등록 이주노동자로 남았다. 그러다가 2003년, 미등록자에 대한 대대적인 단속과 병행해 이뤄진, 미등록 이주노동자에 대한 합법화 조치로 구제되어 출국한 후 비전문 취업E-9 비자(비숙련공 비자)를 받아 다시 한국으로 돌아왔다.

내가 그와 만난 것은 2006년 봄이었다. 그는 인천 5공단에서 타이 이주노동자 네 명과 함께 사출직으로 일했는데, 다니던 회사에서 임금이 체불돼 상담을 받기 위해 찾아왔다. 그들은 3개월간 임금을 받지 못한 상태였는데 공장은 폐업했다. 회사에 전화를 걸어 사실 확인을 하니, 사장은 한국의 여느 사업주와는 다르게 정중한 태도로 노동부에서 만나 해결하자는 의사를 전해 왔다. 노동부에서 사장을 만나 이야기를 들어 보니, 대부분의 3D 업종 사업주들처럼 여러 차례 클레임을 당해 심한 자금난을 겪은 끝에 부도를 낸 상태였다. 다행히 체당금 처리를 할 정도는 아니어서 체불임금을 지불하겠다는 약속을 받고 지급 기일을 합의한 뒤 헤어졌다. 그 후 몇 차례의 중간 정산을 거치면서 다섯 명이 받지 못한 체불임금 1천7백만여 원을 받았다. 그렇게 사잉 씨와의 만남이 시작됐다.

그 후 그는 합법적인 구직을 스스로 포기하고 예전에 근무했던 공장에서 프레스 직종의 일을 했다. 나는 그런 그를 이해할 수 없었다. 비전문 취업 비자가 있으면서도, 고용지원센터를 이용하지 않고 임금을 더 주겠다는 공장에 가기 위해 미등록 이주노동자의 길을 선택한 것이기 때문이다. 나중에 안 사실이지만, 그는 두 차례 이주노동을 하러 오는 과정에서 진 빚 때문에 벼랑 끝에 내몰려 있었다. 한 푼이라도 더 주겠다는 공장을 찾아갈 수밖에 없는 처지였다. 그런 그의 선택과 생활은 얼마 못 가서 끝났다. 단속에 걸려 강제 출국을 당했던 것이다. 그는 한국에 들어와 1년이 지나기도 전에 잔여기간조차 채우지 못하고 타이로 귀환했다.

짧은 만남은 거기까지였다. 그런 그를 다시 만나게 될 줄은 꿈에도 생각하지 못했다. 하지만 현실에서는 우연찮은 일이 종종 벌어지는 법이어서, 귀환한 사웡 씨를 만날 기회가 찾아왔다. 타이로 출장을 가게 된 것이다. 이주노동자를 위해 도서관에 비치할 타이 책을 구해 오는 한편, 인권 여행의 일환으로 인도차이나반도의 몇 나라를 여행하며 귀환한 이주노동자를 만날 목적으로 가는 출장이었다.

방콕은 비가 내렸다. 우기의 비는 느닷없었다. 누군가는 우산이 필요 없다며 그냥 맞으면 된다고 했다. 괜한 짐만 될 뿐이라고 했다. 과장이 아니었다. 숙소로 정한 방람푸의 거리에도 시도 때도 없이 비가 내렸다. 비가 갠 날은 습도가 높아져 숨이 막힐 듯한 열기가 온몸을 에워쌌다. 그러다가 밤이 되면, 열대야의 더위가 게스트 하우스의 천장에서 도마뱀과 함께 내려왔다. 푹푹 찌는 더위가 무슨 전염병 같았다. 사람들이 더위를 피해 몰려든 카페에서는, 세계의 여러 인종이 모인 곳답게, 젊음의 열기가 밤새 식을 줄 몰랐다. 잔뜩 긴장한 나머지 이들과 섞이지 못한 나는, 이 도도한 자본주의의 기세에 휘둥그레진 채 명멸하는 밤의 방콕을 걸었다.

줄라롱컨 대학 구내 서점에서 책을 구하고 잠시 거리를 구경하니 앨리스의 이상한 나라에 온 듯한 착각이 들었다. 마치 동굴에 들어서자, 신비한 세계가 열린 듯했다. 알록달록하고 진귀한 온갖 차들과 매연에 그을린 도시의 건물들, 수를 헤아릴 수 없는 열대의 꽃들이 거리를 장식했고, 차이나타운은 사람들의 물결로 파도쳐 발 디딜 틈도 없었다. 나는 내내 홀린 듯한 토끼 눈을 하고는 거리의 불빛과 차들과 분주한 사람들의 모습을 바라봤다. 세계 각지에서 온 젊은 여행객으로 방람푸의 밤은 짧기만 하다. 시간이 질주하고, 취해 흐느적거린다.

첫 번째 일을 끝낸 나는 드디어 사잉 씨를 만나기 위해 한국에서 적어 온 번호로 전화를 걸었다. 전화를 받지 않는다. 몇 차례 공중전화기를 붙잡고 씨름했지만 번번이 그와 통화하는 데는 실패했다. 그의 여동생과도 몇 차례 통화를 시도했지만 응답이 없다. 수화기에서는 타이 말만 들려온다. 시간이 지날수록 낭패감이 커진다. 사잉 씨와 이야기되지 않은 상태에서 무턱대고 그의 고향집에 찾아갈 수는 없는 노릇이다. 소통할 수 없는 상황이 절망스럽다. '내 이런 절망이 이주노동자들이 이주 과정에서 겪는 문제가 아닐까.' 나는 몇 번이고 되새김질했다. 외지에서 급작스러운 환경 변화를 겪으면 심리적으로나 정서적으로 막막하리라. 사잉 씨도 그랬을 것이다. 아니, 많은 이주노동자들이 그랬을 것이다. 나는 외로움을 달래려 맥주를 사서 어느 유럽 배낭족처럼 거리에 앉아 술을 마셨다. 오랜만에 마신 술은 한낮의 온도처럼 내 몸을 뜨겁게 달궜다. 갑자기 실어중에 걸린 듯 가슴이 답답하다. 누군가와 대화를 나누고 싶지만 아무도 없다. 나는 그 길로 비가 내리는 거리를 걸었다. 점점 가슴이 답답해졌다. 심장이 뛰고 숨이 곧 멎을 듯한 기세다. 말의 침묵이 이런 것인가. 이런 것이 바로 모국어를 할 수 없는 이의 감옥살이이자 이주노동자가 겪는 고통이 아닐까.

이런 일도 있었다. 우즈베키스탄에서 온 이주노동자 메네트(41세) 씨가 실어증에 걸리고 정신착란에 빠진 것이다. 한국에 온 지 3개월이 지났을 무렵, 그는 밤만 되면 누군가 자신을 잡으러 온다는 망상에 사로잡혀 공장 창문을 넘어 어딘가로 가려 했다. 정신 나간 사람처럼 말도 없이 벽을 손톱으로 긁거나 천장을 뚫어지게 봤다. 어느 날은 벽에서 소리가 들려온다고 했다. 동료들이 벽과 천장을 뚫어서 보여 줘도 믿지 않았다. 처음에는 낯선 환경에 적응하지 못해서 그런 것이려니 했지만 증세는 점점 심해졌다. 작업 시간에도 방에서 나오지 않은 채 괴성을 지르고 몸부림치며 날뛰자, 공장 동료들은 그를 기숙사 방 안에 가두었다. 결국 그는 병원에서 신경안정제를 맞고 사지가 묶인 채 감옥 아닌 감옥 생활을 며칠간 해야만 했다. 입원해도 호전되지 않자 곧 본국으로 귀환했다.

늦은 밤 방람푸의 거리에서, 메네트 씨와 내가 서로 다르지 않고, 실어의 고통 또한 모든 이주노동자가 겪는다고 생각하니, 답답함이 벼랑처럼 다가온다. 어둠 속, 창문 밖에서 들리는 우기의 빗소리가 정처 없다. 새벽 5시가 넘어서야 마음이 겨우 진정되어 잠시 눈을 붙였다.

가까운 사원의 닭 우는 소리에 잠에서 깨어났는데 느닷없이 빗줄기가 쏟아진다. 공중전화를 붙잡고 다시 사윙 씨와 통화를 시도했다. 그의 여동생과 겨우 연락이 되었다. 하지만 말이 통하지 않아 사윙 씨와 만나기는 어려울 듯싶었다. 결국 한국으로 돌아갈 비행기 표를 예약했다. 간밤에 극심하게 온 공황증도 그렇거니와 점점 죄어 오는 실어증은, 내게 감옥살이와 다름없었다. 여행사에서 출국 예약을 하고는 곧바로 숙소에 돌아왔다. 잠시 휴식을 취하던 차에 핸드폰 벨이 울렸다. 한국에 있는 타이 이주노동자였는데 사윙 씨와 가까스로 연락이 닿았고, 이제 내가 묵고 있는 숙소로 사윙 씨가 전화하리라고 전해 주었다. 이내 전화벨이 울린다. 사윙 씨다. 반가운 목소리다. 자신의 집으로 찾아오란다. 내일 아침 사람을 보낼 테니 숙소에서 기다리란다. 다행이다. 그를 만난다고 생각하니 며칠간의 마음고생이 절로 치유되는 것 같다.

다음 날 아침에 일어나니 전화벨이 울린다. 나를 데려갈 사람이 찾아올 것이라는 내용이었다. 잠시 뒤 카운터에서 손님이 왔다는 말을 전했다. 내려가 보니, 낯선 타이인이 "안녕하세요?" 하며 내 이름을 부른다. 그에게 다가가 악수를 했는데 뭔가 뭉실하다. 손가락이 없다. 직감적으로 그가 이주노동자로 한국에 가 산재를 당했다는 것을 알았다.

사실 많은 이주노동자들이 근무하는 한국의 3D 업종은 그야말로 전쟁터를 방불케 한다. 그들은 야간전투를 위해 전선에 배치된 군인처럼 일해야 한다. 작업 효율성을 높인다며 안전장치도 제거한 채 한 공장에 두세 명씩 배치되어 생산성 향상을 위한 치열한 전투를 치른다. 전투에서 실패한 전투원은 가차 없이 해고되거나, 다른 전선에 배치되기 위해 작업장을 떠난다. 임금 체불은 다반사고 산업재해에도 고스란히 노출되어 있다. 그들은 공장에서 일하다 팔목이나 손가락이 절단된 채로 산재 상담을 하러 찾아왔다. 허리디스크에 시달린다며 극심한 고통을 호소하기도 했다. 하지만 그들에게 돌아오는 것은, 본국의 임금수준으로 책정된 형편없는 보상금뿐이다. 손가락을 잃고 받는 돈은 겨우 몇 백만 원에 불과했다. 그들은 평생을 불구로, 때로는 노동력이 상실된 채 살아가야 한다. 문제는 여기서 끝나지 않는다. 산재 보상금을 받아 출국해 봐야 그들을 기다리는 것은 대부분 암담한 현실이다. 전쟁을 치른 군인이 고향에 돌아와도 할 일이 없는 것처럼 그들의 삶은 나락으로 떨어진다. 그래서 지푸라기라도 잡는 심정으로 산재를 당한 몸으로 한국에 남아 치료받거나 다른 변통을 찾으려 애쓰지만, 노동력을 상실한 이주노동자를 받아 주는 사업주는 없다.

나를 찾아온 이는 사윙 씨의 친구인 리룸(32세, 타이) 씨였다. 경기도 용인에 있는 사업장에서 산재를 당했다고 한다. 2005년경 이주노동자로 한국에 왔는데 입국한 지 2개월도 되지 않은 어느 날 아침, 프레스에 그의 손가락이 싹둑 날아간 것이다. 다섯 손가락이 잘린 보상으로 3천1백만 원을 받았는데, 그 돈을 가지고 타이에 와서 택시 두 대를 소유한 사장이 되었다. 내가 타이에 와서 처음 만난 귀환 이주노동자였다. 그는 사윙 씨의 집으로 가기 위해 차에 오른 나를, 웬일인지 손가락이 없는 뭉툭한 오른손을 치켜세우며 배웅했다. 마치 자신의 모습을 기억해 달라는 뜻 같았다. 그의 삶이 송곳이 되어 폐부를 찔렀다.

상담을 하면서 많은 이주노동자가 산재를 당하는 것을 봐왔다. 사출이나 프레스 직종에서 발생하는 산재는 주요 상담 중 하나다. 하루에도 일곱 명이 산업재해로 사망한다고 한다. 그래도 리윰 씨는 적은 보상금이나마 헛되이 쓰지 않고 생활 기반을 마련한 터였다. 그는 내게 앞으로 6백 킬로미터가 넘는 길을 여행하게 될 테니 한숨 푹 자두라고 했다. 저녁때쯤에야 잠롱에 도착할 것이란다. 간밤에 잠을 자지 못한 데다 푹푹 찌는 날씨 탓에 온몸이 녹초인 채로 길을 떠났다.

나를 태운 차가 타이 동북부의 메마른 도로를 달렸다. 택시 운전사인 리웅조(41세, 타이) 씨는 자신의 아내가 이주노동자로 한국에서 근무한 적이 있다고 했다. 그녀의 이름은 '수정'이라고 했다. 한국 동료들이 지어 준 이름이라며, 지금도 그렇게 부른단다. 그는 운전하면서, 아내에게 배웠다는 한국 대중가요를 연신 불렀다.

차는 끝도 없이 불볕더위 위를 달린다. 실어증이 떠나가자, 정신적인 고통이 뒤를 따랐다. 간밤의 후유증으로 탈진해 기력이 쇠했다. 나는 잠시 사윙 씨가 이주를 위해 떠나왔을 길 위에서, 내가 떠나온 길을 생각해 봤다. 순간적으로 스치는 풍경들이 나를 어떤 고통으로 내몰았다. 나는 물었다. 내게 사윙 씨는 어떤 존재인가. 내가 굳이 사윙 씨를 만나려 하는 이유는 무엇인가. 나는 지금 어디를 통과하고 있는가. 나는 어디에 있는가. 어디로 향하고 있는가. 되묻고 되묻는다. 차창 밖으로 풍경이 스칠 때마다 나는 고통스러웠다. 구름이 흘러가는 것을 불현듯 볼 때마다 나는 내 정처가 고통으로 다가왔다.

고통이 더할수록 이 길을 오갔을 이주노동자의 꿈과 좌절이 떠오른다. 아시아의 이주노동자들은 대부분 가부장제 아래 집안 전체를 건사해야 하는 운명에 놓여 있다. 그들은 비록 세계 경제체제 속에서 값싼 노동력으로 취급받지만, 그들의 양 어깨에는 가족은 물론이고 자신의 장래까지 챙겨야 하는 몇 겹의 멍에가 짊어져 있다. 일자리는 생기지 않고 실업률만 증가하다 보니, 일이 있는 곳으로 노동력이 몰릴 수밖에 없다. 그래서 일을 찾아 국경을 넘어 목숨을 건 이주를 단행한다. 가족을 먹여 살리기 위해, 자신의 꿈을 이루기 위해 힘겨운 이주를 감행하는 것이다. 많은 이주노동자에게 "왜 고향을 떠나와서 고생을 하느냐?"라고 물으면 대답은 한결같다. 자신의 나라에는 "일이 없다."는 것이다.

사윙 씨가 살고 있는 마을까지 가는 길은 온통 흙구덩이투성이다. 우기 때 내린 소나기로 사방이 파헤쳐진 채 방치되어 있다. 느릿한 풍경은 우리네 시골 풍경과 닮았다. 흰 소가 풀을 뜯어 먹고, 구름은 한가로이 흘러간다. 마을 입구가 가까워질수록 웅덩이가 심하게 패였다. 사윙 씨도 이 길을 따라 한국으로 이주노동을 왔을 것이다. 방콕에서 6백 킬로미터를 달려온 차가 마침내 잠롱에 나를 내려놓았다.

잠롱은 2개월째 비가 내리지 않았다. 논바닥은 갈라지고 심어 둔 벼는 이삭을 피우기도 전에 쭉정이로 메말라 가고 있었다. 흰 구름은 정처 없고 먹구름도 지나치기만 할 뿐이었다. 메마른 대지는 물을 간절히 애원하는 듯하다. 집집마다 어슬렁거리는 닭처럼 마을 사람들 역시 정처 없다. 닭과 병아리가 빈 마당을 거닐고, 연못에는 부레옥잠과 연꽃이 피어 있다. 바나나 나무와 야자수가 있을 뿐 사는 모습은 우리와 별반 차이가 없다. 아열대기후로 숨이 턱 막힌다. 내륙의 기온 탓인지, 아직 본격적인 우기가 오지 않아서인지 그야말로 용광로처럼 푹푹 찐다. 먼 곳에서 손님이 왔다고 대접한 선풍기조차 열기를 더할 뿐이다. 그 사이 한국에서 이주노동자로 일했다는 몇몇 사람들이 모였다.

안부를 묻는 내게 사욍 씨가 대답한 첫마디는, "이곳 사람들 일 없어. 나도 일 없어."였다. 이곳 청년들은 하나같이 한국에 이주노동자로 가고 싶어 한단다. 그도 그럴 것이 이주노동자로 한국에 다녀온 동네 청년 몇몇은 이곳에 그럴 듯한 집을 장만했다. 차와 농사를 지을 트랙터를 장만한 이주노동자도 있었다. 하지만 대부분은 실업자로 지내고 있었다. 어스름이 몰려오자 한두 명씩 더 모여들었다. 그런데 모두들 한국말로 인사를 건네는 것이 아닌가. 잠롱에서만 스무 명 넘는 사람이 한국에 이주노동자로 갔다고 한다. 인천 5공단과 남동 공단뿐 아니라 의정부·평택·성환·여주·용인 등지를 떠돌며 이주노동을 했다는 것이다. 일하다가 자진 귀환거나, 미등록 이주노동자로 지내다 단속에 걸려 귀환한 이들은 한국으로 다시 돌아가고 싶어 했다. 이유는 간단했다. 먹고사는 문제다. 이곳에는 그들이 할 수 있는 일이 없다. 그들에게 한국은 여전히 일이 많은 나라다.

그들에게 한국은 어떤 나라인가. 그들의 말마따나 한국은 올림픽과 월드컵을 치렀고, 독재 정권에서 벗어났으며, 경제적으로 안정된 나라다. 그들에게 한국은 말레이시아·일본과 더불어 이주노동자로 가고 싶은 나라 가운데 하나다. 하지만 속내를 들어 보니 한국 사회는 야만이 지배했다. 작업장에는 욕설과 폭행이 난무하고, 열악한 노동환경에서 산재를 위협받고, 자신의 의지와 무관하게 장시간 노동에 시달리며, 걸핏하면 몇 개월씩 임금이 체불되더라도 대수롭지 않게 여기는 사회였다.

사윙 씨의 안내로 묵게 된 집은, 지금 한국에서 이주노동자로 일하고 있는 친구의 집이었다. 열대야 때문만은 아닌 듯 밤늦도록 잠이 오지 않았다. 가끔씩 어둠에 잠긴 지평선에서 메마른 천둥이 울었다. 한밤중에 비가 바나나 나무 잎사귀에 후드득후드득 떨어진다. 다시 홀로 있다는 느낌이 든다. 또 밤이 깊어 간다. 한참 마당을 서성거린 뒤에야 잠이 들었다.

아침에 일어나니 인천 남동 공단에서 일했다는 룽(34세, 타이) 씨가 오토바이를 타고 왔다. 그는 자신의 아내 역시 한국에서 이주노동자로 일했다면서 자신을 '한국통'이라고 소개했다. 함께 집을 둘러보고 있는데 어제 만났던 이주노동자들이 온다. 서로 인사를 나누고 잠시 있으니 사윙 씨가 왔다. 묵고 있는 집에서 아침 식사를 준비했단다. 엊저녁에 먹었던 까오똠이라는 죽이 커피와 함께 나왔다. 다시 먹으니 맛이 난다. 한국의 죽과 별반 다를 바 없다. 식사를 마친 뒤 사윙 씨와 동네 구경에 나섰다. 정자처럼 생긴 곳에 마을 사람 몇몇이 앉아 있다. 그곳을 지나쳐 조금 걸으니 장례식을 하고 있는 집이 있었다. 마을 사람들이 마당에 모여 장례를 치르는 모습은 영락없이 우리네 시골 같다. 초등학교로 향했다. 마을에서 가장 큰 건물이었는데, 때마침 1학년생들이 마을 견학을 하던 중이었다. 인솔 교사의 제안으로 아이들과 함께 사진도 찍고, 교실에 들어가 "안녕하세요."라는 말을 배우는 시간을 가졌다. 학교를 나와 보건소와 사원을 둘러보고 사윙 씨의 집으로 향했다.

사윙 씨는 집에 도착하기 전에 한국에서 이주노동자로 근무했던 사람들의 집도 구경시켜 주었다. 나름대로 번듯하다. 그림 같은 집들이다. 그러나 모든 귀환 이주노동자의 집이 그렇지는 않았다. 사잉 씨는 자기 집을 보이길 꺼렸다. 나중에 안 사실이지만 누추한 집을 보이고 싶지 않았단다. 사잉 씨는 한국에서 7년 동안 일했지만 처음 5년간은 벌이가 신통치 않았다. 그 때문에 부인과는 아들 하나를 낳고 헤어졌다. 그는 70만 원 정도의 월급을 받아서는 크게 나아질 것이 없었다고 했다. 그 뒤에도 한번 더 한국에 이주노동자로 가서 1년여 일했지만, 빚만 졌을 뿐 지금은 방 한 칸 딸린 집이 전부다. 집터는 있지만 집을 짓지 못할 만큼 궁핍했다. 돈을 벌기는커녕 실업자에 새장가도 못 들고 나이만 든 상태라며 자신의 처지를 책망했다.

사잉 씨는 여건만 되면 다시 한국에 가고 싶다고 했다. 집을 짓고 결혼도 하고 싶다고 했다. 가족도 건사하며 살고 싶다고 했다. 하지만 그는 잡초만 무성한 텅 빈 집터를 바라보며 한숨을 쉬었다. 다시 마을을 둘러보고 숙소로 왔다. 이제 긴 이별의 순간이다. 한국에서 귀환한 이주노동자들이 속속 모이기 시작해 서로 인사를 나눴다. 사잉 씨를 불러내 택시비를 주려고 하니 한국에 있는 타이 이주노동자들이 이미 4천8백 바트를 지불했단다. 얼마 안 되는 돈이지만 차비를 사잉 씨에게 주려고 했으나 끝내 받지 않았다. 그와 포옹하면서 다시 만날 것을 기약하고 택시에 올랐다.

리웅조 씨 역시 부인인 수정 씨와 인사하고 차에 올랐다. 그는 3개월에 한 번 정도 이곳 집에 온다고 한다. 부인은 1개월에 한 번씩 방콕으로 간다. 이를테면 집안 자체가 이주의 삶이다. 그는 내게 간밤에 잘 잤느냐고 물었다. 오히려 내가 짓궂게 되물었다. 그는 매우 좋았다고 넌지시 말했다. 아마도 그랬으리라. 그의 나이 스물두 살에 아내를 만났고, 아들 둘은 이미 장성했다. 큰아들은 방콕에서 대학을 다니고 작은아들은 이곳에서 고등학교에 다닌다고 한다. 그는 한국이 돈이 많은 나라라고 생각하고 있다. 그의 아내가 한국에서 5년간 번 돈을 택시에 투자했고, 그러고도 남은 돈으로 집을 지어 살고 있다.

마을을 떠난 차는 방콕을 향했다. 다시 6백 킬로미터를 달린다. 처음 떠나온 자리로 나를 다시 되돌려 놓으려는 듯 달리고 달린다. 나는 방콕으로 오는 내내 내가 겪은 일들이 진실과 점점 멀어진다는 느낌을 지울 수가 없었다. 세계의 안팎에서 중심으로 열린 길은, 언제나 진실이 왜곡되고 과장되어 보인다. 자신의 터전을 벗어나 중심으로 가면 삶이 풍요롭고 행복해질 것이라는, 세계화에 의해 만들어진 허상이 많은 이들을 이주 노동자로 내몰고 있다. 그것은 어쩌면 전 지구적 차원으로 이동되고 있는 자본의 요구와, 이에 맞설 수 없는 존재의 나약함에 근거하고 있는 것은 아닌가. 나 역시 그 길을 향해 질주하고 있는 것은 아닌가. 이런저런 생각이 벌레처럼 스멀거려 온몸이 몸서리친다. 주변부에서 떠밀린 이주노동자들의 주름진 얼굴이 떠오른다. 이주노동자들이 왔을 길을 따라 뒤를 돌아본다. 하늘은 청명하다. 그 아래 들판에는 흰 소가 느릿느릿 걷고 있다.

다시 돌아온 방콕의 방람푸 거리에는 온종일 우기의 비가 추적추적 내린다. 거리에서는 젊은 청춘들이 그들의 세대를 향해 돌진하듯 열정을 불사른다. 불야성에 취한 불빛이 나의 눈빛을 홀린다. 나는 천천히 심호흡을 하면서 방람푸의 카오산 거리를 걷는다. 웬일인지 나는 정처가 없다. 어디를 향해야 할지 모르겠다. 그저 발길 가는 대로 비가 내리는 밤의 카오산 거리를 걸을 뿐이다. 빗물이 고인 웅덩이에 카오산의 휘황한 불빛이 흐른다. 거리 곳곳에 술에 취해 흐느적거리는 젊음이 아름답다 못해 비극적이다. 거리의 한쪽에는 젊은이들이 술에 취해 드러누워 있고, 그 옆에는 성을 파는 여인이 온몸을 드러낸 채 활보한다. 다른 한쪽에는 늙은 악사가 기타를 연주하며 몇 바트의 동전 앞에서 흐느끼듯 노래하고 있다. 연애를 하고 술을 마시고 끝없이 대화를 하고 또 아침이면 어디론가 그들은 달려갈 것이다.

다른 한편에서는 몇 푼의 돈과 가족의 생계를 위해 수십만 킬로미터를 넘어온다. 국경을 넘어 생명을 건 이주를 선택한다. 서로 다른 젊은이들이 보이지 않는 불투명한 미래를 위해 질주한다. 양극화의 지점에 내가 있다. 나는 천천히 방콕의 밤길을 걷는다. 자본주의의 불빛이 멈출 것 같지 않은 카오산 거리에는 이국의 수많은 여행객들이 밀려온다. 질주는 끝이 없어 보인다. 극단의 세계와 함께 동거하는 현실이 이처럼 실감나게 다가오는 것은 어째서일까. 왜 이처럼 세계는 극단으로 내밀리고 있는가.

세계화를 요구하는 전 지구적인 자본에 맞서자고 요구한다는 것은 이들에게 소귀에 경 읽기일지 모른다. 발가벗긴 채 자본이 선사한 굴욕과 치욕 속에 살아가야만 하는 것이 지금 이곳, 나와 연결된 아시아의 고통일지도 모른다. 그것은 식민지 시대를 경험한 대부분의 아시아 국가가 겪고 있는 고통의 지점이 아닌가. 나는 다시 한국으로 돌아오는 내내, 지금 우리는 아시아의 고통이 이주의 고통으로 되살아오는 현재를 살아가고 있지는 않은지 자문한다. 사윙 씨가 오간 길 위에서, 아니 잠롱의 수많은 이주노동자들이 오갔을 길을 되돌아오면서 묻는다. 아시아의 고통은 무엇인가. 이주의 삶을 통해 얻는 것과 잃는 것은 무엇인가. 불안한 이주의 삶을 통해 무엇이 변화하는가.

인천 국제공항에 내리자 하늘이 푸르다. 전날 비가 내렸는지 활주로에 빗물이 고여 있다. 비로소 나는 앨리스의 동굴을 빠져나와 현실에 돌아온 듯한 느낌이 들었다. 짐을 찾고 출입국 신고를 위해 기다리던 나의 눈길을 사로잡은 것은 이주노동자였다. 사람들이 분주하게 빠져나가는 출구에는, 고용허가제EPS로 들어오는 인도네시아 이주노동자 30여 명이 유니폼을 입은 채 입국 심사를 위해 대기하고 있다. 그들의 눈동자에 긴장과 경계의 눈빛이 잔뜩 서려 있다. 바로 그 순간 시간의 흐름이 멈춘 듯했다. 그들 앞에 놓여 있는 새로운 세계는 무엇인가. 갑자기 온몸이 답답해졌다. 방콕의 카오산 밤거리에서 느낀 바로 그 공황증이다. 설명하기 어려운 복잡한 심경이 아열대의 빗줄기처럼 내 가슴을 두드린다. 그들의 눈빛이 두려움의 눈빛인지, 아니면 새로운 꿈을 향한 눈빛인지 알 수 없는 채로, 나는 스스로 이주노동자가 되어 천천히 공항 출구를 빠져나왔다.

뫼비우스의 끈

우기가 막 시작된 필리핀 세부의 막탄 공항에 내리자 열대야의 후덥
지근한 날씨가 기다렸다. 자정을 넘은 시각, 차를 타고 보홀행 배가 있는
항구까지 이동했다. 필리핀 사람들은 밤잠이 없는지, 새벽에 가까운 시각
인데도 어둑한 거리에 사람들이 서성인다. 삼삼오오 모여 있는 이들은 대
부분 젊은이들이다. 항구의 여객선 터미널에는 정문을 지키는 경비와, 대
합실 의자에 잠들어 있는 필리핀 사람들이 몇몇 있다. 매표소 앞 맨바닥
에 돗자리를 깔고 드러누웠지만, 초행이거니와 끊임없이 사람들이 오가
는 바람에 잠이 오지 않는다. 이따금 항구에 배가 들어와 여행객을 풀어
놓는다. 소란이 멈추고 여행객이 썰물처럼 빠져나가면 또다시 정적이다.
부둣가를 때리는 파도 소리가 애처로이 들렸다. 잠시 주변을 돌아보니 보
홀로 떠나려는 사람들이 속속 모여든다. 한산했던 항구는 아침이 밝아 올
수록 붐빈다. 마닐라에서 배를 타고 와서 고향인 보홀로 가려는 사람, 그
곳으로 여행을 떠나는 외국인, 잠시 세부에서 일을 보고 돌아가는 이들이
뒤엉켜 표를 사기 위해 서있다. 새벽 5시경 매표구가 열렸고, 표를 손에

쥔 이들은 짐을 검색받은 뒤 승선했다. 승선할 때 우연히 난간 밑을 바라보니, 뗏목이 한 척 있고 그 위에는 다섯 살쯤 난 여자 아이와, 등에 아이를 업은 추레한 여인이 손을 내밀며 1페소를 외친다. 배는 이들을 뒤로하며 물살을 갈랐다.

우기를 맞은 필리핀 보홀에는 7월의 밤비가 망고 잎사귀를 때린다. 밤하늘에 천둥과 번개가 내리치고, 거리에는 지프니와 트라이시클이 내는 요란한 소리로 가득하다. 굶주린 용이 승천하듯 포효하는 소리가 발길을 재촉한다. 하지만 집으로 돌아가는 발길은 느릿하다. 서두르는 법이 없는 필리핀 사람들을 닮은 밤이, 사람들과 함께 빗소리에 파묻혀 뉘엿뉘엿 어둠 속으로 사라진다.

한낮에는 야자 잎사귀조차 축 늘어질 정도로 폭염이 기승을 부려 활동하기 어려울 정도다. 점심 무렵 대부분 잠시 일을 멈추고 사무실이나 야자수 그늘에 누워 오수를 즐긴다. 트라이시클 운전수 역시 잠시 핸들을 놓고 그늘에 누워 잠을 잔다. 낮이고 밤이고 연신 울어 대는 닭과 고양이 소리가 골목에서 끝없이 흘러나온다. 집집마다 꽃기린으로 장식한 담장에는 각양각색의 온갖 열대의 꽃들이 피어 있고, 야자수와 바나나 나무는 실바람에도 흐느적거리며 무더운 한낮을 보낸다.

보홀은 얼핏 낭만이 있는 섬이다. 하늘빛을 닮은 바다와 바닷빛을 닮은 하늘에 경계가 없다. 쪽빛 바다에 맨몸으로 뛰어드는 아이들이 있다. 어디를 가든 노랫소리가 들리고 춤에는 익살이 묻어 있다. 시름없이 널브러진 개들과 어미 닭의 꽁무니를 좇는 병아리들이 골목마다 눈에 띈다. 사방에 야자수와 바나나 나무가 자라고, 열대우림의 숲으로 둘러싸인 곳에는 벼가 심어져 있다. 하지만 이는 겉모습일 뿐이다. 좀 더 가까이 숲을 들여다보면 그곳에는 투계에 쓰일 닭을 키우는 곳, 농구 골대, 대나무로 엮은 한 칸짜리 집이나 보도블록으로 지어져 칠조차 되지 않은 집 등이 조화롭지 않게 자연을 이루고 있다. 때로는 정적만이 흐른다. 시내의 골목에는 1970년대 한국을 떠올리게 하는 집들이 어둠처럼 잠겨 있다.

한낮의 해가 바다로 떨어지고 밤이 오면, 청년들이 무리를 지어 길가나 골목으로 나온다. 새벽이 되도록 트럼프를 하거나 배회한다. 내일이 없는 오늘을 보내는 청년의 모습이다. 다만 시내 중심에는 트라이시클의 행렬이 끝이 없다. 매캐한 매연을 내뿜으며 사람들의 발이 되는 트라이시클 운전이, 이곳 보홀에서 직업을 창출하는 유일한 일처럼 보인다.

시내 중심으로 들어갈수록 약국에 길게 늘어선 사람들과 멀티캡을 타려고 기다리는 사람들이 뒤엉켜 와자지껄하다. 저녁 무렵이면 학교에서 수업을 마친 학생들이 거리를 온통 교복으로 물들인다. 타는 듯한 황금빛 태양이 내리쬐는 청아한 하늘 아래, 습기를 머금은 오래된 성당이 있는 탁빌라란의 하루가 모기를 쫓기 위해 피워 놓은 화톳불 연기와 함께 저문다. 그리고 다시 아침이 오면 닭 울음소리와 함께 어김없이 성당의 종소리가 울리고 확성기에서 설교 소리가 흘러나온다. 그렇게 자연과 문명이 뒤섞인 듯한 하루가 시작된다.

어찌 보면 이주는 자연에서 나와 문명의 숲으로 걸어 나오는 길처럼 보인다. 숲 내음이 가득했던 그 길을, 종내 자연을 상실한 고독한 소외자의 모습으로 돌아간다. 내가 필리핀 보홀에서 만난 귀환 이주노동자 리아 (39세, 필리핀) 씨가 그랬다. 자연 속에서 태어나고 자라서 이주노동을 선택하기까지, 고향 보홀은 그녀에게 하나의 운명이고 탈출구였다. 누군가 그랬다. 자연이 권태롭다고. 대부분의 필리핀 이주노동자들처럼 그녀 역시 단조로운 삶을 박차고 이주를 통해 탈출을 꿈꿨다.

리아 씨가 고향인 보홀에 돌아온 것은 2006년 12월이었다. 인천 남동 공단에서 일하다가 출입국 관리사무소 직원의 단속에 걸려 필리핀 마닐라를 거쳐 고향으로 돌아왔다. 한국에서의 이주노동자 생활 7년을 끝내고 고향에 도착한 그녀의 손에는, 옷가지가 담긴 짐과 3백만 원 정도의 돈이 쥐여 있었다.

그녀는 고향으로 돌아오기 전에 한국에서 필리핀 이주노동자를 대상으로 실시한 귀환 이주노동자 프로젝트에 참여했다. 이는 한국에서 일하고 있는 필리핀 이주노동자들이 귀환 이후를 대비해 대안 투자와 지역사회와의 재통합을 모색하고자 만든 프로젝트다. 마침 프로젝트에서 투자를 추진한 지역이 보홀이어서, 리아 씨는 이주노동을 통해 번 돈의 일부분을 투자했다. 그녀가 이 프로젝트에 참가하게 된 것은 귀환 이후 가족과 함께 안정적인 삶을 살기 위해서다.

실상 이주노동은 환상과 같은 것이라서 어느 정도 돈을 모으면 삶이 연장되지만, 그렇지 못하면 앞날이 막막할 정도의 절망이 찾아온다. 자발적이든 비자발적이든 '완전한 귀환'은 "많이 벌고, 많이 아껴서 모국의 가족들에게 더 밝은 미래를 제공한다."라는 이주노동자의 목적이 달성된 경우다. 하지만 많은 이주노동자들은 귀환한 이후 가족과 결합하고 지역사회와 통합하는 과정에서 많은 문제에 직면한다. 완전한 귀환의 경우 가족과 온전히 결합하는 것은 물론 모국에서 미래까지 설계할 수 있지만, 그렇지 못한 경우에는 경제적 궁핍이나 가족해체를 겪게 되며, 그 후유증으로 삶 자체가 파탄 나거나 다시 이주노동자로 전락하는 경우가 많다.

리아 씨는 보홀에 있는 홀어머니와 여동생, 그리고 언니의 부양까지 책임져야 했다. 그녀는 가족에게 속박된 몸이 되었다. 그녀의 영혼에조차 자신만을 위한 공간이 한 뼘도 없었다. 그녀는 가족의 생계를 위해 2000년에 2백만 원의 돈을 빌려 한국에 이주노동자로 왔다. 시화 공단에서 산업 연수생으로 이주노동자의 삶을 시작했다. 산업 연수생은 노동자 신분이 보장되지 않아 급여가 최저임금에도 미치지 않고, 사업장 변경도 되지 않았을 뿐 아니라 퇴직금도 받지 못했다. 사업장에서 욕설과 폭행이 난무해도 불이익 처분을 받을까 봐 문제를 제기할 수도 없는 일종의 현대판 노예노동이었다. 열악하고 혹독한 노동조건에 시달린 그녀는 사업장을 이탈했다. 그 후 부산·수원·인천 등지를 떠돌며 미등록 이주노동자의 삶을 살았다. 항상 쫓기는 삶이었다. 그녀는 자신을 비롯해 동료들이 공장에서 생활하며 겪은 일들을 들려주었다. 당시 연수생 신분으로 온 대다수 이주노동자는 몸이 아파도 일해야 했다. 회사를 그만두면 갈 곳이 없었다고 한다. 중간 관리 업체인 에이전시의 명령에 따라야 했고, 직장이 구해질 때까지 무작정 대기 상태로 있어야 했다. 의사소통을 제대로 못해 제때 치료를 받지 못한 동료도 있었다. 그뿐 아니라 월급을 떼이는 일이 비일비재했다. 일이 없을 때는 '무노동 무임금' 원칙을 적용해 한 달 동안 20만 원에도 못 미치는 돈을 받은 경우가 허다했다. 안정된 직장을 보장

받지 못한 동료들은 회사에서 도망쳐 미등록 이주노동자로 전락했고, 그들에게는 '불법'이라는 딱지가 항상 따라다녔다. 필리핀 에이전시의 횡포도 심했다. 그들은 돈만 챙길 뿐 책임을 지지 않았다. 모든 것을 이주노동자에게 전가했다. 사업장에서 문제가 생겨도 어찌하지 못해 온갖 피해를 입다가 인권 센터의 도움을 받아 가까스로 해결된 사례가 많았다. 그러다 보니 동료들은 울산·안산·일산 등지로 뿔뿔이 흩어져 다시 만날 수 없었다고 한다. 그렇게 이곳저곳의 공장을 전전하던 그녀는 인천의 남동 공단에서 동료 여덟 명과 함께 출입국 관리사무소의 단속에 걸렸다.

현재 그녀는 귀환 이주노동자 프로젝트로 세워진 갈릴래아 교육연수원에서 일하고 있다. 아직 다 지어지지 않아 내부를 비롯해 곳곳에서 공사 중이었다. 투자한 비용이 귀환 이주노동자에게 이익으로 배분되기까지는 아직도 많은 난관이 기다리고 있다. 재정은 모자란데 여전히 부대시설이 부족하다. 앞으로도 2년간은 지속적으로 투자와 개발을 동시에 진행해야 한다. 그녀는 내게 최근 대학생들이 연수원을 합숙 장소로 이용하곤 한다고 했다. 또한 가끔씩 한국에서 손님이 온다고 했다.

때마침 찾아간 연수원은 텅 비어 있었다. 주변을 둘러본 뒤, 그녀는 한국에서 다녀간 활동가들이 심어 놓은 어린 나무들을 보여 주었다. 타는 듯한 더위에 나무들 역시 풀이 죽어 있다. 간절함이 땅에서 희망으로 자라고 있다. 아직 제 역할을 다 못하고 있지만, 갈릴래아는 필리핀 귀환 이주노동자에게 희망의 터전임이 분명하다.

이주노동을 한 한국에 대해 물으니, 그녀는 한국에서의 생활을 뚜렷하게 기억해 냈다. 그뿐 아니라 한국에서 배웠다며 직접 김치를 담그고 미역국을 끓여 점심으로 대접하기까지 했다. 귀환한 지 2년이 지났어도 한국어는 물론, 한국의 음식 문화까지 몸에 배어 있다. 그녀는 한국이 고마운 나라라고 했다. 왜냐고 물으니, 자신이 미등록된 상태로 있을 때 정을 많이 느꼈기 때문이란다. 그건 보홀에서도 마찬가지가 아니겠느냐고 했더니, 웃으면서 그렇다고 한다. 사람의 정을 느끼며 살았다는 말은 정에 굶주려 왔다는 뜻이기도 하다. 그런 그녀가 여동생과 불화가 있음을 내비치기도 했다. 한국에서 이주노동을 해서 번 돈으로 가르쳐 교사가 된 여동생이 어머니를 부양하는 데 소홀하다는 것이다. 힘들게 이주노동 생활을 하면서도 동생에게 학비를 보내 준 것이 그나마 자신을 지켜 준 보람이었는데, 고향에 돌아오니 여동생은 졸업하고 일을 찾아 떠났다. 자신이 어머니를 부양하고 있는데 부담이 크단다. 그래서 생각해 낸 방책이 한국에서 가져온 얼마간의 돈으로 차를 구입해 임대를 주는 것이었다. 그렇게 해서 버는 돈이 한 달에 4천 페소 정도. 연수원에서 일을 보고는 있지만 이익금이 나오지 않으므로, 과외로 복사기를 한 대 사서 주말에 여동생이 아르바이트를 한다고 했다. 그렇게 들어오는 돈이 5백 페소 정도. 이곳에서 가족이 생계를 유지하기 위해서는 6천 페소에다 전기료 1천5백 페소가 든다고 하니 빠듯한 생활이다. 생활 얘기가 나오자 리아 씨는 한숨을 쉬었다. 밑 빠진 독에 물 붓기 같은 것이 생활이 아닌가. 이주의 삶이 그랬지만, 지금도 그녀는 생활과의 끝없는 전쟁에 지쳐 보였다. 설핏 피로에 지친 그녀의 그림자가 지나갔다.

이주는 끝이 없는 다람쥐 쳇바퀴 같다. 뫼비우스의 끈처럼 끝이 보이지 않는 것이 이주노동이다. 리아 씨의 경우처럼 다시 돌아온 곳의 현실이 또 다른 탈출을 꿈꾸게 하는지도 모르겠다. 그게 유일한 생존이자, 삶의 탈출구가 아닌가. 나는 탁빌라란과 연수원이 있는 팡라오 섬을 오가며 그녀와 몇 차례에 걸쳐 인터뷰하는 내내 절망의 끝자리에 놓인 삶이 있다면 이주노동으로 떠도는 삶이 아닐까 생각했다. 그녀가 들려준 귀환 이주노동자 루완(39세, 필리핀) 씨의 경우가 그러했다.

루완 씨는 한국에서 돌아온 뒤 고향인 보홀의 다오에서 살았다. 이주노동을 해 번 돈으로 생활하면서 실업자로 무기력한 나날을 보내다가 지역사회에 정착하지 못하고 결국 마닐라로 떠났다. 그곳에서 그는 남은 돈을 투계로 모두 날렸다. 투계에 빠진 대가는 이혼과 가족해체였다. 한쪽 다리에 칼을 차고 날아올라 상대방의 목을 향해 끝없이 부리를 쪼는 투계로 한몫 잡으려 오히려 삶의 전부를 잃어버렸다. 싸움에 지쳐 전의를 상실하고 추락한 닭처럼 그는 끝내 일어나지 못했고, 빈털터리가 되어 마닐라의 뒷골목을 전전하는 신세가 되어 버렸다.

인생에 과연 끝이 있을까. 나는 내내 그녀에게 묻고 싶었다. 또한 내게도 묻고 싶은 질문이다. 때로는 고통이 현실을 포기하게도 하지만, 생명이 있는 한 삶은 계속 이어지는 것이 아닌가. 그녀가 들려준 한국에서의 이주 생활은 울음과 비애뿐이다. 그녀가 번 돈은 가족을 건사하는 데 소비되었다. 그녀에게 남은 것은 결혼 연령기를 훌쩍 넘긴 자신뿐이다. 이주노동을 하면서 그녀도 늙어 갔다. 시집가야 할 나이에 이주노동을 한 것이다. 결국 이주노동을 통해 얻은 것은 가족과의 생이별, 그리고 여전히 불안한, 뫼비우스의 끈과 같은 미래다.

그녀는 3년간의 계약 기간이 끝나면 2년 가까이 더 연장할 수 있는 고용허가제에 대해 긍정적으로 생각했다. 젊은이들이 한창 결혼 연령기일 때 이주노동으로 5년이라는 시간을 보내면 그 뒤 정상적인 삶을 꾸리기가 어렵지 않겠느냐고 물었다. 그녀는 결혼보다 생활이 우선이라고 했다. 나는 리아 씨를 인터뷰하는 내내, 한국의 이주노동 정책이 바뀌지 않는다면 지금까지 그랬던 것처럼 앞으로도 많은 문제점을 낳으리라고 생각했다. 가족 이주를 허용해 정주권을 주는 방향에서 정책이 수립되어야 한다. 리아 씨도 이에 동의한다. 한국 사회가 숙련된 기술자와 안정된 노동력을 필요로 한다면, 그리고 이주가 세계적인 차원의 문제임을 감안한다면 이제 가족 동반을 허용하는 전향적인 이주 정책이 필요하지 않을까.

어느 누가 고향을 떠나고 싶겠는가. 어느 누가 부모 형제를 뒤로하고 외따로 떨어져 고된 이주노동을 하고 싶겠는가. 이주가 시작되는 지점에서 이주를 사유해야만 진정한 해결책을 얻을 수 있겠지만, 이미 세계 곳곳에서 이주노동을 요구하는 이상 이주는 필연이다. 이주는 더 나은 삶에 대한 욕망과 생존을 위한 몸부림에서 시작된다.

지구 한편에서 굶주림으로 고통당할 때, 다른 한편에서는 넘쳐 나는 욕망을 향유한다. 세계의 불평등이 심화될수록 고통 받는 것은 정치권력이 아니라 생존을 위한 삶이다. 그래서 이주는 절망을 낳지만 희망의 블랙홀이기도 하다. 그것은 흔들리고 찢기고 절망하고 분열되는 인간의 삶의 총체성을 보여 준다. 현재에서 벗어나고자 찾아낸 탈출구인 이주는 끝없는 욕망을 재생산해 낸다.

물론 대부분의 이주노동자는 성장 배경과 환경을 봤을 때 그나마 선택받은 이들이다. 하지만 노동에는 선택이 없다. 그들이 어디에서 어떻게 자랐는지 따위에는 관심이 없다. 오직 건강한 노동력을 원할 뿐이다. 오늘도 세계 곳곳에서 많은 이들이 이주노동을 꿈꾼다. 더 나은 삶을 위해, 가족을 위해, 치욕스러운 오늘을 벗어나기 위해 탈출을 꿈꾼다. 오늘날 우리 모두는 이주민이다.

리아 씨에게 한국에서 가장 고통스러웠던 기억은 뭐냐고 물었다. 그녀는 잠시 주저하다가, 아버지가 죽었을 때 난생처음 술을 마셨다고 했다. 공장 기숙사에서 생활하던 때였는데 그날도 야근을 했다. 필리핀 동료 세 명과 함께 일하다가 소주를 사서 울면서 마셔 댔다. 그것이 처음이자 마지막으로 술을 마신 기억이라고 했다. 그녀도 내게 살면서 고통이 있었느냐고 묻는다. 나도 지난 몇 년간 이주노동자와 함께했던 삶의 일부를 들려줬다. 손가락과 팔이 잘리고, 월급은 만성적으로 체불되고, 폭력과 폭언이 난무하는 사업장에서 이주노동을 한다는 것은, 비단 이주노동자의 문제만이 아니라 오늘을 살고 있는 내 모습이기도 하다. 나는 한국 사회가 여전히 야만의 경계에 있다고 했다. 그녀는 침묵으로 동의했다.

그녀에게 앞으로의 계획에 대해 물었다. 결혼하고 싶단다. 아이도 한 명 낳고 가족과 함께 살고 싶다는 소박한 꿈을 밝혔다. 또 다른 꿈이 있느냐는 질문에는 끝내 답하지 않았다. 식사를 하고 나서 밤 물때 소리를 들으며 함께 해변을 걸었다. 그녀를 연수원에 바래다주고 다시 탁빌라란으로 오는 칠흑의 어둠 속에서, 스치듯 명멸하는 불빛과 함께 질주하는 삶이 차창 밖에 어린다. 보홀에서 봤던 광경들이 차창 밖으로 혼란스럽게 배어 온다.

거리마다 필리핀 고유의 것보다는 과거 식민지 시대 유산들이 더 눈에 띄었다. 스페인의 오랜 식민 지배와 일본의 식민 지배 및 미군정을 거친 오늘의 필리핀에는 다문화적인 요소가 곳곳에 배어 있다. 보홀에서만도 비사야어와 타갈로그어, 영어를 혼용하고 있었다. 성당에서도 세 가지언어로 찬송가를 부르는 현실을 어떻게 이해해야 할까. 권투와 투계에 열광하는 나라, 1백여 가지 토속어와 함께 타갈로그어와 영어로도 의사소통하는 나라, 가장 많은 이주민을 배출하면서도 문화적 소수집단인 원주민의 삶에 고유한 특색이 남아 있는 나라가 필리핀이 아닌가 싶다. 삶의도처에서 생활 깊숙이 내재된 식민지의 잔재는 또다시 넘어야 할 거대한파고처럼 보인다. 리아 씨가 사는 보홀과 인천 앞바다에 있는 섬에 차이가 없듯이, 같은 시대에 일제강점기를 겪은 흔적이 배어 있는 아시아의경험이 과연 이 시대 우리에게 어떤 의미로 다가오는지 묻고 싶었지만 그냥 묻어 두기로 했다. 그러기에는 현실이 너무 무거웠다.

탁빌라란으로 돌아오는 길은 어둠에 잠겼다. 속도 계기판이 고장 난택시는 알 수 없는 속도로 어둠 속을 달린다. 길 양옆으로 코코넛 나무가스치듯 지나간다. 가끔 헤드라이트 불빛 속으로 일을 끝내고 집에 돌아가는 필리핀 노동자의 모습이 지나친다. 버겁다. 그러다 개가 길을 가로지른다. 차가 어둠 속을 달릴수록 하나의 세계를 뒤로하고 또 다른 세계를향해 질주한다. 블랙홀 같다. 어둠 속으로 빠져들수록 알 수 없는 의문이미궁 같다. 차창 밖의 한 사내가 침묵으로 나를 쳐다본다. 나는 사내에게질문한다. 나는 지금 어디를 향하고 있는가. 차는 어둠 속으로 빨려들어

간다. 한 시대가 어둠 속에서 달리고 또 달려온다.

귀환 이주노동자에 대한 조사를 끝내고 한국으로 돌아오는 길에 세부와 마닐라에 들렀다. 보홀과 달리 문명의 숲 자체였다. 그곳에는 온갖 욕망이 꿈틀거리고 발산한다. 거리에는 온갖 다국적기업의 간판이 즐비하고 빌딩 숲 사이에서는 거대한 쇼핑몰이 군데군데 눈에 띈다. 소비의 천국을 연상케 하는 아시아 최대의 쇼핑몰인 몰 오브 아시아SM Mall of Asia가 있는 나라다. 동시에 오늘날 가장 많은 이주민을 해외로 보내는 나라다. 국민의 약 10퍼센트가 이주민으로 세계의 구석구석으로 이주하고, 국민총생산의 7퍼센트 정도를 이주노동으로 벌어들이는 나라가 오늘날의 필리핀이다. 그래서인지 필리핀에서 이주는 자연스러운 삶의 방편이 되고 있다. 이는 끝없는 이주의 악순환으로 이어진다. 이유는 여러 가지이겠지만, 이주노동을 마치고 귀환했는데 본국에 일자리가 없거나, 귀환 이후 생활에 잘 적응하지 못해 제3국으로 재이주하는 경우도 많다.

실제로 많은 필리핀 이주노동자들이 모국으로의 귀환을 포기한다. 경기도 시흥에서 만난 라리(43세, 필리핀) 씨 역시 10년 넘게 한국에서 미등록 이주노동자로 일하고 있다. 그는 전기 콘센트를 만드는 공장에서 공장장 대우를 받고 있다. 그가 일손을 놓으면 공장이 가동을 멈춰야 할 만큼, 단순 숙련공 수준을 넘어 생산부터 품질관리는 물론 납품까지 도맡아 처리하고 있다. 그에게는 필리핀 팡가시난에 부인과 두 명의 자녀가 있다. 매달 60만 원가량을 송금한다고 한다. 그것으로 그의 의무는 다한 것처럼 느껴졌다. 부인 역시 그가 귀환하는 것을 원치 않는다고 했다.

시화 공단 인근에서 일하고 있는 로니(43세, 필리핀) 씨의 사정도 마찬가지다. 그 또한 13년여 동안 한국에 이주노동자로 있으면서 귀환을 포기했다. 귀환해 적응할 자신이 없다지만, 다섯 명의 가족을 부양해야 한다는 것이야말로 가장 큰 이유다. 지금 하고 있는 일 또한 숙련된 터라 공장에서도 전적으로 일을 맡긴다. 직원이 세 명뿐인 공장에서 그는 두 명분 몫을 감당한다고 했다. 하루에 열두 시간을 일해 버는 돈은 110만 원정도에 불과하지만, 이 돈이나마 벌지 못하면 필리핀에 있는 가족의 생계를 책임질 수 없다. 라리 씨나 로니 씨만의 문제가 아니다. 미등록 이주노동자들은 최저임금을 받지 못해도 하소연할 길이 없다. 이들은 평일 잔업으로 모자라 주말에는 근처의 다른 공장에서 아르바이트해 번 돈을 가족에게 송금한다. 시흥·안산·안성·용인·원주·파주 등 거쳐 보지 않은 곳이 없을 만큼 이들 대부분이 부평초 같은 삶을 살고 있다.

어찌 보면 이들은 마치 마닐라 중심을 관류하는 파시그 강에 떠다니는 부레옥잠인 릴리 같은 운명이다. 릴리는 마닐라 중심부를 거쳐 마닐라 만灣으로 흘러간다. 릴리는 도심 한가운데와 빈민촌 사이를 유유히 떠내려가는데, 하늘의 구름처럼 마땅히 거처할 곳도 잠시 머무를 이유도 없다는 듯 남태평양이 무한히 열린 마닐라 만을 향해 떠내려가는 모습이 세계 각처를 떠도는 필리핀 이주민의 삶처럼 정처 없다. 어쩌면 떠밀려 간다는 표현이 맞을지 모르겠다. 마닐라 만까지 흘러갔다가, 태평양과 만나 숨 쉬듯 밀려갔다 밀려오는 파도 너머에 몸을 맡기고는, 유빙처럼 떠돌다 끝내 사라질 운명이 바로 릴리의 삶이다. 이주의 삶이 릴리와 다르지 않다.

한국으로 오기 전에 리아 씨와 마지막으로 전화 통화를 했다. 그녀가 끝내 밝히지 않은 꿈이 듣고 싶었다. 그녀는 한참 망설였다. 미국에 이주 노동자로 다시 나가고 싶다고 했다. 가족의 생계만을 위해서라기보다는, 이제 자신의 삶을 살고 싶어서라고 했다. 그녀의 낮은 목소리가 전화기를 통해 들려오는 내내 숨이 턱 막혔다. 끝없이 순환하는 이주노동. 찢긴 삶과 끝이 보이지 않는 유랑. 가족과의 생이별. 나는 그것을 뭐라고 표현해야 할지 막막했다. 아시아의 비극이라고만 받아들이기에는 삶이란 너무 절박한 것이 아닌가. 그녀에게 자신이 태어난 곳에서 뼈와 영혼을 묻으라고 말할 수도 있겠지만, 그것은 그녀의 운명도 아니고 그녀가 선택한다고 될 일도 아니다. 자본과 노동의 세계화가 진행되어 국경이 낮아지고 있는 오늘의 현실에서, 고향을 지키고 고향에서 삶을 가꾸고 산다는 것은 모순처럼 보인다. 제조업은 없고 소비만 있는 삶, 하루가 다르게 치솟는 환율, 날로 악화되고 있는 경제 상황, 늘어나는 실업률. 그들은 해외로 나갈 수밖에 없는 처지로 전락하고 있다.

이주노동에 몸살을 앓고 있는 아시아에서 떠밀려 왔다 떠밀려 가는 릴리의 운명. 리아 씨를 비롯한 수많은 이들이 이주하고 다시 재이주를 꿈꾸는 악순환. 그리고 이산離散. 인간으로서 견디기 어려운 모멸과 고통을 당하면서도, 살기 위해 오늘을 살지만 미래는 보이지 않는 삶. 그것은 우리 모두의 삶이 아닌가. 그녀의 말마따나 우리 모두는 이주로 연결된 관계들이기 때문인지도 모르겠다.

일이 끝나면 하루하루 치욕을 견디게 해달라고 기도했답니다. 어떤 날은 밤새 울었어요. 그때, 고향에서 들었던 풀벌레 소리가 공장 마당 한쪽에서도 들리더군요. 내가 살고 있는 이곳이나 내가 잠시 살았던 한국이 모두 연결된 것 같았어요. 서로 다르지 않아요. 우리 모두는 이주민이에요. 어디에 있건 간에.

2부____ 선택 없는

노

동

그는 언제나 줄을 서서 가고 있었다
홀로 빈방으로 가고 있었다
그는 언제나 밤에만 일했다
한겨울에도 추운 옷을 입고 있었다
──── 이세기, "까심"

파키스탄 카라치에서 온
저녁이면 선선한 바람이 분다고 하던
그곳 항구에서 온
친구 무하마드 아메드가 일을 하는
공장을 찾아갔는데

'보라, 얼마나 쉬운 일인지 모르겠다'며
그가 구사한
몸짓 문장만큼이나 묘한
펄펄 끓는 아연 주물을 쇠 주걱으로 떠서
성형 틀에 부으면
철거덕 철거덕 로봇의 발걸음마냥
나오는 다이캐스팅 제품마냥
자동 반복적인
묘한 웃음을 내게 보이는 것이었다
──── 이세기, "몸짓 문장"

이주노동자, 이주민이 직접 만든 탈이다.

헤이, 헤니

출근길에 전화가 왔다. 야얀 수나지(24세, 인도네시아) 씨다. 서투른 한국말로, 사장이 돈을 주지 않아서 가방을 들고 센터°에 와있다고 했다. 센터에 가보니 짐 가방을 든 야얀 씨가 집 나온 사람처럼 서있다.

"사장님이 나가라고 해요."

그가 처음 찾아온 것은 일주일 전 점심시간이었다. 점심도 거르고 퇴직금 상담을 받기 위해 공장에서 택시를 타고 온 것이었다. 3년 만기를 꼬박 채우고 귀환하는데, 퇴직금을 받을 수 있겠느냐고 물었다. 1년 이상 동일 사업장에서 일하고 퇴직하면 퇴직금을 받는 것이 당연하지만, 산업 연수생에게 연수생 신분을 이유로 최저임금은 물론 퇴직금 규정조차 지키지 않는 사업장이 많았다. 이럴 때는 곧바로 공장에 연락해 보는 편이 빠르다. 공장으로 전화해 퇴직금 지급 여부를 확인했다. 사장은 화가 난 목소리로 처음에는 못 준다고 했다가, 이주노동자에게도 퇴직금을 줘야 한다는 관련 규정을 들이대니 그때서야 알았다고 했다.

그런 것이 엊그제가 아닌가. 어제까지만 해도 야얀 씨를 회사로 보내면 퇴직금을 준다고 했는데, 짐을 싸고 나가라니……. 자초지종을 듣고 다시 회사에 전화하니 상황은 이랬다. 야얀 씨가 막무가내로 2년 치 퇴직금 2백만 원을 달라고 했단다. 사장은 2년 치 누적 퇴직금이 150만 원 정도라고 했고, 야얀 씨는 2백만 원을 안 주면 노동청에 고발하겠다고 한 모양이다. 그러고는 곧바로 이른 아침에 짐을 챙겨 센터로 온 것이다.

사장은 이런 야얀 씨의 태도가 야박하다고 느꼈나 보다. 야얀 씨도 퇴직금 2백만 원을 포기할 수 없는 상황이었다. 사장은 일전에 보너스 명목으로 50만 원을 지급했고, 1백만 원 정도가 실제로 그가 수령할 퇴직금이라고 했다. 야얀 씨에게 그렇게 말했으나, 여전히 2백만 원을 요구해 합의점을 찾지 못했단다.

며칠 전 그가 찾아왔을 때, 수줍음을 많이 타고 말수가 적은 청년이라고 생각했다. 그는 3년 동안 주물공장과 알루미늄 사출 공장에서 일했고, 현재는 작업반장 직책으로 일하고 있다고 했다. 하지만 퇴직금을 받고 싶다고 했다. 손에는 비행기 표와 여권이 쥐어 있었다. 고국으로 귀환해서 그동안 자신을 기다린 애인과 결혼할 날짜까지 잡아 놓았다고 했다.

출국을 4~5일 앞두고 다시 찾아온 터라 다급하기도 했지만, 퇴직한 지 14일 이후에나 정산될 수 있는 퇴직금 문제를 원만히 해결하려면 회사와 합의하는 것이 최선이다. 노동부에 고소·고발하더라도 퇴직금을 받기까지는 한 달 이상 걸리는데다, 합의해도 곧바로 받는다는 보장이 없다. 더군다나 출국하고 나면 퇴직금을 받아 내기가 어렵다. 그래서 출국을 미루는 번거로움을 무릅쓰고 노동부에 진정을 내 지루한 싸움을 해야 한다. 이주노동자에게 퇴직금 규정을 미리 알려 주는 것이 마땅하지만 쉬쉬하기 일쑤이고, 30인 미만 사업장의 상당수 사업주들이 담합이라도 한 것처럼 안 줘도 된다는 식으로 나오다 보니 퇴직금 문제가 항상 걸림돌이 된다.

야얀 씨와 함께 공장을 찾아갔다. 알루미늄 제품을 분류하고 포장하는 이주노동자의 손놀림이 부산하다. 금속성 소리가 끝없다. 사무실에 가니 사장이 기다리고 있었다. "그동안 착실하게 일하고 돌아가는 사람에게 퇴직금도 안 준 채 짐을 싸 공장에서 내보내는 것이 야박하지 않느냐."라고 말하니 그렇지 않다고 했다. 퇴직금을 준다고 해도 받지 않고는 막무가내로 떠났다는 것이다. 출국한다고 해서 유종의 미를 거두려 야얀 씨에게 들려 보낼 인삼 등의 한국 선물을 마련했다고까지 했다. 그런 마음을 몰라준다고 생각하니 못내 섭섭하고 화가 난 나머지 퇴직금을 못 주겠다고 했다는 것이다. 그래도 그는 미리 주었다는 보너스가 퇴직금이 될 수 없음을 쉽게 인정했다. 그러고는 명세서와 함께 퇴직금을 가져왔다. 서로의 오해가 풀렸다.

퇴직금을 받는 자리에서, 야얀 씨가 서툰 한국말로 "함께 일을 하고 가는데, 퇴직금 때문에 속상하게 해드려 죄송해요."라고 한다. 사장도 멋쩍게 "야얀, 미안해." 하며 사과했다. 야얀 씨의 눈에 눈물이 그렁그렁 맺혔다. 오랫동안 일한 공장에서 떠난다는 것은 야얀 씨에게도 몹시 섭섭한 일일 것이다. 그간 쌓인 정 또한 두터웠다. 악수를 나눈 사장은 내일 공항까지 배웅하겠다고 한다.

그의 인도네시아 친구들은 퇴직금을 받지 못하고 귀환하는 일이 빈번했다. 어떤 친구들은 인도네시아에서 전화를 걸어 야얀 씨에게 퇴직금을 받아 줄 수 없겠느냐고 묻고는 했다. 이런 전화를 수없이 받았던 그는 출국 일자가 다가오자 더는 남 얘기가 아님을 알게 되었다. 회사에 퇴직금 얘기를 하고 싶은데 차마 입이 떨어지지 않아 차일피일 미루다가 궁여지책으로 일을 벌인 것이다. 야얀 씨가 작업 중에 사라지자 회사에서는 황망했다. 작업반장인 그는 여러모로 이주노동자들과의 소통을 매개하는 중요한 역할을 했다. 그래서 한창 바쁠 때 말없이 떠난 처사가 못마땅해 퇴직금을 못 주겠다고 했던 것이다. 어쨌든 야얀 씨의 퇴직금 받기 소동은 성공했다. 제대로 이야기도 해보지 못하고 넘어갔으면 그 또한 여느 귀환 이주노동자처럼 퇴직금을 받지 못했을 것이다.

그는 고향 이야기를 했다. 인도네시아의 고향에는 가게를 꾸리는 부모가 살고 있는데 자신은 장남이고, 한국에 들어온 지 두 달 된 동생은 대구에서 일하고 있으며, 그 아래로 대학교와 초등학교 다니는 동생 둘이 있다고 한다. 한국에 오기 전 트럭 운전사였다고 했다. 인도네시아로 귀환하면 트럭 운전사를 할 예정인데, 이미 취업 계약도 끝났단다. 귀환 이후 계획까지 야무지게 마련한 셈이다. 사장이 "속정이 있고 속내가 깊은 친구"라고 한 말은 허언이 아니었다. 돌아갈 고향이 있는 그는 행복해 보였다.

야얀 씨는 그의 고향인 칠라차프에서 자신을 모르는 사람이 없다고 했다. 상급학교에 들어가지 않고 열 살 때부터 트럭 운전을 배웠다는 그가 고향에서 불리는 이름은 '헤니'다. 그런 그가 귀환 길에 올랐다. 지금쯤 결혼해 행복한 신혼의 꿈을 꾸고 있을 것이다. 그에게 물었다. 행복한 삶이 있는 곳은 '헤니'라고 불리는 곳이 아니겠느냐고. 그는 미소로 답했다. 물론 이주하지 않고 행복한 길이 있다면 좋을 것이다. 그러나 인도네시아 산판山坂까지 도도한 자본주의의 물결이 몰아친 지금, 이주노동만이 현재의 빈곤에서 벗어날 수 있는 유일한 탈출구였을 것이다.

"내 이름은, 헤니." 인도네시아에서 불리는 이름을 알려 주는 그의 얼굴에 행복이 스쳤다. 인도네시아 도처를 누비며 원목을 싣고 운전하는 헤니의 모습이 떠오른다. 동료들은 "헤이, 헤니." 하며 그를 부를 것이다. 운전석에서 손을 흔드는 헤니의 모습이 선하게 떠오른다. (2005.11)

● 여기서는 한국이주인권센터를 말한다. 다만 이주노동자들은 일반적으로 이주 인권 기관이 어딘지를 구분하지 않고 '센터'로 통칭한다는 점을 고려해, 이후 그들이 말하는 대로 '인권 센터' 또는 '센터'로 표기했다.

우리는 노예가 아니다

시끌벅적한 일이 초저녁에 벌어졌다. 파키스탄 이주노동자들이 쉼터에 짐을 산더미처럼 부려 놨다.

"쓰레기처럼 길거리에 버려졌다네요." 통역의 목소리가 흘러나왔다.

"어딘지 모르는 곳에 버려졌다."라고 푸념하는 파키스탄 이주노동자 다섯 명의 몰골이 초췌하다. 온종일 살을 에는 추위에 떨었는지 얼굴이 붉게 상기되었다. 어디로 가야 할지 망설이다가 겨우 연락이 닿아 쉼터로 오게 됐다며 안도의 숨을 내쉰 뒤 자초지종을 이야기했다.

"음식에 돼지고기가 나와 못 먹는다고 했어요. 식대를 주면 따로 해먹 겠다고 했지만 받아 주지 않았어요. 한국에 왔으니 한국의 법을 따르라며 '한국 음식을 먹어라. 왜 너희는 주는 대로 먹지 않느냐.'라는 거예요."

회사 측에 여러 차례 항의했지만 허사였다. 인력 송출 기관인 사후 관리 업체에 문제를 해결해 달라며 전화했지만 아무것도 들어주지 않았다.

"한 달 내내 우유와 바나나만 먹었어요."

심지어 몸이 아파 누웠는데 "도와주거나 밥도 주지 말라."고 했다며 너 나 할 것 없이 분통을 터트렸다.

실제로 동료 중에 살렘(25세, 파키스탄) 씨는 음식을 제대로 못 먹어 열이 나고 구토가 심했다고 했다. 헛소리를 하며 정신이상 증세까지 보이자 회사 측에서는 손과 발을 묶어 기숙사 방에 내동댕이치듯 했으며, 병원에 데려가려는 동료들이 접근하지도 못하게 했다. 그렇게 방치되다 결국 사후 관리 업체로 보내져, 한국에 온 지 18일 만에 쫓겨났다는 것이다.

"우리도 언젠가 그렇게 될 것 같은 공포감을 느꼈어요."

후세인(26세, 파키스탄) 씨가 나서서 회사와 협상했지만, 오히려 주동자로 몰려 기숙사에 대기하라는 지시를 받았다. 회사 측에서는 몰려다니며 항의하는 것은 집단행동을 한 것이므로 계약 사항을 위반했다며 "너희 나라로 돌려보내겠다."라고 으름장을 놓았다.

파키스탄에서는 종교적인 이유로 돼지고기를 먹을 수 없다고 아무리 항변해도, 회사에서는 돼지고기 볶음, 돼지 비지찌개, 햄 등이 식단으로 나왔다.

"밥 먹을 때만 되면 신경이 쓰여 매번 물어봐야 하는데, 말이 통하지 않다 보니 아예 밥을 먹을 수가 없었어요. 노이로제가 걸릴 정도였어요."

그렇게 회사와 실랑이를 벌이며 두 달이 지났다.

"음식도 문화잖아요. 저희는 나름대로 이슬람 음식 문화가 있어요. 태어나 성장하면서 익힌 문화를 하루아침에 바꾸라고 강요해서는 안 된다고 봐요. 그런데 한국에 왔으니 한국의 법을 따르라는 것은 저희보고 죽으라는 것과 다를 바 없어요."

실제로 이슬람교를 믿는 파키스탄·방글라데시·인도네시아 등지에서 온 이주노동자에게 심각한 문제 중 하나가 음식 적응이다. 돼지고기를 먹지 않는 이슬람문화를 처음 접한 회사에서 특히 충돌이 생긴다. 이슬람권 이주노동자들은 직접 음식을 해결하겠다면서, 공장 기숙사 주방에서 따로 밥을 해먹겠다고 요구했다. 하지만 회사 측이나 인력 송출 업체에서는 "연수 기간에 한국 음식을 먹겠다."라는 각서를 썼다며 이를 위반하면 계약을 해지하겠다고 협박하거나, 개인 문제로 무마하기 일쑤였다. 그렇지 않으면 식대를 따로 지급해야 했기 때문이다.

"다른 회사로 옮겨 달라고 했어요. 하지만 오히려 '너희 나라로 가.'라면서 저희를 사후 관리 업체가 있는 여의도에 짐처럼 내버려 두고는 달아났어요."

이들은, 단체 행동을 했다는 것을 직접적인 이유로 내걸었지만 결국 관리와 통제가 되지 않으니 더는 쓸 수 없다는 판단이 앞서지 않았겠느냐고 말했다.

"회사 측에서 우리를 길에 남겨 두고 떠나면서 '너희 마음대로 가라. 아마 1킬로미터도 못 가서 출입국 직원들에게 끌려갈 거다.'라고 악담을 했어요."

울분은 계속 이어졌다.

"사후 관리 업체 역시 회사와 똑같이 너희 잘못이니 다시 돌려보내겠다는 협박만 해요."

후세인 씨 등은 "다른 회사로 옮겨 달라고 요청했지만, 연수 추천 기관인 중소기업협동조합중앙회(이 단체는 2006년 8월 중소기업중앙회로 이름을 변경했다)는 근무처를 바꿔 주지 않았다. 오히려 출국 조치를 하겠다는 엄포를 놓거나, 인력 송출 업체가 나서서 회유와 협박을 일삼았다."라고 했다. 참고 일하는 것이 유일한 해결책이라고 강권했다는 것이다.

앞서 들어온 동료들이 들려준 얘기도 있었다. 한두 번 있는 일이 아닌데다가, 사후 관리 업체의 횡포가 이만저만이 아니라는 것이었다. 어떤 동료는 업체를 옮기는 데 짧게는 두 달, 길게는 넉 달이 걸렸다. 이 기간에는 별 수 없이 다른 동료에게 신세를 지는 처지로 전락하는데, 그렇게 몇 개월 버티다 보면 영락없이 빈털터리가 되고, 입국할 때 든 비용을 갚기도 어려워졌다. 한국에서 2년 정도를 꼬박 일해야 갚을 수 있는 돈이었다. 그러니 결국 시키는 대로 일해야 했다. 불만을 드러내서는 일자리를 얻을 수 없다. 벼랑으로 내모는 방식인 것이다.

"산업 연수 제도가 문제예요." 이구동성으로 사후 관리 업체의 횡포를 성토했다. 인권침해를 당했다면서 상담하러 오는 산업 연수생이 많다. 이들은 한국 기업이 해외에 투자한 현지법인을 통해 국내 모기업에서 기술 연수를 하고자 입국해 고용되어 있는 '현지법인 산업 연수생'이거나, 중소기업협동조합중앙회를 통해 외국 인력 고용을 신청한 국내 중소기업에 배정되어 일하고 있는 '산업 기술 연수생'이다.

현지법인 산업 연수생들에게는, 월급의 80퍼센트만 주고 나머지를 회사가 강제로 저금하고는 통장을 주지 않거나, 여권과 함께 회사가 보관하겠다면서 압류하는 사례가 빈번하다. 작업 중에 불량품이 나오면 임금에서 제하고, 외출·외박을 할 때 회사의 허락을 받아야 하며, 회사의 지시 사항을 어기면 언제든지 귀국을 시킨다는 등 일방적인 계약 체결을 강요받기도 한다. 그래서 외국인 산업 기술 연수 제도는 현대판 노예제도로 악명이 높다.

상담하러 오는 산업 기술 연수생의 60퍼센트 이상이 최저임금 기준에 미치지 못하는 돈을 받는 문제로 찾아올 만큼 저임금 문제가 심각하다. 게다가 중소기업협동조합중앙회에서 지정한 사후 관리 업체의 횡포도 이만저만이 아니다. 임금 체불, 산업재해, 사업장 내 폭행, 사업장 변경 등의 일이 발생해도 사후 관리를 하기는커녕 오히려 이주노동자에게 강제 출국을 시키겠다며 협박했다. 실제로 사후 관리 업체들은 열악한 노동조건에 항의하는 이주노동자들이 사업장을 이탈했다고 거짓으로 신고해 강제 출국시키거나 미등록자로 만들어 왔다.

"요구를 하면 항상 기다리라고만 할 뿐입니다. 그러고는 모든 문제를 우리에게 떠넘겨요."

브로커에게 뜯기고, 사후 관리 업체에 뜯기고, 결국 쫓겨 갈 일만 남은 현실에 분노가 인다고 했다.

며칠 후, 후세인 씨를 비롯한 파키스탄 이주노동자들은 짐처럼 버려졌던 여의도에 다시 섰다. 연수 관리 회사와 중소기업협동조합중앙회를 상대로 손해배상 청구 소송을 시작하기 위한 집회가 열렸다. 여의도의 을씨년스러운 한겨울 추위가 속살까지 파고든다. 잠시 후 이슬람 씨와 후세인 씨의 발언이 시작되었다.

산업 연수생으로 한국에 왔다. 그런데 임금 체불로 노동부에 신고했다.

회사는 오히려 불법 취업자라면서 우리를 경찰서에 신고했다. 그래서 관리 회사에다 전화했다. 관리 회사는 "그것은 우리가 할 일이 아니다. 너희 일들은 너희가 알아서 해라."라고만 한다. 도대체 사후 관리 업체가 무엇을 하는지 모르겠다. 그들은 우리에게 엄청난 수수료를 받고도 우리를 외면한다. 너희 마음대로 하라는 식이다. 관리 업체는 우리에게 아무것도 해준 것이 없다. 기다리라고만 할 뿐이다. 임금을 달라는 요구를 외면하고 우리를 해고하고 불법 취업자로 만들었다. 강제 출국 조치를 내렸다. 우리는 이 땅에 노예로 온 것이 아니다. 우리를 가지고 장사하지 마라. 우리는 사고파는 물건이 아니다. 우리에게도 정당한 요구를 할 권리가 있다는 것을 알아야 한다.

_ 이슬람, "우리는 노예가 아니다"

몸이 아파 병원에 갔다 온 것을 단체 행동으로 몰아붙였다. 우리도 인간이라 아프다. 아프면 병원에 가야 한다. 왜 우리가 병원에 가는 것조차 관리 업체의 허락을 받아야 하는가. 그로 인해 우리는 회사에서 쫓겨났다. 쓰레기처럼 여의도에 버려졌다. 우리는 쓰레기가 아니다. 인간이다. 우리는 한국에 쓰레기로 온 것이 아니다. 관리 업체는 우리를 쓰레기 취급한다. 우리는 분노한다. 우리를 쓰레기 취급하지 마라. 중소기업협동조합중앙회를 고발한다. 우리는 관리 업체에 6천 달러를 주고 한국에 왔다. 그들이 한 것은 고작 2개월 우리에게 일자리를 준 것뿐이다.

_후세인, "우리는 쓰레기가 아니다"

(2006.1)

거세되는 영혼

가쁜 숨을 몰아쉬며 강가(27세, 스리랑카) 씨가 센터로 들어왔다. 신발
이 벗겨졌는지 맨발인 채다. 얼굴은 주먹으로 맞았는지 벌겋게 부어올랐
다. 공장장이, 바쁜데 말을 제대로 알아듣지 못한다며, 얼굴·다리·복부·
팔 등 온몸을 폭행하고 그것도 모자라 작업장에 있는 파렛트를 던지자 도
망쳐 왔다는 것이다. 입국한 지 6개월밖에 되지 않아 한국말을 잘 알아들
을 수 없었다고 했다.

더 자세히 상담해 보니 문제는 한두 가지가 아니었다. 본인이 항상 지
녀야 할 여권을 회사가 압류한 상태였다. 도주하지 못하게 하려는 술수
다. 작업 현장과 기숙사에서 원산폭격이나 팔굽혀펴기 등을 시켰을 뿐 아
니라, 이에 항의하니 한국의 노사 문화가 다 그렇다며 강변하기까지 했다
는 것이다.

병원에서 치료한 뒤 함께 공장에 찾아갔다. 전치 3주 진단서를 보여
주었지만, 사업주는 적반하장으로 스리랑카 대사관에 전화를 걸더니 노
무관에게 강가 씨를 당장 데려가라며 엄포를 놓았다. 심지어 돈을 들여

데려온 것은 자신들이니 내보내는 것도 알아서 하겠다며 억지를 부렸다.

사업장에서 폭행이 발생하면 사업주는 "뒤통수 한 대 때린 것이 폭행이 될 줄은 몰랐다."라는 말로 얼버무린다. "일 잘하라고 머리를 쥐어박는 것도 폭행이 되느냐."라며 따지기도 한다. "얼차려 몇 번 준 것이 뭐 그리 대수냐."라는 식이다. 항의하는 사람이 무안해질 정도다.

사업장 폭행은 동료보다는 관리자에게 당하는 경우가 많다. 파키스탄에서 온 이크발(37세) 씨의 경우, 커피 한잔 마시고 왔을 뿐인데 "왜 바쁜데 일하지 않느냐."라며 뺨을 때리고 "나가라."고 폭언하는 바람에 회사를 그만둬야 했다. 사업장 폭행으로 사업주와 통화하면, "요즘 회사가 어렵다", "우리도 외국인 쓰다 보니 힘들다", "불량이 많이 나와서 클레임을 맞았다." 등등의 변명으로 일관할 뿐, 정작 폭력 행위에 대해서는 함구한다. 그것이 범죄행위라는 자각조차 하지 못한다. "일하다 보니 발생한 문제인 만큼 이해해야 하지 않느냐."라고 하기까지 한다. 마치 변명의 화수분 같다.

이런 일도 있었다. 스리랑카에서 비전문 취업 비자로 들어온 라닐(25세) 씨와 랑말(26세) 씨는 작업 과정에서 지시 사항을 빨리 처리하지 않는다는 이유로 폭행을 당했다. 공장 이사가 라닐 씨에게 안경을 벗으라고 하고서는 뺨을 때리고, 복부와 다리 등을 걸어찼다. 고개를 들지 못할 만큼 아파해도 발로 등을 짓이기며 폭행을 계속하자 함께 일하던 랑말 씨가 말렸다. 그러자 각목으로 랑말 씨까지 가격했다. 더 기가 막힌 것은 이를 알게 된 사장이 두 사람을 사무실로 불러 다시 폭행했다는 사실이다. 이들은 사장실에서 팔·다리·허리 할 것 없이 케이블로 채찍질을 당했다. 짐승한테도 이러지는 않는다.

존(25세, 스리랑카) 씨도 사업주의 폭행을 견디지 못해 회사를 나왔다. 기본급은 물론 식대와 야근 수당도 지급되지 않았는데, 체불임금을 달라고 요구해도 "나중에, 나중에."라는 말만 되풀이되자 고용안정센터를 찾아갔다. 문제는 그다음 날 일어났다. 사장이 부르더니 다짜고짜 그의 머리를 구타하며 노동부에 왜 갔느냐고 소리를 질렀다. 노동부에서 가져온 구직 변동 신청서를 찢어 버리고는 "너희 나라로 가."라며 기숙사 열쇠를 뺏고 가방까지 내던지며 쫓아냈다. 그러면서도 여권은 돌려주지 않았다. 그는 이틀 동안 풍찬노숙을 해야 했다.

카말(39세, 스리랑카) 씨는 비전문 취업 비자로 들어와 불과 1년도 되지 못해 미등록 이주노동자가 되었다. 그는 김포 대곶에 소재한 공장에서 작업하던 도중 공장장에게 폭행을 당했다. 폭행 구제를 위해 김포 경찰서에 고소해 조사를 받은 뒤 사업장 변경을 신청했지만, 3회 이상 공장을 옮기지 못한다는 규정 탓에 처음에는 불허되었다. 첫 번째 공장에서는 회사가 도산해서, 두 번째 공장에서는 폭행을 당해서, 세 번째 공장에서는 월급을 주지 않는 등 어쩔 수 없는 상황에 처해 사업장을 옮겼는데, 네 번째 공장에서도 폭행을 당한 것이다. 결국 이 같은 사정이 반영되어 한 번 더 사업장 변경이 허용되었지만, 예외적으로 적용되는 '4회 변경'까지 한 그는, 이제 무슨 일이 생겨도 사업장을 옮길 수 없다. 관할 고용안정센터나 노동부의 관계자들도 현행 고용허가제에 문제점이 있음을 인식하면서도, 달리 구제할 방법이 없다고만 할 뿐이다.

고용안정센터에 갈 때마다 한결같은 풍경이 있다. 온종일 의자에 앉아 초조하게 기다리고 있는 이주노동자의 구직 행렬이다. 그런데 이렇게 절박한 이주노동자에게 고용안정센터 담당자들이 보이는 불친절한 모습이 가관일 때가 있다.

고용안정센터에서 만난 마산(39세, 인도네시아) 씨는 상담을 받고 시무룩하게 일어섰다. "가. 가. 가라니까."라며 손을 젓는 담당자 앞에서 말없이 한참 앉아 있던 그가 마침내 자리에서 일어났다. 1년이 지나 사업장 변경을 하려고 하는데, 담당자가 이야기를 들어 보지도 않고 가라고 한다는 것이다. 담당자에게 그 이유를 물어보니, 마산 씨의 경우 이미 사업주와 연장 계약을 했다는 것이다. 그런데 왜 그가 사업장 변경을 하러 왔는지를 확인하지는 않고, 막무가내로 마산 씨를 돌려보내려 한 것이었다. 고용허가제는 1년 기간의 계약이 완료되면 사업장 변경을 할 수 있게 되어 있는데, 왜 본인의 의사를 들어 보지 않느냐고 항의하자 고용안정센터 직원이 한마디를 내뱉는다.

"개나 소나 말이나 다 인권을 찾는다. 당신과 할 말이 없으니 가라."

기가 막힌다. 마산 씨를 센터로 불러 통역을 통해 자초지종을 들었다. 사업주에게 사업장을 옮길 수 있게 해달라고 하니, "너는 내가 데려왔으니 내가 집에 돌려보내겠다."라면서 1년 연장 계약서를 내밀었단다. 거절하면 경찰을 불러 집에 보내겠다는 말에 겁이 난 나머지 서명했단다.

고용허가제로 들어온 이주노동자들에게 계약 만료 시기는 사업주의 강제와 횡포에 맞서 사업장 이동을 할 수 있는 유일한 기회다. 하지만 마산 씨처럼 정당한 권리를 행사해 사업장 이동을 요구하더라도 지켜지지 않는 것이 문제다. 강압적으로 계약서를 작성하는 사업주와, 이를 묵인하는 고용안정센터의 안일한 행정 탓이 크다.

이주노동자는 입이 있어도 항의할 수 없다. 항의는 곧 추방을 의미하기 때문이다. 누구보다도 사업주가 이를 잘 알고 있다. 또한 현행 고용허가제는 사업주의 주도권을 보장하고 있기에, 저항할 수 없는 이주노동자는 그저 노동력을 제공하는 기계로 살아갈 것을 요구받는다. 끝내는 영혼까지 거세되어 소모품으로 전락한다. 피와 땀과 눈물이 있는 인간임에도 인간으로 대접받지 못하는 현실을 뭐라 할 수 있을까. (2007.2)

우리가 희생양인가

누구에게나 고비가 있다. 험난한 세상의 파고를 넘는 일이 어찌 수월하겠는가. 이주노동자도 예외는 아니다. 이역만리에서 가족과 헤어져 홀로 고된 이주노동을 견디는 일이 녹록지만은 않다.

아밀라(26세, 스리랑카) 씨는 요즘 조바심이 부쩍 늘었다. 구직 기간 만료가 2주 앞으로 다가왔기 때문이다. 재취업 기간 내에 새 직장을 구하지 못하면 강제 출국 대상이 된다. 구직하기 위해 백방으로 돌아다녔지만 헛수고였다. 의정부·평택·원주 등 다녀 보지 않은 곳이 없다. 웬만한 고용지원센터도 거의 찾아다녔지만 번번이 헛걸음이었다. 오전부터 오후 늦게까지 일자리를 기다려도 소용없었다. 친구 집이나 공장 기숙사를 전전하며 더부살이로 지내는 것도 이제는 눈치가 보여 힘들다고 한다. 시간이 지날수록 주머니 사정도 점점 나빠지고 있다. 물로 허기를 채우는 일이 많아졌다. 체중은 점점 줄고, 가끔씩 현기증이 나기도 한다. 그럴 때마다 고향 생각이 간절하다. 식구들이 눈에 어른거린다. 하루빨리 일을 하고 싶을 뿐이다.

그는 얼마 전에 자동차 부품 공장에서 나왔다. 몇 달 동안 일거리가 없었다. 자신을 포함해 이주노동자가 네 명 있었지만, 일감이 없어서 기계를 돌리는 날이 많지 않았다고 한다. 정상적인 임금도 받지 못했다. 한국인 노동자 몇 명만 일하고, 이주노동자는 기숙사에서 무료하게 시간을 보내야만 했다. 그렇다고 회사 측에 사업장을 변경해 달라고 할 수 있는 처지도 못 됐다. '근로자의 귀책사유'로 구직 변동을 하게 되면 계약 연장은 물론 3회 사업장 변경을 할 기회마저 사라지기 때문이다. 결국 공장에 일거리가 없자 회사 측은 이주노동자 전원과 근로계약을 해지했다. 말이 계약 해지이지 일방적인 해고나 다름없었다.

그 뒤로 그는 악몽을 꾼다. 출입국 관리사무소 직원에게 쫓기는 꿈이란다. 캄캄한 절벽 끝에 서있거나, 컴컴한 벽과 벽 사이에 갇혀 있는 꿈도 꾼다. 구직 기간이 줄어들수록 불면증은 더욱 심해졌다. 미등록 체류자가 되어 단속에 쫓기다, 급기야 병원 신세를 지고 있는 동료의 이야기도 들려왔다. 끝내 일자리를 구하지 못해 생활이 어려워지면서 귀환하는 동료들도 속속 늘어났다.

그는 "요즘은 취직도 어렵지만 도산하는 공장이 많아서 3회 사업장 변경 규정은 현실적으로 맞지 않는다."라고 했다. 구직 기간조차 2개월로 제한되어 있는 탓에 대다수 이주노동자들이 벼랑 끝으로 내몰리고 있다고 하소연했다.

"외국인도 사람이잖아요. 우리도 가족 있고, 먹고살아야 하잖아요."

이주노동자는 현행 〈외국인근로자의 고용 등에 관한 법률〉(이하 고용허가제)에 따라 2개월 안에 재취업하지 못하면 미등록 체류자로 강제 출국 대상이 된다. 법률 규정이 구조적으로 미등록자를 양산한다. 대다수 이주노동자들이 자기 의지와 상관없이 '불법체류자'가 되거나 강제 출국 대상이 되고 있는 것이다. 게다가 실직 기간에 겪는 경제적 어려움도 심각하다.

"임시직이라도 할 수 있으면 좋겠어요."

아밀라 씨는 임시직이나마 일을 하고 싶어 한다. 생활비가 없어 살길이 막막하기 때문이다. 하지만 임시직으로 일하면 〈출입국관리법〉을 위반해 비자를 상실할까 봐 그러지도 못한다.

"우리도 지금 한국에서 살고 있잖아요."

그는 한국의 물가에 비하면 자신들의 임금이 결코 많지 않다고 했다. 그런데 물가가 싼 아시아의 나라에서 왔다는 이유로 한국인들이 자신들에게 고국 기준으로 임금을 주는 것을 이해할 수 없다고 했다. 고국에 두고 온 가족의 생계를 유지하면서 한국에서 생활비를 쓰고 나면 자린고비라도 모자랄 판이다.

그나마 번 돈은 송금했고, 이제 남은 돈이 없는데 어떻게 살라는 것이냐고 말한다. 구직 기간이 길어질수록 벌어 둔 돈까지 까먹게 되고 생활도 막막해진다. 임시직이라도 할 수 있게 허용해 주었으면 좋겠다고 했다. 아밀라 씨만이 아니라 대다수 이주노동자가 사면초가 신세다.

경기 침체는 이주노동자에게 더욱 절박하게 다가온다. 문을 닫거나 휴업하는 공장이 많아지면서 해고당하는 이주노동자가 늘었다. 이들의 사업장 변경 신청도 급증했다. 그동안 한국 정부는 연간 10만 명이 넘는 이주노동자를 받아들였다. 하지만 최근 세계적인 경기 침체의 여파로 국내의 생산 활동이 저하되자 이주노동자들을 대량으로 해고하고 있다. 일자리는 제한되어 있고 이주노동자는 넘쳐 나는 상황이 된 것이다. 그러다 보니 이주노동자들은 얼마 되지 않는 일자리라도 차지하려고 서로 경쟁하는 처지에 내몰렸다. 그야말로 재취업 전쟁이다.

경인고용지원센터에서 만난 오양가(24세, 몽골) 씨는 구직하기가 하늘의 별 따기만큼 어렵다고 했다. 그녀는 5주째 일자리를 구하고 있다는데 남성 구직자에 비해 여성 구직자들의 처지가 더 어렵단다. 어쩌다 친구들을 통해 임시직 제안이 와도 받아들일 수 없단다.

"임시직으로 일하면 쫓겨나야 하잖아요."

현행 고용허가제에 위배되다 보니 이러지도 저러지도 못하는 상황이 된다.

"차라리 비자가 없는 것이 더 나아요."

언제 해고될지 모르는 상황이니, 차라리 미등록자가 되어 40만~50만 원짜리 임시직이라도 하는 것이 낫다는 말이다. 게다가 요즘은 고환율로 송금액마저 반으로 줄었다. 현실이 팍팍한 만큼 불만도 많다.

"우리는 희생양이 아니에요."

최근 구직 기간이 다하도록 일자리를 찾지 못하자 스스로 목숨을 끊은 베트남 이주노동자 얘기가 남 일 같지 않단다. 외로움과 고된 이주노동을 견디며 꿈꾸는 것은 소박한 귀환이지만, 그 꿈은 점점 멀게만 느껴진다. 그녀는 이주노동의 끝이 보이지 않는다고 했다. 마치 끝없이 펼쳐진 고향의 들판처럼, 가도 가도 끝이 보이지 않는 길을 걷고 있는 것 같다고 했다.

최저임금을 삭감하고 수습 기간을 늘리는 내용으로 〈최저임금법〉 개악이 진행 중이라는 말을 듣고 혀를 내두른다. 적은 임금을 또 깎고 음식비는 물론 기숙사 비용까지 이주노동자에게 전가시킨다는 말에 어이없어했다. 임금을 지급할 때 숙박비를 원천 공제하고 지급하는 것은 '임금 전액 지급 원칙'을 위반하는 위법행위다. 국적은 달라도 노동의 권리는 같다는 보편적 인권을 정부가 무너뜨리고 있는 것이다. 인종차별철폐협약(모든 형태의 인종차별 철폐에 관한 국제 협약)을 위반하고 있다.

"그거야말로 차별이죠."

일할 때 '빨리빨리' 하라며 재촉하는 한국의 문화를 배워야 한다고 느낀 때도 있었지만, 쓸모가 없어지면 '빨리빨리' 갈아 치우는 모습을 보면서는 할 말을 잃었다.

"가난한 나라에서 왔다고 인격까지 가난한 것은 아니잖아요. 한국 사람들은 우리를 보면 불쌍하다고 해요. 일하러 온 사람을 왜 불쌍하다고 하는지, 노동하는 것이 왜 불쌍한지 모르겠어요."

그녀는 한국 사회가 이주노동자를 보는 시각이 잘못되었다고 꼬집었다. 아시아의 이주노동자를 동정하는 눈으로 보는 것도 못마땅하지만 걸 핏하면 감정을 상하게 하는 발언을 해 상처를 입힌다는 것이다.

"쓰다 버리면 그만인 기계가 아니잖아요. 우리가 아시아의 못사는 나라에서 온 기계라서 불쌍한가요?"

일을 시킬 때는 간도 쓸개도 다 빼줄 것같이 대하다가, 일이 없으면 소모품으로 취급해 가장 먼저 '버리는' 한국 기업의 행태를 지적한다. 노동력을 팔았다고 해서 인격까지 판 것이 아님에도, 한국은 인격까지 예속되는 이상한 나라다.

노동부의 "외국인 근로자를 내국인으로 대체하는 경우 근로자 1인당 1회 120만 원의 지원금을 지급하겠다."라는 탁상 행정은, 고용허가제를 통해 아시아의 이주노동자를 받아들이고도 반이주노동자 이데올로기를 유포하는 인종주의 정책이다. 경기 한파로 해고가 빈번하고 임금조차 삭감될 위기에 처한 이주노동자에게 전가되는 차별은, 한국 사회의 인권 현실을 여실히 보여 준다. (2009.5)

굿다하 피스!

파키스탄 출신 이주노동자에게서 전화 한 통이 왔다. 인천 남동 공단에서 모임이 있다며 함께할지를 묻는다. 좋다고 답한 뒤 찾아가는 공단 길은 어둠으로 가득하다. 공단 초입에 있는 이마트는 불야성이다. 꼬리를 무는 차량 행렬을 뒤로한 채 공단으로 들어가자 밝음과 어둠이 급작스럽게 교차한다. 다시 터널처럼 어둠뿐인 길을, 공장 기숙사로 돌아가는 이주노동자 몇몇이 걸어간다. 추위를 이기려 귀마개에 자라목이다. 곧 동지여서인지 초저녁인데도 한밤중 같다. 회합 장소인 공장 기숙사에 들어서자 카오스처럼 벗어 놓은 얽히고설킨 신발이 자못 절경이다. 저것이 바로 삶이라면 그야말로 극적이다. 라호르에서, 카라치에서, 이슬라마바드에서 신발이 끌고 왔을 이주의 길이 불현듯 궁금했다.

"앗살람 알라이쿰!"(평화가 당신에게 있기를!)

"알라이쿰 앗살람!"(당신에게도 평화가!)

세 평(10제곱미터)쯤 되어 보이는 방은 이주노동자로 가득하다. 방에 들어서자 오히려 방 밖이 와자지껄하다. 열두 시간 맞교대를 위한 작업

교대 시간이란다. 쉬지 않고 돌아가야 하는 기계 때문에 일요일에도 쉬지
않고 일한다고 했다.

　동석한 이주노동자들이 일하는 곳은 제각각이다. 경기도 광주와 파
주, 김포에 있는 공장이나, 인천의 가까운 공장에서 찾아온 이주노동자들
이 마실(마을)을 온 셈이다. 때마침 사우디아라비아에 있는 성지를 순례하
는 이슬람 최대 행사인 하지에 참여하고 막 돌아왔다는 어느 이주노동자
의 얘기가 이목을 끈다. 4년째 한국에 있다는 그는 메카에 다녀오기 위해
휴가를 냈단다. 무슬림 5대 의무 중 하나인 하지라고 해도 회사에 휴가를
내기가 만만치는 않았다. 그래도 순례를 다녀온 그의 얼굴은 형언하기 어
려운 만족감으로 물들어 있었다. 일생에 한 번은 가보겠다고 마음먹은 것
을 이룬 기쁨을 어떻게 다 표현하겠는가. 챙 없는 기도용 모자인 뚜삐와
몸에 두른 전통 의상인 차도르에 기쁨과 감격이 그대로 배어 있었다. 그
는 한국에서도 독실한 이슬람교도로 생활하는 듯했다.

새로 개정된 고용허가제로 화제가 옮겨 갔다. 2009년 10월 9일 공
포된 고용허가제 개정안에 따르면, 고용 기간 3년이 만료된 이주노동자
를 재고용할 때 출국할 필요 없이 2년 미만의 범위 내에서 계속 고용할
수 있게 되었다. 재고용 계약 시, 한 번 출국하고 나서 1개월 후 재입국해
3년간 재고용(고용 3년, 1회 출국, 재고용 3년)하던 규정은 폐지되고, 출국 절
차 없이 최대 2년간 재고용(고용 3년, 무출국, 재고용 2년) 계약을 할 수 있게
했다. 새로운 개정안에 대한 의견이 분분했다. 5년 체류에 2년 연장하거

나, 또는 6년 체류에 2년 연장하는 재고용 계약을 바라는 이들도 있었지만 실현 가능성이 적다는 것을 본인들도 알았다. 대다수는 3년 체류에 2년 연장보다는 3년 체류에 1개월 고향에 다녀온 후 재계약해 다시 3년간 일할 수 있는 안을 선호했다.

"기왕이면 한국에서 더 많은 기회를 얻으면 좋겠어요. 기술도 숙련되고 한국어도 어느 정도 되니까 1년이라도 연장되는 것이 더 좋죠."

"이슬람 나라들은 자이언트 패밀리(대가족)예요. 집안 전체를 대표해 왔기 때문에 더 많이 일하고 싶은 거예요."

라호르에서 왔다는 칸(33세, 파키스탄) 씨는 직계가족 열두 명과 친척까지 모두 스물다섯 명의 생활을 책임지고 있다고 했다. 주야 맞교대로 하루에 열두 시간씩 일해 월급으로 150만 원 정도를 받는데, 여기서 1백만 원 정도를 본국으로 보낸다고 한다. 요즘에는 원화 가치가 하락해 예전만 못하다고 하소연했다.

이슬람은 예언자 무함마드가 일렀듯이 '가족을 부양하라.'는 가르침을 따라야 한다고 했다. 병이 들었거나 일하지 못하는 가족은 물론, 혼자가 된 누이까지 부양하는 것이 의무라고 했다.

"이슬람에 대한 흔한 오해 가운데 하나가 테러리스트라는 오명이에요. 이슬람을 제대로 몰라서 하는 얘기예요. 다들 대가족의 생계를 책임져야 하는 사람일 뿐이에요."

그러면서 미국의 아프가니스탄 침략을 보라며, 그들이야말로 테러리스트가 아니냐고 반문한다. 갑자기 나무 한 그루 없는, 아프가니스탄의 황량한 산들이 떠오른다. 풀 한 포기 나지 않고, 마른 흙먼지만 날리는 곳에도 사람은 산다. 그런 곳에 한국도 파병해 있다.

"추악한 전쟁에 한국이 말려드는 것은 좋지 않다고 봐요. 한국이 베트남에서 했던 것을 생각해 봐요. 나중에 아프가니스탄에 가서 자신들의 행위에 대해 사죄하는 일이 없으리라고 장담할 수 없잖아요. 이슬람은 평화를 원해요. 자꾸 침략해 오니 결국 자살 테러까지 하는 것 아니겠어요?"

대화가 거침없다. 잠시 짜이(홍차에 우유를 섞어 만든 파키스탄 전통차)를 들고 들어온 틈을 타서 방 안을 둘러봤다. 기숙사 방에는 텔레비전 한 대, 옷장 두 개, 오디오 한 대 그리고 바닥에 깔린 카펫이 전부다. 그 방에서 다섯 명의 동료들이 잔다고 했다. 건장한 사내들이 자기에는 턱없이 좁다. 다들 짜이를 들이키며 컬컬해진 목을 축인다.

다시 고용허가제 개정에 대한 이야기가 오갔다. 사업장 변경 횟수에 제한을 두는 것은 기본급을 동결함으로써 숙련 노동에 대한 임금 인상을 반영하지 않겠다는 뜻이라고 입을 모은다.

"1년 차나 4년 차나 임금에 차이가 별로 없어요. 숙련공의 임금교섭권이 자율로 정해졌으면 좋겠어요."

한국에서 4년 동안 일한 아밀(29세, 파키스탄) 씨는 임금 인상을 요구했다가 회사에서 쫓겨난 일이 있었다고 했다.

"동료 서너 명이 기본급 인상을 요구했는데 법적으로 정해진 기본급보다 많이 줄 수 없다고만 할 뿐이에요. 권리를 찾아 단체로 대응하면 그대로 계약 해지 통고를 받아요."

실제로 아밀 씨는 동료들과 이틀 동안 근무 연수에 따른 임금 인상을 요구했다가 "너희 나라로 가든지, 다른 공장으로 가라."며 계약 해지 통고를 받았다고 했다.

"여덟 시간 기준 일당으로 2만7천 원을 받고 있어요. 3만2천 원을 받아야 하는데, 그렇게 요구했다가는 회사를 다닐 수 없어요. 갑자기 계약 해지 통고를 받으면 황당해요. 생각해 보세요. 갑자기 어디로 가겠어요? 불법체류를 하든지, 아니면 동료들의 기숙사를 전전해야 돼요."

그가 내민 월급 명세서를 보니 기본급조차 법정 기준에 못 미쳤다. 주말 특근수당은 일반 잔업 수당으로 지급되고 있었다. 게다가 실제로 주어진 점심시간은 삼십 분에 불과한데, 나머지 시간만큼의 초과 노동이 수당으로 지급되었다는 내용도 명세서에는 없었다.

"점심시간만 되면 뛰어다닐 수밖에 없어요. 이런 문제를 가지고 회사 측에 답변을 요구하면 그냥 나가래요. 다른 곳으로 가라고. 할 말이 없죠. 우리는 외국인이고, 갑자기 어디로 갈 수도 없으니까 어쩔 수 없이 받아들이는 경우가 많아요."

그래도 주야간 맞교대로 받는 150만 원으로 가족을 부양할 수 있어서 다행이란다.

"이슬람 국가에서 이주노동을 간다는 것이 쉽지 않아요. 미국이나 유럽의 경우 비자가 나오지 않아요. 유럽이 예전처럼 경기가 좋지도 않고요. 1970년대에 경기가 좋았던 중동 국가들도 요즘은 불경기라, 다들 그나마 한국으로 오기를 희망하죠."

카라치에서 왔다는 러쉬르(35세, 파키스탄) 씨가 옆에서 거든다.

"어렵게 한국으로 왔지만 막상 생활하다 보면 어려움을 겪을 때가 많아요. 부모가 돌아가셨거나 결혼 문제 등으로 휴가를 받아 본국에 갔다오고 싶지만 쉽지 않아요."

그는 차라리 2년마다 1개월쯤 휴가를 주었으면 좋겠다고 했다.

"어쩌다 동료들 중에 15일 정도 휴가를 받고 고향을 다녀오는 사람이 있어요. 하지만 턱없이 부족하죠. 비행기에서 보내는 시간을 빼고 나면 일주일 안에 모든 일을 처리하고 돌아와야 해요. 정작 할 일도 못하고 돌아오는 경우가 많아요."

사우디아라비아나 쿠웨이트 같은 나라에서는 이주노동자에게 휴가를 충분히 주기에, 고향에 가서 결혼도 하고 가족도 여유 있게 만날 수 있다고 했다.

이야기가 무르익을 무렵 경기도 광주에서 왔다는 샤마슈(23세, 파키스탄) 씨가 산재를 당했다며 손을 내민다. 내민 손의 검지 마디가 없다. 한국에 들어와 일주일 만에 프레스에 손가락이 잘려 2개월 동안 입원했다는 그는 산재 처리가 어떻게 될지 궁금해했다. 월급 통장을 보여 주었는데, 합의금은커녕 산재 처리도 되지 않았고, 통상 임금의 70퍼센트 선에서 임금이 지급되었을 뿐이다. 날씨가 추워지자 손마디가 쑤신다며, 계속 치료도 받고 보상도 받고 싶다고 했다.

"회사에서는 한글로 된 서류를 내밀면서 사인을 요구했는데 그 내용이 무슨 뜻인지 알려 주지 않았어요. 그냥 사인하면 된다는 거예요. 결국 사인했지만 3개월이 지난 지금까지 아무런 조치도 취하지 않는 것을 보니 뭔가 잘못된 것 같아요."

그리고 나서 그는 광주로 가는 전철 막차를 놓치지 않으려고 서둘러 자리에서 일어났다.

"이슬람은 고통을 함께하겠다는 생각이 커요."

이슬람의 신년제인 무하람 기간이 다가온다고 했다. 이슬람력으로 정월 초하루인 이날부터 열흘 남짓한 기간 동안, 무슬림들은 채찍으로 자신의 몸을 때리거나 몸에 상처를 내는 등 고행을 한다.

16년 동안 한국에서 이주민으로 살아온 자베드(45세, 파키스탄) 씨는 매년 무하람 기간에 고행해 왔다고 한다. 자신의 등짝을 자해하는 데는 순교자의 억울한 죽음을 함께 나누고, 고통을 통해 순교의 참뜻을 이해하며, 순교를 애도하려는 의미가 담겨 있단다.

"무슬림에게 종교와 가족은 밀접한 연관을 갖고 있어요. 불행한 사람이나 어려운 사람을 돕고 고통을 함께하라는 무함마드의 가르침을 실천하는 것이 모든 무슬림의 의무죠. 이 모든 것에는 무엇보다도 평화를 갈구하는 의미가 있어요. 헤어질 때 인사말에도 있잖아요. '굿다하 피스.'라고. 그게 '집으로 가는 길에 신이 당신을 보호해 줄 것이다.'라며 평화를 기원하는 뜻이잖아요."

언젠가 이주노동자에게 배운 우르두어(파키스탄의 공용어)로 된 말이 생각났다. "함 세 따끄라오 게 또 두니아 메 지오게 께세." "나 자신을 이기지 못하면서 어떻게 세상을 이길 수 있겠는가."라는 뜻이다.

초저녁에 모였는데 벌써 자정을 향해 간다. 몇몇은 내일 작업을 위해 눈이라도 붙여야겠다며 나가고, 몇몇은 일을 끝내고 늦은 저녁 식사를 위해 로띠를 만들러 식당으로 갔다. 자리를 접고 일어나려고 하니 식사는 하고 가란다. 그리고 보니 저녁을 먹지 못했다. 손을 씻고 오니 조촐하게 저녁 밥상이 차려졌다. 따뜻한 로띠를 손에 쥐자 뭐라 말할 수 없는 정이 통한다.

늦은 저녁밥을 먹고 나서 자리를 털고 나오니 칠흑이다. 밤하늘을 보니 별들이 어둠 속에 박혀 반짝인다. 몇몇 이주노동자가 기숙사로 향한다. 발걸음 소리가 공명하며 공단의 어둠 속으로 파묻혀 사라진다.

"굿다하 피스!" (2010.1)

힘내요, 조안

막막하다. 병원에 입원했지만, 백혈병이라는 것이 믿어지지 않는다. 한국에 이주노동자로 들어오기 위해 필리핀에서 두 차례, 한국에서 한 차례 신체검사를 하지 않았는가. 하긴 몸에서 열이 나거나 몸이 피곤할 때도, '잠시 쉬면 되겠지.'라며 강다짐하곤 했다. 아침저녁으로 입에서 피가 터져 나와도, 한국에서의 공장 생활에 아직 적응하지 못해 피곤해서 그러려니 했다. 하지만 몸에 점점 열이 올랐다. 체온이 38도를 넘는 날이 며칠씩 이어졌다. 밤에 하는 2교대 작업은 더욱 힘이 부쳤다. 사장은 일이 산더미같이 쌓여 있는데, 허구한 날 몸이 아프면 어떻게 하느냐고 야단이다. 힘들다. 이러면 안 되는데 몸이 말을 듣지 않는다. 조안(25세, 필리핀)씨는 점점 멀어지는 기억을 되뇌며 기숙사에서 결국 쓰러졌다. 한국에 온 지 채 석 달도 되지 않은, 먼 이국에서의 밤이었다.

병원에서 전화가 왔다. 필리핀 이주노동자 여성인데, 백혈병을 앓고 있다는 것이다. 출입국 관련 업무 및 의료보험 등과 관련해 도움을 요청하는 전화다. 찾아간 병원의 무균실에서 조안 씨가 눈을 씀벅인다. 그녀가 급성폐렴과 백혈병을 동시에 앓고 있다고 원무과 직원이 말해 주었다. 병문안을 하며, 조안 씨가 제조업 부문 비전문 취업E-9-2 비자로 한국에 들어온 지 3개월이 채 안 된 상태이고, 필리핀에 농사일을 하는 남편과 각각 다섯 살과 두 살 난 자식들이 있다는 사실을 알았다. 부모는 이혼했는데 어머니가 타이완에서 미등록 이주노동자로 살고 있다는 것도 알게 되었다.

기타를 잘 치고, 노래를 잘 부르던 조안 씨는 평범하지만 활달했다. 고등학교 때는 학교 퀸에 뽑혔을 만큼 미모도 남다르다. 수줍음이 많은 남편을 만나 결혼한 후 딸 안드레아(5세)와 아들 에이런(2세)을 낳을 때까지만 해도 주부로서 평범한 일상을 살았다. 그런데 에이런을 낳을 때 시련이 닥쳤다. 이미 양수가 터지고 아이가 나오는데도 병원에서 준비가 되지 않아 아이를 다시 자궁으로 밀어 넣었단다. 그 과정에서 아이가 폐에 염증이 생겨 다 죽어 가는 상태로 태어났다고 한다. 아이는 인큐베이터에서 한 달간 버티며 생명은 건졌지만, 하반신을 쓰지 못하게 되었다. 부부는 그런 아이를 안쓰러워하다가, 마침내 남편이 아이의 병원비를 마련하려 이주노동자로 두바이에 갔다고 한다.

하지만 평소에도 수줍음을 타던 남편은 적응하지 못하고 6개월 만에 돌아왔다. 결국 조안 씨가 한국으로 이주노동을 감행했다. 그녀에게도 남편에게도 어려운 결정이었지만, 아이의 병원비를 마련하려면 그보다 더

한 일이라도 해야 할 형편이었다. 그녀가 한국에 온 것은 2007년 3월 2일, 꽃샘추위가 기승을 부리던 초봄이었다. 인천 계산동의 한 자수 회사에 취업했다. 기본급 78만6,480원에 수당도 없는 일자리였지만 아들과 다른 가족을 위해 일했다.

모든 것이 서툴고 낯설기만 했다. 그런데 일을 하면 할수록 피곤했다. 몸에서 열이 났다. 입에서 피가 나왔다. 처음에는 그저 현지 적응을 하지 못한 탓이려니 여겼다. 시간이 지나면 나아지리라 믿고 이를 악물었다. 상태는 더 나빠졌다. 사장은 가뜩이나 바쁜데 제대로 일하지 못한다며 불평했고, 잦은 병치레도 못마땅하게 여겼다. 일하다 쓰러지는 일이 잦아지자, 사장은 가까운 병원을 가보라고 했다. 피로와 과로에 의한 편도선염이라는 진단을 받았다. 하지만 몸은 점점 말을 듣지 않았다.

결국 사장은 한 달도 제대로 일하지 못한 조안 씨를 퇴사시켰다. 2교대를 해도 빠듯할 정도로, 완성된 옷을 다림질하는 '아이롱' 일이 산더미같이 쌓이고 있는데, 조안 씨가 일을 못하니 불평이 쏟아진 것이다. 고용허가제로 비용까지 지불해 가며 데려온 것이 고작 병자라며 투덜거렸다. 그렇게 그녀는 공장을 나와 새로운 일자리를 찾아야 했다. 걷지 못하는 아들을 생각하면 잠시도 쉴 수 없었다. 곧바로 전자 회사에 들어갔다. 하지만 고열로 만신창이가 된 몸으로 일하기는 어려웠다. 근처에 있는 병원에 갔더니, 종합병원이나 대학병원처럼 중증 환자를 담당할 수 있는 3차 의료 기관으로 전원轉院 조치했다. 전원하고 나서 진단한 결과 백혈병으로 판명되었다. 지난 두 달여 동안 고열에 시달리고 금세 피로해진 원인을 그때 비로소 확인했다.

담당 주치의가 조안 씨의 병세에 대해 설명한다. 백혈병도 문제이지만, 현재 망막에 출혈이 있어 시력이 현저히 떨어져 거의 앞을 보지 못하는 상태라고 한다. 그녀가 감당할 치료비에 대해서도 걱정한다. 한국 사람도 백혈병에 걸리면 병원비 탓에 어려움을 겪는 경우가 많단다. 필리핀으로 간다고 하더라도, 당장은 가는 것 자체가 어렵고, 의료 수준이나 경제 형편을 따지면 죽으러 가는 격이라고 한다.

병상에 드러누운 조안 씨는 방문객이 낯선지 눈길을 마주치려고 하지 않는다. 인권 센터에서 찾아왔다고 말해도 아랑곳없다. 침묵으로 일관한다. 현실을 받아들이기가 어려울 것이다. 필리핀에 두고 온 아이와 남편, 그리고 미래에 대한 계획 등 무수히 많은 생각이 실타래처럼 엉켜 머릿속을 온통 헤집고 있을 것이다. 잠시 어색한 시간을 보내고 이런저런 문답을 하다 보니, 갓 25세인 그녀가 두 자녀를 둔 어머니라는 사실이 믿기지 않는다. 너무 젊다. 그럼에도 생사를 눈앞에 두고 있다.

회사의 퇴사 조치로 의료보험이 상실되었지만, 지역 의료보험으로 재가입해 보험 혜택을 받게 됐다고 하니 다행이었다. 그마저 없었다면 하루가 다르게 올라가는 병원비를 감당하기 어려웠을 것이다. 그다음 날 조안 씨가 다니던 회사에 전화를 했다. 병원비라도 부조를 받을까 기대하며 전화를 걸었지만, 오히려 병상에 드러누운 조안 씨보다도 더 힘든 기색이다. 단돈 1만 원이라도 있으면 주겠으나 그럴 형편이 아니라는 말이 수화기를 통해 들린다. 괜히 전화했나 싶을 만큼 무안했다.

고용허가제로 들어온 많은 이주노동자가 이런저런 이유로 곤란을 겪는다. 산재나 임금 체불, 작업장 이동, 사업장 폭행 등은 이제 나름의 시

스템이 구축되어 어떻게든 해결할 수 있다. 하지만 조안 씨처럼 심각한 병에 걸린 경우에는 대책이 없다. 병원 측이 병원비를 걱정하는 것도 당연하다. 병원에서는 관할 시의 이주노동자 지원 관련 부서와 상의하지만, 마땅한 지원 제도나 방안은 없다. 병원, 시 당국, 업체 등 모두가 서로 떠넘기기 일쑤다. 제도가 마련되지 못한 탓에, 한국에 온 이주노동자가 미아가 되어 버리는 것이다. 노동력과 자본만 있을 뿐 인간과 인권은 없다.

혈액 종양이다 보니 각종 피검사가 필수적이다. 조안 씨의 팔뚝은 주삿바늘 자국으로 멍투성이다. 피검사를 할 때마다 그녀는 몸서리를 친다. 때마침 찾아간 병실에는 장마의 시작을 알리는 비가 추적추적 내린다. 그녀는 침대에 앉아 비오는 창밖 풍경을 바라볼 뿐이다. 무슨 생각을 할까? 고등학교 시절에 기타를 치던 기억이 떠올랐는지, 그녀는 프레디 아길라Freddie Aguila의 〈아낙〉Anak을 흥얼거린다.•

> 네가 이 세상에 태어났을 때
> 엄마와 아빠는 꿈이 이뤄지는 걸 봤지
> 우리의 꿈이 실현된 것이며
> 우리의 기도에 대한 응답이었지
> 넌 우리에게는 너무도 소중한 아이였지
> 네가 방긋 웃을 때마다 우리는 기뻐했고
> 네가 울 때마다 우린 네 곁을 떠나지 않았단다 ……

조안 씨는 하염없이 내리는 비를 보며 아들 에이런을 생각하고 있을지도 모른다. 침묵 속에 낮게 노래가 흘러나온다. 병실에는 그녀의 저음만이 고요하게 울려 퍼진다. 모든 것을 주고 싶지만 줄 수 없는 어머니의 마음이 가슴 저민다. 그녀의 마음속에도 비가 내리고 있으리라.

조안 씨의 부모를 초청하기 위해 필리핀 대사관 직원이 왔다. 담당 주치의가 조안 씨의 치료 일정을 알려 준다. 1차 치료 기간(4~6주) 생존율은 80퍼센트, 2차 치료 기간(4~6주)의 생존율은 앞선 치료 결과에 따라 좋을 수도 나쁠 수도 있단다. 면역력이 떨어진 조안 씨의 몸과 약해진 마음이 걱정이지만, 치료비 문제도 만만치 않다. 경우에 따라 혈소판 제공자가 있어야 하고 골수이식 등이 뒤따라야 한다. 창밖에 내리는 비처럼 앞날에 대한 기대와 행로가 하염없다. 하지만 희망은 포기할 수 없다.

조안 씨에게 바람이 있다면, 딸과 아들이 대학생이 될 때까지 지켜보는 것이다. 그녀는 아들이 태어나 인큐베이터에서 생명을 연장해 가던 당시에 간절히 기도했었다. 자신의 생명을 아들에게 대신 빌려주기를……. 지금은 자신의 처지가 그때와 반대가 되었다며 웃는다. 어쩌면 조안 씨는 조용한 이별을 생각하고 있는지도 모른다. 눈은 점점 실명에 가까워지고, 혈액 종양은 온몸을 점령할 것이다. 날름거리는 혀처럼 그녀를 파멸로 몰아갈 것이다. 생사의 갈림길이 지척이다.

하지만 생명은 쉽게 포기할 수 없다. 언제 필리핀으로 돌아갈지 아무도 모른다. 어떻게 돌아가게 될지 아무도 모른다. 죽어서 돌아갈지, 모든 것을 포기한 채 돌아갈지, 생명을 얻어 돌아갈지는 아무도 모른다. 조안 씨도 처음 며칠간 불면의 밤을 보내더니, 이제는 평온하게 자신을 되돌아

보는 것 같다. 웬만해서 자신의 심경을 내보이지 않아 심중을 헤아리기 어렵지만, 아마도 집으로 가는 먼 길 어딘가에서 잠시 멈춰 서서 호흡을 하리. 생명의 분수령에서.

　한여름 장맛비가 소리 없이 나무 잎사귀에 내려앉는다. 고요하다. 어쩌면 세상의 모든 슬픔은 저 내리는 비처럼 낮은 곳에 거하는 것만 같다. 조안 씨와 함께한 며칠이 그저 환몽이 아닐까 생각해 본다. 세상에서 가장 낮고 낮은 곳에서 잠시 생각에 잠긴다. 불현듯 내가 사는 지금 이곳, 아수라 같은 삶을 겪을 때마다, 왠지 힘이 솟는다. 나의 싸움도, 나의 죽음도, 나의 생명도, 가장 나중 지닌 것이 되기를. 힘내요, 조안! (2007.7)

● '아낙'은 타갈로그어로 '자식'을 뜻한다. 한국에서는 정윤선 씨를 비롯해 여러 가수들이 〈아들〉이라는 제목으로 번안해 부르기도 했다.

알라여, 이 사람을 끝까지 보호하소서

그와의 첫 만남은 전화를 통해서였다. 발음은 정확하지 않았지만, 목소리는 느리고 차분했다.

"여보세요. 저는 라카(26세, 파키스탄)입니다."

수화기를 통해 들려오는 목소리에 수줍음이 잔뜩 배었다. 순박한 목소리라고 할까. 지금까지 만났던 파키스탄인들과 사뭇 다르다는 첫인상을 받았다.

그는 나시르라는 사람의 벌금을 대신 내려 했다. 어려움을 당한 친구를 대신해 벌금을 물기 위해 왔다는 것이다. 나는 그에게 나시르 씨가 정말 당신의 친구냐고 물었는데, 그의 대답은 이랬다.

"파키스탄 사람이면 다 친구예요."

그와 함께 출입국 관리사무소로 갔다. 조사과에 가서 벌금을 내러 왔다고 말하자, 조사관은 민원인을 확인하지도 않은 채 오후에 다시 오라며 일갈했다. 황망한 나머지 재차 물었다. 여전히 조사관은 마치 '불법체류자'를 채용해 부과된 벌금을 사정하거나 처분을 받기 위해 조사받으러 온 사업주를 대하듯 고압적인 태도로 일관한다. 금방 끝날 일인데 일방적으로 오후에 오라는 것은 무슨 경우인지를 따지며 조사관과 입씨름을 벌였다. 항의는 점점 거칠어졌고, 급기야 몸싸움까지 벌어졌다. 조사관의 권위적이고 위압적인 일처리에 대한 항의는, 두 시간 가까이 지나 법무부 출입국 관리 담당자까지 나서고야 진정되었다. 나는 라카 씨가 곁에서 지켜보고 있다는 사실을, 문제가 수습되고 나서야 깨달았다.

벌금을 납부하고 함께 센터로 돌아오는 길이 편치 않았다. 출입국 관리사무소의 권위주의가 이방인의 눈에는 어떻게 비쳤을지에 생각이 미치니 마음이 무거웠다. 센터에 들어온 후 짜이를 마시며 이런저런 얘기를 나눌 수 있었다. 그는 산업 연수 생활을 마치고 일자리를 구하는 중이라고 했다. 신상을 묻고 답하며 그의 행색과 말투를 확인할수록, 그야말로 시골에서 올라온 순박한 농민 같다는 느낌이 들었다.

그는 산업 연수생으로 들어와 2년 6개월간 인천 검단의 가발 공장에서 일했다. 대개의 가발 공장이 그렇듯이 저임금에 작업환경은 영세했다. 수당 없이 최저임금 60만여 원을 받고 묵묵히 한곳에서 일했지만, 사업장이 폐업하면서 실직자가 되었다. 게다가 비자 만료 기간이 4개월밖에 남지 않아 새로운 일자리를 구하기도 어렵다고 하소연했다.

그러면서 라카 씨는 자신이 받지 못한 임금을 해결해 줄 수 있겠느냐며 조심스럽게 상담을 요청해 왔다. 여러 차례 사장에게 전화했지만 마지막 달 임금을 받지 못했다는 것이다. 상담하다 보면 장기근속을 했어도 퇴직금을 받지 못하는 경우가 비일비재하다. 라카 씨도 그랬다. 밀린 임금을 받기 위해 사장에게 여러 번 전화했지만, 그때마다 "다음에 전화해라."라는 말만 들었을 뿐 퇴사한 지 3개월이 지났어도 퇴직금은커녕 밀린 임금조차 받지 못했다는 것이다.

전화할 때마다 사장은 자신의 어려운 처지를 강변했다. 어떤 날은 중국으로 출장을 떠났다. 어떤 날은 바쁘다며 차일피일 약속을 미뤘다. 공장은 폐업해서 찾을 길이 없고, 사장과 연락할 방법은 전화뿐이었다. 그나마 사장이 전화를 받는다는 것이 다행이었다. 사장과 이야기하면서 언제나 막히는 대목은 퇴직금 문제였다.

회사가 문을 닫았더라도 퇴직금을 줘야 한다. 자선을 베풀라고 호소하는 것이 아니라, 정당한 노동의 대가를 요구하는 것이다. 그럼에도 "애초부터 임금을 지불할 때 퇴직금도 포함됐다."라거나, "한국인도 못 주는데 퇴직금을 걔들에게 왜 주느냐."라고도 한다. 이런 막무가내 논리의 이면에는, 이주노동자에게는 안 줘도 그만이라는 이상한 임금 철학이 깔려 있다.

한국의 노사 문화에 만연한 반노동자성도 문제다. 노동자를 자신의 수족처럼 부리는 사업주가 여전히 많다. 이주노동자가 일하는 공장은 30인 미만의 영세 사업장이 대부분이다. 근로시간이 불규칙하고 야간 근무가 많은 작업장에서, 사업주들은 그야말로 자신의 말이 〈근로기준법〉인 양 행세하기까지 한다. 물론 실제로 법 규정은 다르다.

〈근로기준법〉 제34조와 제36조에 따르면, 사용자는 계속 근로연수 1년에 대해 30일분 이상의 평균임금을 퇴직금으로 지급하고, 퇴직한 후

14일 이내에 임금 및 기타 일체의 금품을 지급해야 한다. 이 같은 조항에 대해 설명한 뒤, 이행하지 않으면 노동청에 곧바로 고발 조치하겠다고 해야 사업주는 마지못해 퇴직금 정산에 합의하곤 한다. 한 달을 끌어온, 라카 씨의 퇴직금 문제도 노동청에 고발하는 서류를 작성하고 나서야 합의 각서를 받을 수 있었다.

라카 씨는 기뻐했다. 이 얼마간의 목돈이, 한동안 돈을 벌지 못한 그의 궁핍한 생활을 해결해 줄 것이다. 실제로 그는 맨밥에 인스턴트 카레로 입에 풀칠해 왔다. 입 밖에 내지는 않았지만, 라카 씨의 생활은 무척 어려워 보였다. 남을 도와주기만 했지 남에게 싫은 소리를 못하는 그의 모습이 그려졌다. 그런 그가 미등록 이주노동자가 되어야 했던 것은 어쩌면 당연할지도 모른다. 한국에 들어오면서 빌린 브로커 비용을 갚고, 귀환해서 자립할 기반까지 마련해야 하기 때문이다. 대다수 아시아계 이주 노동자가 그렇듯이, 그 또한 고향에서 밀농사를 짓는 일가친척을 포함한 대가족의 생계를 책임질 가장으로서 멍에를 짊어져야 할 것이기에.

다행히도 얼마 뒤 그는 친구를 통해 소금 공장에 일자리를 구했다. 체불임금과 퇴직금 문제가 해결되었다는 소식을 전하자 반가워했다. 전화기 너머에서 들려오는 "형님, 감사합니다." 하는 목소리에, 사업주와 입씨름하며 쌓인 그간의 피로가 눈 녹듯 사라졌다. 나중에 어떤 자리에선가 라카 씨의 얘기를 한 적이 있었는데, 곁에서 듣고 있던 파키스탄 이주민이 '라카'라는 이름을 듣더니 대뜸 웃었다. 그에게 이유를 물으니, 그 이름이 보통 이름이 아니라며 다음과 같은 이야기를 해주었다.

'라카'는 1백 년 전만 해도 파키스탄에서 흔한 이름이었다고 한다. 아이가 태어나면 이름을 붙여야 하는데, 어려운 시절이라 교육을 받지 못해 마땅한 이름을 떠올리지 못한 이들이 하나같이 알라 라카Allah Rakha라고 이름을 지었다는 것이다. 우리 식으로 하면 '갑돌이·갑순이'쯤 되는 이름인 셈이다. 그런 연유로 만들어진 이 이름에는 '알라여, 이 사람을 끝까지 보호하소서.'라는 뜻이 담겼다고 한다. 남자에게는 알라 라카, 여자에게는 알라 라키Allah Rakhi라고 하며, 모든 액운이 비켜 가고 평화와 행복이 가득하기를 기원한다고 한다.

라카 씨의 커다란 눈망울이 떠오른다. 이름처럼 순박하고 깨끗한 그의 영혼에 때로는 설움과 눈물도 고일 것이다. 어디선가 우직하게 일하고 있을 그에게 알라의 자비와 평화, 행복이 가득하기를 바란다. (2005.11)

스리랑카에서 온 편지

삼십 분을 기다려도 오지 않는다. 아침 9시 반까지 노동부에 출석하려면 시간이 촉박하다. 벽걸이 시계의 분침을 바라본다. 핸드폰조차 없는 그에게 딱히 연락할 길도 없다. 여러모로 낭패다. 결국 노동부 근로감독관에게 전화를 걸었다. 진정인이 아직 도착하지 않아 출석하지 못하고 있다고 말하자, 감독관은 사업주와 어렵게 약속을 잡았으니 웬만하면 늦게라도 오라고 한다. 새까맣게 기다리며 밖을 내다보니 라크말(29세, 스리랑카) 씨가 자전거를 타고 오고 있다.

라크말 씨는 언제나 자전거를 탄다. 자전거는 그의 자가용인 셈이다. 처음 상담을 의뢰하러 왔을 때도 낡고 가냘픈 자전거를 타고 왔다. 수렁길을 왔는지, 자전거에 진흙이 묻어 있었다. 자전거를 요리조리 뜯어보니, 마치 그의 홀쭉하고 마른 몸을 닮았다.

이주노동자에게 자전거는 발이다. 공장을 출퇴근하거나 친구를 만날 때, 가겟집을 갈 때도 자전거를 탄다. 퇴근길에 거리에 나서면 자전거를 타고 집으로 돌아가는 이주노동자가 심심찮게 눈에 띈다. 출국이라도 하는 동료가 있으면 자전거는 남아 있는 이주노동자에게 전해진다. 상담하다 보면 자전거를 구할 수 있느냐고 문의하는 사람도 가끔 있다.

자전거 체인이 고장 나서 고치느라 늦었단다. 얼굴에 새까만 기름때가 묻어 있다. 시간에 맞춰 오려고 장맛비에 수렁이 된 길을 조바심을 내며 달려 온 것이다. 3개월 동안 받지 못한 월급을 이제라도 받을 수 있을까 하는 희망을 품고 자전거 페달을 밟았을 것이다. 애타게 그를 기다리던 마음이 금세 가라앉는다. 노동부에 출석 통보를 했다.

노동부에 가는 길에 창밖을 보니, 벼가 푸르게 자라고 있다. 라크말 씨는 스리랑카에서 자신도 쌀농사를 지었다고 한다. 그는 한국에서 미등록 이주노동자로 살아가기가 어렵다면서 돈만 받으면 곧 스리랑카로 돌아가겠다고 한다. 하지만 나는 그 말을 곧이곧대로 믿지는 않는다.

대부분의 이주노동자들은 되도록 오랫동안 한국에 체류하기를 원한다. 일자리가 준비되지 않은 채 귀환해 봐야 불안한 삶이 기다릴 뿐이다. 미등록 이주노동자로서의 삶이란 불안하고 위태롭지만, 그래도 여기에는 일자리가 있다. 어떻게 하면 오랫동안 체류할지를 고민하는 것이 일반적인데 자기 나라로 가겠다니⋯⋯.

상담하다 보면 한국을 곧 떠날 예정이니 서둘러 체불임금을 받아 달라는 이들을 만나게 된다. 이미 한국의 '빨리빨리' 문화를 체득한 것이다. 이렇게 재촉받다 보면 상담하는 것이 때로 허탈해지기도 한다. 인권 단체 활동가가 대신 돈 받아 주는 해결사는 아니지 않나 하는 생각도 내심 드는 것이다. 그럴 때면 인권 활동가로서 정체성이 흔들리기도 한다.

노동부에 도착하니 출석한 사장의 말투가 의외로 시원하다. "줄 것이 있으면 줘야징. 그런데 워낙 자금 사정이 안 좋아서잉." 말끝마다 '징', '잉' 한다. 고루하기 짝이 없는 자리이지만, 그 말투가 재미있다. 체불임금이 확정되고 지급 기일과 방법까지 순탄하게 합의했다. 체불임금은 두 차례 에 걸쳐 받기로 했다. 사장은 "기다려 봐. 곧 보내 줄게잉." 하고는 총총 사라진다.

퇴근 시각이 되어 자리를 정리하고 있는데 라크말 씨가 왔다. 그의 얼굴은 금방이라도 쏟아질 장맛비를 머금은 먹구름 같다. 아버지가 위독 해 곧 스리랑카로 가야겠단다. 그는 닭똥 같은 눈물을 흘렸다. 당장 떠날 수 없는 자신의 처지가 한스러웠는지 침묵처럼 눈물이 흐른다. 일이 이렇 게 되자 체불임금 수령을 서둘러야 했다. 라크말 씨가 다니던 회사에 전 화해 자초지종을 얘기하고 비행기 표를 살 돈이라도 먼저 받았으면 좋겠 다고 했다. 이야기를 들은 사장은 업체에 수금하러 가겠다고 한다.

라크말 씨는 그 길로 여행사를 통해 비행기 표를 예매해 놨다. 스리랑 카행 비행기는 나흘 뒤에나 표가 있다. 그것도 일반석은 없고, 비즈니스 석이다. 당장 급한 대로 표를 예매했지만, 오늘이라도 좌석이 나와 발권 되면 떠날 태세다. 다행히도 그다음 날 곧바로 항공사에서 한 자리가 생 겼다는 연락이 왔다. 전화통을 붙잡고 사장을 재촉했다. 저녁 늦게 비행 기 표 값이 송금됐다. 문제는 3개월 치 밀린 임금과 미리 끊어 둔 비행기 표의 환불이었는데, 라크말 씨는 임금 수령과 비행기 표 환불을 위한 위 임장에 서명했다. 그는 내게 뒷일을 부탁하고 스리랑카로 떠났다. 그의 뒷모습에 땅거미가 떨어지고 있었다.

며칠 지나 스리랑카에서 국제전화가 걸려 왔다. 전화를 받아 보니 라크말 씨다. 아버지 장례를 치르고 전화한단다. 그러고는 자신이 받지 못한 임금과 환불받은 비행기 삯과 관련해 부탁을 한다. 짧은 몇 마디 통화였지만 고마워하는 마음이 역력하다. 나는 그가 2년 3개월의 한국 생활을 정리하고 잠시 여행이라도 한 뒤 떠났으면 했다. 금방이라도 무너질 것만 같은 영혼이 그의 검은 눈동자에 비쳤기 때문이다. 하지만 타국의 고된 노동에서 벗어나, 귀환하기 전 잠시라도 휴식을 즐기라는 것은 한낱 꿈같은 이야기일 뿐이다.

센터에 출근하니 내 앞으로 온 편지 한 통이 놓여 있다. 라크말 씨가 보낸 편지다. 인권 센터의 지원에 대한 고마움과 앞으로도 활동이 지속되기를 바라는 마음이 담긴 내용이다. 편지를 다 읽고 보니 봉투 안에 뭐가 들어 있다. 손때 묻은 명함 한 장이다. 살펴보니 상담할 때 내가 건넸던 것이다. 왜 돌려보냈을까? 이런저런 생각이 스친다. 나중에 스리랑카 이주노동자에게 물어보니, "나는 당신을 기억한다."라는 의미를 담아 고마움을 표시하는 것이란다.

아버지를 잃고 가장이 된 라크말 씨를 생각한다. 그는 무논을 갈고 벼를 심는다. 이제 영혼이 무거운 눈빛을 떨쳐 냈으리라. 싱싱한 벼가 출렁이는 들판에 서서 해맑은 웃음을 짓는 그를 떠올린다. 동시에 그가 잠자리에 들기 전 묵은 달력에 하루의 작업 시간을 적으며 홀로 보낸 숱한 저녁을 생각한다. 퇴근하는 길에 봤을 어두운 창을, 그의 낡고 오래된 흙 묻은 자전거를 생각한다.

한국에서 이주노동자로 산다는 것은 신산한 일이다. 그것도 미등록 이주노동자로 산다는 것은 피를 말리는 일이다. 단속할까 봐 끊임없이 가슴 조이고, 불만이 있어도 항의하지 못하고, 임금이 체불돼도 묵묵히 일해야 한다. 현실은, '코리안 드림'을 꿈꾸는 그들을 끊임없이 나락으로 떨어뜨린다. 해를 향해 날아오르는 이카로스처럼, 꿈이 가까워졌다고 여길수록 그들의 희망은 점점 멀어져 이내 수렁으로 곤두박질한다. 지친 육신과 정신만이 기다릴 뿐이다.

며칠 동안 계속된 장마로 한껏 우울한 심사가 모처럼 맑게 갠 하늘 같다. 흰 뭉게구름 사이사이 언뜻 푸른 바다를 닮은 하늘이 보인다. 다시 편지를 꺼내 조용히 읽는다. "나는 희망한다. 당신의 미래도 행복하길……."

(2006.8)

웃자, 웃자, 아르빈

아르빈(37세, 인도) 씨는 노동청을 방문해야 한다는 말에 서둘러 일어났다. 눈에 모래가 굴러가는 듯하다. 잔업에 야근에 밤샘하며 일한 터다. 몸이 물먹은 솜방망이 같다. 아침 8시 반에 일을 끝내고 피곤에 지친 상태로 겨우 세 시간 정도 새우잠을 잤을 뿐이다. 노동청에 오후 1시까지 출석하려면 천근만근의 졸음을 떨치고 일어나야 한다. 제아무리 천하장사라도 몸을 추스르기 힘들다. 벌써 이번이 다섯 번째 출석이다.

그는 한국에서 두 번째 봄을 맞고 있다. 단기 종합C-3 비자(관광 비자)로 들어왔다가, 그대로 이주노동자가 된 경우다. 그에게 '코리안 드림'을 실현할 나라였던 한국은, 최근에 '지옥의 코리아'가 되었다. 한국 사람들은 성실하고 열정적이지만, 거짓말을 잘하고 약속을 지키지 않는 '나쁜 사람'이기도 하다.

그는 나름대로 성실한 노동자로 일해 왔다. 짧지 않은 기간에 사출 기술자가 되었다. 단순노동에 불과하지만 사출 분야에서 그런대로 숙련공 대접을 받아 왔다. 하루에 열두 시간 이상, 일이 많을 때는 열여섯 시간 이상의 장시간 노동에 시달리고도 저임금을 받았지만, 인도에 있는 자식과 가족을 위해 고통을 참고 일했다.

대부분의 미등록 이주노동자처럼 그도 주로 야간 근무를 한다. 저녁 8시에 일을 시작해 그다음 날 아침 8시에 끝난다. 미등록자 신분이다 보니 언제 닥칠지 모를 단속을 피할 묘책이다. 회사 측에서도 1백만 원 정도의 월급을 들여 밤새 기계를 돌릴 수 있으니 나름대로 이문이 있다. 그래서 낮에는 회사 담장 옆에 붙어 있는 컨테이너 방에서 자고, 밤에 나와서 일하는 생활이 되풀이됐다. 휴일은 거의 없다. 사장이 그를 가만히 내버려두지 않았다. 걸핏하면 온갖 이유를 대서 잔업과 특근을 시켰다. 하지만 그렇게 뼈 빠지게 일해도 그에게 돌아오는 것은 월급이 아니었다.

"회사가 어렵다."

"클레임이 걸렸다."

"거래처에서 결제하지 않고 있다."

사장의 답변은 언제나 같았다. 다음 달에 월급을 주겠다는 것이다. 월급날마다 돌아오는 대답은 "다음에."다. 이렇게 체불된 월급이 5개월 15일치 분인 550만 원이다. 아르빈 씨에게는 본인은 물론이고, 가족의 생계가 걸린 문제다. 하지만 사장은 온갖 이유를 대며 차일피일 월급을 미뤘고, 아르빈 씨는 월급을 받기 위해서라도 공장에 매인 신세가 되었다. 말이 공장노동자이지 노예와 다름없는 생활이었다.

노동부 2차 출석까지는 그야말로 시간 낭비였다. 진정서를 보내 출석

요구서를 받으면, 혹시나 하고 설레는 마음으로 출석에 응하지만, 사장과는 매번 연락조차 되지 않았다. 노동부에서 하는 일이라고는 책상에 앉아 연락도 안 되는 사장에게 전화해 보는 정도다. 피가 마르고 속이 새까맣게 타들어 가는 진정인은 하소연할 데도 마땅치 않다. 그저 기다리고 또 기다릴 뿐이다.

2차 출석을 한 날에도 사장과는 연락되지 않았다. 사안의 중요성을 감안해, 감독관에게 현장을 방문할 것을 요구했지만, 오히려 진정인이 직접 가서 확인해 달라는 말이 되돌아올 뿐이다. 알아서 하라는 식이다. 할 수 없이 아르빈 씨와 함께 직접 현장에 가기로 했다.

찾아간 공장은 기계 돌아가는 소리로 요란했다. 작업장에는 베트남 이주노동자를 비롯해 세 명 정도가 끊임없이 쏟아지는 사출 제품을 바쁘게 손질하고 있다. 작업장은 고무가 타는 매캐한 냄새로 가득하고, 유압 프레스 진동이 몸을 흔든다. 사장이 있다는 사무실로 들어갔는데, 우리 일행이 갑자기 들이닥치자 적잖이 놀란 눈치다. 아닌 게 아니라, 아르빈 씨를 본 사장이 움찔하는 기색이 역력했다.

하지만 사장은 말이 없다. 벙어리가 아님에도 묵묵부답이다. 체불임금을 확인해 달라고 요구해도 목석처럼 앉아 있다. 애꿎은 담배만 연신 피워 댄다. 임금 대장에 사인되지 않은 달조차 이미 임금이 지급되었다고 강변한다. 결국 절반 정도만 체불임금으로 인정됐다. 그 정도로도 궁색한 생활만은 모면할 수 있다. 아니, 그것만 받아도 여한이 없다는 것이 아르빈 씨의 생각이었다. 벌써 6개월이나 끌어온 요구가 아닌가. 이제 그도 지칠 대로 지친 모양이다. 한 시간 동안 사장을 설득해, 매달 50만 원씩 체불임금을 지불하겠다는 자필 각서 한 장을 가까스로 받았다.

공장을 나서는 발걸음은 무거우면서도 시원하다. 체불임금을 받을 수 있다는 실낱같은 희망이라도 생겼기 때문이다. 사실 이렇게까지 버티는 사장들의 행동은 상습적일 때가 많다. 자신 명의의 재산은 한 푼도 없다. 공장이나 기계는 죄다 타인 명의로 되어 있다. 집도 자신의 이름으로 등기되어 있지 않다.

도산했거나 폐업 신고를 하지도 않았으면서, 공장이 잘 돌아가는데도 임금을 체불한다는 것은 말이 되지 않는다. 비참한 생활의 구렁에 내몰리는 이주노동자들의 처지를 아랑곳하지 않는 이들에게서 '역지사지' 또한 기대하기 어렵다. 이주노동자들이 "마음이 아파요."라고 하는 이유를, 그들은 알까?

피 말리는 한 달이 지났다. 아르빈 씨의 생활도 이제 바닥이다. 통장에 입금하기로 한 돈은 들어오지 않았다. 사장은 약속을 지키지 않았다. 두 번이나 공장을 찾아갔지만, 다음에 오라는 식이다. 그 사이 노동부에서는 3차 출석요구 대신, 사장이 출석에 불응해 종결 처리되었다고 통지하면서, 다시 진정서를 내라는 짧은 답변이 날아왔다. 기가 막혔다. 노동부에 전화를 걸어 확인해 보니, 담당자가 발령이 나서 그러니 재차 진정서를 내라는 것이다.

지금까지 수없이 관할 노동청을 방문해 진정을 내고 동행 방문을 해 보니 임금 계산도 못하는 감독관이 있는가 하면, 최저임금을 위반했다는 사실까지 지적해야만 확인에 들어가는 감독관도 비일비재하다. 물론 풍부한 현장 실무를 바탕으로 신속하게 공장까지 동행해 업무를 처리하는 감독관도 있다. 하지만 생존권이 걸린 사안임에도 먼 나라 불구경하듯 하는 감독관이 많다. 그들과 대면할 때는 '여기가 바로 행정 관료주의의 산교육장이구나.' 하는 생각을 떨치기 어렵다.

간단하게 직권 처리할 수 있는 일도 떠넘기기 일쑤다. 한번은 비전문취업 비자로 들어온 이주노동자가 인권 센터에 찾아왔다. 회사에서 최저임금을 지키지 않고, 오버타임(잔업 시간) 수당도 지급하지 않는다는 것이었다. 게다가 회사에서는 계약서도 주지 않은 채, 일요일 특근은 물론 강제 잔업까지 시키는 통에 그 공장에서 일하지 못하겠다는 것이다. 이 일과 관련해 고용안정센터 외국인 담당자에게 정식으로 진정을 내고 처리를 요구했는데, 그 담당자는 사업장 이동도 만만치 않을뿐더러, 관할 노동청에 진정해야 할 임금 문제를 왜 자신에게 가져와 신경 쓰게 하느냐는 투로 답했다. 인권 센터에서 사장과 전화해 문제를 해결하란다.

이주노동자의 문제는 총체적이다. 그만큼 복합적이다. 임금 체불만이 아니라 사업장 이동, 언어폭력, 사업장 내 상습 폭력, 의료 문제 등 숱한 문제가 거의 동시에 발생한다. 이런 상황에서, 이주노동자에게 족쇄와 다를 바 없는 사업장 이동 제한이 미등록자를 양산한다. 그럼에도 임금 체불 진정을 낸 외국인이 미등록자임을 알고는, 자신에게 사법 경찰권이 있다며 은근히 으름장을 놓는 감독관마저 있다. 그런 반인권적인 발언에 강력히 문제 제기를 하면 왜 화를 내느냐며 딴소리를 하거나 모르쇠로 일관한다. 이쯤 되면 우리 사회가 한참 물구나무서 있다는 생각이 든다.

다시 진정서를 쓰고 출석 날짜를 받았다. 관할 노동청을 방문한 것이 벌써 다섯 번째다. 피로의 연속이다. 그저 현장 방문을 통해 신속하게 체불임금을 확인해 달라는 요구뿐인데, 네 번이나 같은 소리를 떠들어야 했다. 한 시간 반에 걸쳐 재차 사실 확인 조사를 받고 감독관과 함께 공장을 방문했다. 집요하게 현장 방문을 요구하자 따라나선 것이었다.

사장은 사무실에 앉아 갑자기 찾아온 일행을 웬 호들갑이냐는 투로 맞는다. 출석을 요구하는 등기를 받은 적이 없단다. 임금 대장을 보여 달라는 감독관의 요구에도 그런 것 없다는 말뿐이다. 매달 50만 원씩 체불임금을 갚아 가겠다는 약속에 대해서도 앞으로 지키면 되지 않느냐는 식이다. "이래서야 어디 한국에서 기업 하며 살겠냐."라고 큰소리친다. "고소하든 벌금 고지를 하든 알아서 하라."며 되레 성을 낸다.

협상은 난항에 빠졌고, 고용주의 비협조는 극에 달했다. 감독관이 할 수 있는 일은 체불임금 확인뿐이다. 그러고는 받아 내는 일은 알아서 협상하란다. 두 시간가량 실랑이를 벌여 얻어 낸 것은 고작 사장의 지불 각서 한 장이었다. 체불임금을 받아 내려면 지옥을 경험해야 하는 나라에서 이 한 장의 지불 각서가 어떤 힘이 될 수 있을까?

공장을 나서는 아르빈 씨의 어깨가 축 처졌다. 내일이 아니어도 좋다. 지금 여기에 살아가기 위해서라도 숱한 모욕과 비참을 뚫고 가야 한다. 봄꽃이 만발한 이 화창한 봄날. 웃자, 웃자, 아르빈. 단 한 번만이라도 웃자! (2006.4)

베트남 삼형제

홍(24세)과 콩(21세)은 베트남 하노이 출신이다. 홍의 아버지는 택시 운전사이고, 콩의 아버지는 의사다. 젊은이답게 홍은 이곳에 와있는 베트남 이주노동자 아가씨와 연애 중이다. 여기에서 돈을 벌어 결혼하고 싶단다. 콩은 아직 연애할 나이는 아니라며 손사래를 친다. 그는 한국어 공부에 관심이 많다. 귀국하더라도 계속 현지의 한국 기업에서 일하고 싶다는 소박한 꿈을 가지고 있는 청년이다.

"인간쓰레기다."

대뜸 뱉은 말이 칼날 같다. 그것도 고용안정센터에서 근무하는 외국인 담당자의 입에서 나온 말이다.

"그들은 갖은 이유를 만들어 이 회사 저 회사를 전전하며 피해를 주는 철새예요. 쓰레기나 다를 바 없어요."

기가 막혔다. 그는 계속해서 마치 회사 사장의 대변인이나 되는 양 말을 이었다.

"빨리 출국시켜야 합니다."

노동부의 고용안정센터에서 '인간쓰레기'라는 말을 들어야 했던 홍과 콩의 문제로 상담을 의뢰한 이는, 자신을 '만수'(31세)라고 밝힌 베트남 이주노동자였다. 점심을 마치고서 차나 한잔 마시려 물을 끓이고 있을 때, 누군가가 문을 불쑥 열고 들어왔다. "저는 만수입니다."라고 자신을 소개한 그와의 첫 만남이었다. 한국말이 제법 유창한 그는 맘씨 좋은 아저씨 같다. 길거리에서 만나면 그가 이주노동자인지도 몰랐을 정도였다. 발음은 어눌하지만, 뚜렷하게 자신의 의사를 표현할 수 있는 청년이었다.

그는 이주노동을 하러 한국에 온 고향 동생 둘이 있는데, 최근 '불법 사람'이 됐다는 이야기를 풀어 놓았다. 회사에서 쫓겨났다는 것이다. 얘기를 마친 그는 공장 점심시간을 이용해 찾아왔으니 이제 돌아가 봐야겠다면서, 전화를 걸어 홍과 콩을 센터로 부르고는 총총히 사라졌다.

잠시 후 센터를 찾아온 홍과 콩의 얼굴은 상기되어 있었다. 무슨 일로 왔느냐고 물으니, 자신들은 억울하다는 것이다. 작업을 거부한 적이 없는데 공장에서 쫓겨났다고 했다. 얘기는 계속되었다. 언제나 회사는 규정된 계약 시간을 한 시간씩 초과해 일을 시켰다고 한다. 문제가 된 토요일에도 그랬다. 오후 7시까지 일하는 것으로 알고 있었는데, 대뜸 한 시간 연장하라는 작업 지시가 내려진 모양이다. 한두 번 있는 일이 아니다 보니, 이번에는 베트남 노동자 여섯 명 전원이 잔업을 거부했단다. 그러자 회사는 이를 주동한 홍과 콩을 지목해 계약을 해지하는 한편, 고용안정센터에도 출국 조치를 의뢰했다.

고용안정센터에 전화를 걸어 확인해 보니, "이유 없는 작업 거부로 출국"이라는 대답이 돌아왔다. 회사와 고용안정센터에서는 작업 지시를 어겼으므로 작업 거부 행위라는 것이다. 그에 앞서 초과 잔업 지시가 상습적으로 자행된 사실을 외면한다. 고용안정센터 외국인 담당자는 "그들은 쓰레기다."라면서 한마디를 덧붙였다.

"도망친 놈들이다."

입이 거칠다. 그 뒤로도 책임질 수 없는 말이 쏟아져 나왔다. 이런 경우는 고용안정센터에서 사실관계를 확인하지 않고 일방적으로 회사 측의 말만 믿고 일을 처리하기가 일쑤다. 직무유기에 해당된다. 게다가 더욱 기가 막힌 것은 담당자의 입에서 나온 반인권적인 발언이었다. 여러 차례 공방이 오간 끝에, 결국 담당자가 정중하게 사과한 뒤 직권 처리로 사업장 변경 신청 서류를 접수했다.

노동자는 잔업을 거부할 수 있다. 일방적인 잔업 지시를 거부할 수 있는 것이다. 그런데 잔업 거부를 항명으로 받아들이고, 작업 거부로 확대 해석하는 것이 3D 업종 기업에서 내세우는 논리다. 여기에는 이주노동자는 군말 없이 시키는 대로 일해야 한다는 권위적이고 위압적인 노사관이 깔려 있다. 이주노동자들이 표준 근로 계약서에 위반된 사항에 대해 의문을 품거나 문제를 제기하는 것은 당연한 권리다. 회사의 부당노동행위에는 잔업뿐 아니라 작업까지도 거부할 수 있는 것이다.

홍과 콩에게 왜 고용안정센터에서 도망쳐 나왔느냐고 물으니, "너희 베트남 가."라는 말을 듣고 겁이 나서 그랬다고 한다. 그 길로 줄행랑을 쳐서, 하노이에서 알고 지낸 만수 형이 있는 인천으로 온 것이었다.

사업장 변경 서류를 처리하는 동안, 만수 형에게서 여러 차례 전화가 왔다. 동생들 일 좀 잘 처리해 달라는 당부였다. 홍과 콩도 "만수 형, 만수 형" 하면서 응대했다. 어쩌다 '만수'라는 이름을 얻게 되었느냐고 하니, 공장에서 아주머니들이 그렇게 한국식 이름을 지어 준 뒤로 지금까지 만수 형으로 통한단다. 그러면서 자기도 한국식 이름이 있었으면 좋겠단다. 즉석으로 작명이 시작됐다.

"만 자 돌림이 좋겠다."라고 하며 홍과 콩의 이름을 지었다. 홍은 변치 말고 오래 살기를 기원하는 뜻에서 '만석', 콩은 오랫동안 터를 잡고 살라는 뜻에서 '만기'라고 이름을 지었다. 홍과 콩은 자신들의 이름을 연거푸 암송하며 만족해했다.

만석과 만기는 만수 형 집에 있다. 더벅머리에 추리닝 차림새다. 일이 없는 낮에는 잠을 자거나 한국어 공부를 하고, 밤에는 비디오를 본다고 한다. 전형적인 백수 스타일이다. 하긴 비자 없이 거리를 활보할 처지도 못 된다. 미등록 이주노동자는 말할 것도 없고, 만석과 만기처럼 출입국관리사무소에 출국 조치가 통보되기만 해도 그 즉시 '불법'이라는 딱지가 붙기 때문이다.

이들은 아직도 인천의 월미도가 어디이고, 항구가 어디에 붙어 있는지 모른다. 누군가는 "이주노동자에게 무슨 문화이고 관광인가. 그들이 이 땅에 관광하러 온 것이 아니잖느냐."라고 반문할지 모른다. 하지만 틀린 말이다. 이들도 주말이나 휴일에 쉴 권리가 있다. 하다못해 노동의 재생산을 위해서라도 필요한 것이 휴식이다.

그러나 이주노동자에게는 여전히 이런 말이 사치스럽다. 쉬는 날이 되어도 공장 기숙사나 동료들의 방을 전전할 뿐이다. 인권 센터에서 마련하는 연극이나 노래 공연 등도 항상 있는 것이 아니어서, 기껏해야 한국어 교실을 통해 이따금 동료들을 만날 뿐이다. 비자라도 있으면 통행의 자유가 있어 그런대로 괜찮다. 그마저도 없는 미등록자에게 세상은 온통 불편한 감옥이다.

오랫동안 미등록 이주노동자로 살아온 이들에게 만성적인 병이 있다면 '불안증'일 것이다. 언제 잡힐지 모르는 상황은, 이들을 '불안과 공포'로 내몬다. 미등록 이주노동자에게 내일이란 언제나 불안한 내일이다. 마음 놓고 차도 못 탄다. 문화도 삶도 없다. 입구는 있으나 출구가 보이지 않는다. 사방이 벽인 셈이다.

마침내 사업장 변경 신청 서류의 접수가 끝나자 만석과 만기는 안도한다. 긴장이 풀렸는지 입가에 웃음도 되살아난다. "이제부터 한국어 열심히 하겠어요."라는 말을 남기고 만석과 만기가 공단 거리로 나섰다. 그들이 걸어간 자리에 어둠이 내렸다.

며칠이 지나서 만석과 만기가 음료수를 들고 찾아왔다. 취업했단다. 사출 공장에서 일하고 있는데, 지어 준 이름 덕을 본다고 한다. 함께 일하고 있는 한국의 아주머니께서 "만석아, 만기야." 하며 좋아한단다. 홍과 콩의 얼굴이 활짝 핀 꽃이다. (2006.3)

타슈켄트에서 온 무용수

"숙소에서 도망쳐 왔어요."

자신을 우즈베키스탄 무용 공연단 단장이라고 밝힌 할리다(51세, 우즈베키스탄) 씨가 "무섭다. 무섭다." 하면서 연거푸 손사래를 쳤다. 여관에서 감시자의 눈을 피해 몰래 나와 택시를 타고 왔다면서 탈출 당시의 급박한 상황을 몸짓으로 설명했다.

"8개월 동안 한 푼도 받지 못했어요."

그러면서 지난 8개월간 임금을 받지 못하고 감금된 채 생활했다고 하소연했다.

우즈베키스탄 무용 공연단 '슈말락크'가 한국에 들어온 것은 2006년이었다. 예술·흥행E-6 비자로 입국한 단원 여덟 명은 세계 각국을 순회하면서 공연하고 있는 전문 예술단원으로, 예술 공연 기획사와 계약을 맺고 입국했다.

"처음 4개월간은 인천 연안 부두에 있는 유람선에서 공연했어요. 주로 민속춤을 추었는데 춤이 재미가 없다며 벨리댄스로 바꾸라고 하더군요. 의상도 노출이 심한 옷으로 일방적으로 바꾸었고요. 그래야 손님을 즐겁게 해줄 수 있다고……."

우즈베키스탄 전통춤을 춘다는 자부심이 무너졌지만 시키는 대로 해야 했다. 이역만리에 돈을 벌러 왔기 때문에 자존심을 내세울 처지가 못되었다. 공연단은 수도권 일대와 부산 등지를 오가며 공연했다. 심지어 야간 업소까지 가서 춤을 추었다. 그런데 정작 월급은 받지 못했고, 매니저들이 24시간 감시하기까지 했다.

"여러 차례에 걸쳐 임금을 달라고 했어요. 하지만 그때마다 '돈 없어. 돈 없어.' 그러는 거예요. 식비도 마찬가지였어요. 하루에 한 사람당 1천5백 원으로 해결하라는 거예요. 모텔은 난방도 되지 않고……."

회사 측에서는 돈이 없다며 식대를 올려 줄 수 없다고 했다. 난방을 해달라는 요구 또한 들어주지 않았다. 단원들의 불만이 터져 나왔다. 자신들의 처지가 노예만도 못하다는 생각이 들었고, 본국으로 돌아갈 수 있게 계약을 파기해 달라고 요구했다. 하지만 사업주는 오히려 온갖 벌금 규정을 만들었다.

"걸핏하면 흥행에 실패했다며 벌금을 매기고, 의상비와 주거비 등 갖은 명목으로 지불 비용까지 부과했어요. 이제 받아야 하는 월급보다 갚아야 할 돈이 많아졌어요."

이런 상황에서, 사무실을 찾아가 밀린 급여를 요구하던 단원 네 명이 매니저에게 폭행을 당하고 월급 한 푼도 받지 못한 채 본국으로 쫓겨났다. 이에 항의한 단원 한 명도 사장에게 밉보여 임금을 받지 못하고 떠났다.

단원들은 "노예 노동이다."라고 항의하며 적법하게 대우하라고 요구했지만, 오히려 회사 측은 계약을 위반한 것은 공연단이니 앞서 쫓겨난 단원 다섯 명의 위약금으로 5천 달러를 내라며 협박했다.

"벌금이 계속 늘어 갔어요. 계약 위반이라고 항의해도 듣지 않았어요. 새로 영입한 단원의 비용까지 우리에게 전가했어요. 우리 잘못 때문에 생긴 일이라고 뒤집어씌웠어요. 게다가 체력적으로 힘든 공연 예술의 특성상 하루에 네 시간 이상 리허설이나 공연을 하지 못하는데, 거의 강제적으로 아침 8시 반부터 12시까지 리허설을 시키고, 하루에 서너 차례 공연하게 했어요."

단원들은 새벽 1시경에야 초죽음 상태가 된 채로 공연을 마쳤다. 심지어 회사 측은 공연 횟수에 따라 돈을 지불하겠다며 계약서에도 없는 사항을 일방적으로 통보했다. 공연이 없으면 돈도 없다는 것이다. 무노동 무임금인 셈이었다. 휴일에도 외박은 물론 외부와의 접촉을 금지했다. 산책도 할 수 없었다. 매니저가 모텔에 상주하며 감시했다.

"걸핏하면 본국으로 돌려보내겠다고 협박했어요. 그런데 어떻게 고향으로 가요? 벌금은 늘어나고 월급은 8개월 동안 받지 못했잖아요."

실제로 강제 출국을 당한 동료가 생기고 보니 무서워 어찌할 수 없었다고 했다.

"뭘 해달라고 요구하거나 말하지 못했어요. 무리한 리허설 때문에 관절에 이상이 생겨 병원에 가서 치료받고 싶어도 병원비가 없으니 갈 수가 없는 거예요."

할리다 씨는 "가슴 상태가 좋지 않으니 본국에 잠시 돌아가 병원 치료를 받고 돌아오겠다고 해도 들어주지 않았어요."라고 울분을 토했다.

그렇게 8개월을 지냈다. 더 괴로운 문제는 걸핏하면 함께 잘 것을 요구하는 매니저였다. 요구를 거절하면 온갖 욕설을 내뱉었다.

"공연을 마치고 새벽 1시쯤 들어오면, 묵고 있는 방으로 들어와 행패를 부렸어요. 매니저가 술에 취해 키스를 요구하거나, 자신의 말을 잘 들으면 무엇이든지 해주겠다는 거예요."

그때마다 성적 모독감과 수치심을 느꼈다. 그리고 사람에게 품는 공포가 얼마나 무서운지 알았다.

"우리는 약자잖아요. 시키면 시키는 대로 하라는 거예요. 어떤 날은 늦게까지 술자리에서 시중을 들었어요. 거부하면 분위기가 험악해졌어요. 게다가 2차를 요구했어요. 한국에서는 다들 이렇게 한다며 끈질기게 잠자리를 요구했어요."

그런 가운데 단원 네 명이 새벽에 도주하는 일이 생겼다. 임금은 체불되고 폭행까지 당하자, 있을 곳이 못 된다며 떠난 것이다.

"공황에 빠졌어요. 밤새 잠을 재우지 않고 괴롭히는 거예요. 다들 죽이겠다고 협박하면서 방 안의 집기를 부수기까지 했어요. 여권과 외국인 등록증은 물론이고 각종 무용 의상이 든 짐까지 압류하겠다며 사무실로 가져갔어요."

할리다 씨는 그 와중에 기절하기도 했다며 고개를 절레절레 흔들었다. 야반도주한 동료들은 미등록자가 되었다. 안양·수원·평택·부산 등지로 뿔뿔이 흩어져 밤업소나 공장에 들어갔다고 했다.

"8개월 동안 월급이 나오지 않는데 어떻게 살아요. 가족들은 어떻게 하고……."

얘기가 계속되자 얼마 전 코트디부아르에서 온 아프리카 전통 예술 공연단이, 임금이 체불되고 '노예노동'을 강요당했다며 진정한 사건이 떠올랐다. 이들은 공연장 주변 풀 뽑기와 청소를 제대로 하지 않았다는 이유로 벌금을 물거나, 난방 및 상수도 시설이 없는 숙소에 머물며 의료 지원도 받지 못하는 등 비인간적인 대우를 받았다고 증언했다.

이런 일들은 예술·흥행 비자로 들어온 이들에게 비일비재하게 발생한다. 말이 통하지 않고 마땅히 도움을 요청할 곳도 없는 공연단원들의 약점을 이용해 폭력과 협박을 일삼는 경우가 많다. 이들은 이윤 추구에만 급급한 기획사들의 전횡으로 노동 착취를 당하며 고통을 겪는다. 게다가 공연 예술 종사자에게 만연한 성 착취 문제까지 실타래처럼 얽혀 있다. 상습적인 임금 체불, 벌금 부과, 초과 노동, 성 상납과 성 상품화 등이 연결된 사슬은 거대한 늪과 같아서 한 번 빠지면 헤어나기 어렵다.

사건을 접수하고 수사에 들어간 후, 기획사 대표는 감금에 의한 강제 노역 부과 혐의로 조사를 받았다. 결국 8개월간의 체불임금을 지급하고 압류 중인 공연 물품을 돌려주는 것으로 일단락됐다.

마침내 단원들은 자신의 짐을 인수받았다. 화물차로 싣고 온 짐은 각종 공연용 의상이 담겨 한 보따리였다. 유랑 극단의 짐이랄까. 짐을 옮기는데 단원들이 신었던 토슈즈가 우수수 쏟아졌다. 헤지고 바랜 신발이 이들의 처지를 말해 주는 듯했다.

단장인 할리다 씨와 단원인 엘리나(21세, 우즈베키스탄) 씨는 슈말라크 공연단의 명예를 되찾았다며 기뻐했다. 한국에 와서 기획사 측의 요구에 따라 벨리·살사·집시·라틴·캉캉 등을 춰야 했지만, 이제 다시 전통춤을

출 수 있게 되었다며 안도했다. 그러고는 하루빨리 한국을 떠나고 싶어
했다. 미국·일본·유럽 등지를 돌아다니며 공연했지만, 한국처럼 노예 상
태로 일한 적은 없다고 했다. 8개월간의 체불임금과 압류된 짐, 여권과
비행기 표를 받은 단원들은 모처럼 환한 웃음을 지어 보였다. (2007.4)

밥 먹었어요, 델로와?

공단 길은 언제나 목마르다. 바작바작 흙이 타들어 간다. 길가의 꽃조차 검다. 먼지를 잔뜩 뒤집어쓴 채 말없이 서 있다. 공장의 담장 철망을 타고 오르던 나팔꽃 넝쿨도 마르기 시작한다. 막바지 늦더위가 성내듯, 오후로 접어들면 따가운 햇살은 더욱 사납게 달려든다.

델로와 호세인(31세, 방글라데시) 씨가 찾아온 것은, 아래층의 공장에서 지축을 울리는 프레스와 샤링기 작동 소리도 잠시 쉬어 가는 오후 4시경이었다. 유리창으로 햇빛이 따갑게 쏟아지는 시간. 그는 한 손으로 턱을 받친 모습을 하며 자리에 앉았다.

"턱이 고장 났어요."

델로와는 입을 벌리고는 위턱과 아래턱을 움직여 보였다. 그러고는 다시 말했다.

"아래턱과 위턱이 맞지 않아요."

그가 다시 입을 벌려 보였다. 턱이 아귀가 맞지 않는다는 시늉이었다. 전후 사정은 이렇다. 주물공장에서 야근을 마치고 어두컴컴한 길을 걸어 집으로 돌아오던 중에, 고향집에 전화하려고 공중전화 부스에 들어갔다. 그때 한국인으로 보이는 취객과 시비가 붙었다. "왜 쳐다보냐?"라는 말에 묵묵부답으로 대하자, 기분이 나쁘다며 취객과 그 일행 둘이 가세해 집단 폭행을 한 것이다.

"막 때리는 거예요. '죽여.' 하며 부스 유리를 깨고 달려들었어요."

그는 영문을 모른 채 그저 맞았다.

아침에 자고 일어나 보니 관자놀이가 부어오르고 턱이 뻐근했다. 출근했지만 밥을 먹을 수 없었다. 턱 주변이 아프고 쑤시는 통에 밤에도 잠을 자지 못했다. 아무래도 턱에 문제가 생긴 것 같았다. 다음 날 출근하면서 동네 의원을 찾아갔다. 처방받은 진통제를 먹고 일했지만 여전히 밥을 먹을 수 없을 정도로 아팠다. '시간이 지나면 낫겠지.' 하고 생각하며 통원 치료를 했지만 허사였다. 의사는 큰 병원으로 가보라고 했다. 덜컥 겁이 났다. 지금까지 웬만한 아픔은 참고 버텼다. 감기쯤은 병으로 치지도 않았다. 그저 며칠 앓다 툭툭 털고 일어나면 그뿐이었다. 그런데 이번에는 심상치 않았다. 고향에 있는 부모와 가족이 생각났다. 이대로 아픈 몸을 하고 돌아갈 수 없다.

그는 미등록 이주노동자다. 1999년 산업 연수생으로 처음 한국에 와서 6년 동안 도금 공장과 주물공장을 전전하며 이주노동자로 살았다. 주물공장에서 일당 2만3천 원을 받으며 주야 맞교대로 일했다. 버는 돈의 80퍼센트를 방글라데시 다카 근교에 사는 부모에게 보냈다. 위로 형 둘과 아래로 초등학생인 여동생이 있다. 동생의 학비와 가족의 생활비를 대면서 자신의 앞날까지 대비해야 했다.

그런 차에 한국인 취객에게 폭행을 당하자 황망하기 짝이 없었다. 의료보험이 되지 않으니 병원비도 만만치 않았다. 벌써 한 달 생활비가 고스란히 병원비로 들어갔다. 게다가 누가 폭행했는지 알 수 없었다. 알아도 신고할 수 없다. 폭행을 당한 날도 그랬다. 흠씬 집단 폭행을 당했지만 경찰을 부를 수 없었다. 그저 욕하면 듣고 때리면 맞았다. 주먹으로 얼굴을 맞고 발길질을 당하는 수모를 겪어도 머릿속으로는 경찰이 와서 잡아가지 않기만을 바랐다.

"경찰이 오면 잡혀가잖아요. 그러면 끌려가야 되잖아요."

그의 말에는 육체의 고통보다 더 무서운 추방의 두려움이 서려 있었다. 미등록 이주노동자인 그의 그늘이 깊어 보였다. 앙다문 그의 볼에 비루한 처지가 언뜻 스쳤다.

그만의 문제가 아니다. 이주노동자에게 가해지는 폭행은 대개 가난한 나라에서 온 아시아인들에 대한 인종차별적인 시선에서 비롯되는 경우가 많다. 하지만 미등록 이주노동자는 폭행을 당하더라도 맞서는 대신 일방적인 피해자가 되기를 선택한다. 몸으로 때우는 것이 추방을 당하는 것보다 낫다고 생각하기 때문이다. 그러다 보니 경찰이 오기 전에 폭행 현장에서 지체 없이 떠난다. 경찰서에라도 가게 되면 치료와 보상은커녕 유치장에 갇혀 있다가 조사가 끝나자마자 출입국 관리사무소로 인계돼 추방되는 절차가 기다린다. 치료조차 '너희 나라'에서 받으라는 애먼 말만 들을 뿐이다.

그러니 "곧바로 신고하지 그랬어요."라고 말한들 의미가 없다. 일방적으로 폭행당한 그를 탓할 문제도 아니다. 그의 하소연이 힘에 부쳤다.

"2주째 밥을 먹지 못했어요. 우유만 먹어요."

병원 몇 군데를 전전하다가 대학병원에 가서야 진단이 나왔다. 턱이 심각하게 골절되고 근육이 파열되어 고난도 수술을 요한다고 한다. 관자놀이와 광대뼈 부분에 얼굴의 모든 신경망이 모여 있어 수술이 만만치 않단다. 의사의 소견은 절망적이었다. 졸지에 그는 중증 환자가 되어 2천만여 원이나 드는 수술을 받아야 할 처지가 되었다. 엄청난 수술비도 걱정이지만, 미등록자인 그를 받아 주는 병원이 없다는 것이 더 큰 문제였다. 다친 부위가 수술하기 까다롭고 특수한 부위라는 것이 이유였다.

델로와는 한순간 꿈이 깨지는 것 같았다. 그에게는 꿈이 있었다. 방글라데시에서 자신을 기다리고 있는 애인과 결혼해 가정을 꾸리는 것이다. 그동안 번 돈으로 작은 가게라도 차리고 싶다고 했다. 그가 6년 동안 하루도 잊지 않고 꿈꿨던 희망이었다. 그런데 온전치 못한 몸으로 귀환해서는 결혼하는 것조차 쉽지 않은 일이 된다. 방글라데시의 큰 병원에서 치료받는 것은 상상할 수도 없었다. 그렇다고 해서 진통제로 버틸 만한 상태도 아니었다.

"델로와, 길이 있을 거야."

위로를 보냈지만, 정작 그는 입을 다물었다. 말없이 대학병원을 나왔다. 바람이 소용돌이치듯 불어왔다. 누가 먼저랄 것 없이 신문지를 깔고 땅바닥에 털썩 주저앉았다. 나락으로 떨어지는 기분을 떨칠 수가 없었다.

궁하면 통한다고 했던가. 수소문한 끝에 적십자병원과 지방공사 의료원에서 응급 상황에 놓였거나 수술을 요하는 이주노동자들이 무료 진료를 받을 수 있는 제도가 있다는 것을 알았다. 소외 계층 무료 진료 사업의 일환으로 미등록 이주노동자에게 5백만 원 선까지 병원비를 지원한다는 것이다. 희망의 불씨가 타올랐다. 하지만 그것도 잠시, 정작 무료 진료 시행 기관인 지방 적십자병원과 지방공사 의료원에는 그에게 필요한 성형외과가 없었다. 고난도 수술을 할 전문 의사진이 없어 지원할 수 없단다.

상급 의료 기관인 서울 적십자병원에서도 환자를 받을 수 없다는 통고를 접하고 나니 앞이 깜깜했다. 그는 그동안 인천 가좌동에 있는 개인 병원부터 시작해 1차·2차·3차 진료 기관을 전전했다. 더는 갈 데가 없었다. 하지만 어딘가에는 길이 있다고 생각하며 마음을 추슬렀다. 미등록 이주노동자에게 의료는 생존과 직결된 문제다. 미등록이라는 것이 의료 혜택을 제공하지 않는 이유가 될 수는 없다. 델로와의 생각도 마찬가지였다. 곧바로 보건복지부 정책과 담당자에게 전화했다.

"적십자병원에 의사가 없으면 다른 병원에서 의사를 초빙해 오거나, 우선 입원시킨 뒤 다른 병원에서 수술을 받고 오는 방식도 있지 않나. 아무리 좋은 제도가 있어도 실효성이 없으면 마땅히 고쳐야 하지 않느냐."

설득이 주효하면서 한고비를 넘겼다. 병원에 입원하라는 통고가 나왔다. 엑스레이로 다친 부분을 정밀 촬영하고 병실을 얻어 입원했다.

침상에서 읽을 방글라데시 소설책 두어 권을 들고 병문안을 갔다. 일주일 새 그의 얼굴이 몰라보게 밝아졌다.

"밥 먹었어요, 델로와?"

"네, 죽 먹었어요."

그가 환하게 대답한다. 얼굴에서 그늘이 말끔하게 씻긴 듯하다.

"이제 살 것 같아요."

벌써 같은 병실 환자들과 친구가 되어 있었다. 얼굴에 붓기가 가라앉으면 곧바로 수술한다는 소식까지 받았다. 그간 그가 겪은 통증과 고통이 주마등처럼 지나갔다. 그는 내게 몇 번이고 고맙다고 했지만, 굳이 그럴 이유가 없다. 그의 말에 오히려 이주노동자라는 이유만으로 배제와 차별을 당하는 현실이 거대한 뿌리처럼 다가왔다.

일전에 만난 과호흡 환자가 떠올랐다. 출입국 관리사무소 앞에서 미등록자 합법화 촉구 1인 시위를 하고 있을 때였다. 중국 한족 한 명이 다가와서는 단속된 자신의 동료가 과호흡 환자라서 빨리 병원에 데려가야 하는데 아무리 말해도 조사반에서 조치하지 않는다고 했다. 그는 약을 구해 오거나 입원해야 한다며 발을 동동 굴렀다.

모든 사람이 겪는 일을 이주노동자도 겪는다. 그럼에도 인간으로서 누려야 할 최소한의 권리조차 보장하지 않은 채 "왜 여기까지 와서 말썽이야."라는 식의 냉소적인 태도를 보이는 이들이 많다. 인간의 말이 통하지 않는 세상인 것이다.

인간답게 산다는 것은 무엇일까. 폭행을 당해도 자신의 존재를 외칠 수 없는 현실을 뭐라고 해야 할까. 아파도 아프지 말아야 하는 현실을 뭐라고 해야 할까. 입이 있어도 말하지 못하고 짓밟혀도 항의할 수 없는 괴물 같은 세상을, 우리는 짐승처럼 살고 있는 것은 아닐까. 병원을 나서는데 바람이 훅 불어온다. 눈앞에는 고가도로와 질주하는 차들과 횡단보도를 바삐 건너는 사람들뿐이다. 그 틈에 나 역시 길을 가고 있다. (2005.9)

진돗개와 야반도주

눈이 슬금슬금 내리기 시작한다. 아랫녘에서는 일주일째 눈이 내려 온통 눈 바다라는 소식도 들린다. 쉬지 않고 퍼부은 눈 때문에 하늘도 무심하다는 말이 절로 나오는 모양이다. 뉴스를 검색하던 컴퓨터를 끄고 창밖을 내다보니 눈이 흩날린다. 화성 외국인보호소에 가야 한다.

가끔씩 화성 외국인보호소에서 애타게 도움을 청하는 목소리가 새까맣다. 출입국 관리사무소 직원들에게 연행된 이주노동자들의 전화다. 이번에는 파키스탄에서 온 이주노동자 모하메드 피아즈(26세) 씨가 도움을 요청했다. 자신이 다니던 회사로부터 비행기 표와 체불임금 및 퇴직금을 받고 싶다는 것이다. 인천 남동 공단의 한 금속 정밀 회사였다. 전화를 걸었다. 피아즈 씨가 일한 적 있느냐는 물음이 끝나기도 전에, "도주한 놈!"이라는 거친 목소리가 수화기에서 흘러나온다. 상대방의 말을 들으려 하지 않은 채 막무가내다. 하긴 이주노동자가 언제는 제대로 된 사람 대접을 받았던가. '그놈', '그런 놈들', '그 자식들'이라는 표현은 그런대로 이 바닥에서 순한 표현에 가깝다.

"그놈, 감옥에서 나오게 하나 봐! 대법원까지 가더라도 그놈 못 나오게 막을 테니."

악다구니가 이만저만이 아니다.

'도주한 놈'에 대한 이야기는 이렇다. 회사에서 키우던 진돗개를 피아즈 씨가 풀어 버렸다는 것이다. 그것도 3백만 원짜리 순종이란다. 회사기숙사에 피아즈 씨의 친구들이 자주 들렀는데, 주인에게 충성심이 강한 진돗개가 걸핏하면 외부의 인기척에 짖었던가 보다. 페트병을 던져 못 짖게 했지만 그것도 한두 번이라, 끝내는 진돗개를 쇠사슬에서 탈출시켜 준 모양이다. 사장이 자식처럼 키우던 개가 없어지자, 사장은 물론 직원까지 동원되어 한 달 넘게 공단 곳곳을 이 잡듯 뒤졌지만 끝내 찾지 못했고, 그 사이 비자 기간이 끝난 피아즈 씨도 회사에서 종적을 감추었다고 한다.

애지중지하던 진돗개가 사라진 것도 괘씸한데, 가뜩이나 일손이 부족한 상황에서 피아즈 씨를 비롯해 연수 취업E-8 비자가 만료된 파키스탄 이주노동자 세 명이 이탈하는 사태가 벌어진 것이다. 사장은 그동안 상여금도 주고 파키스탄에 휴가까지 보내 주었는데 이런 일이 생겨 심한 배신감을 느꼈다고 한다. 그러고는 "이 모든 일이 모하메드 피아즈가 주동해 일으킨 사태"라고 단언했다. 피아즈 씨의 도주도 얼마 가지 못했다. 겨우 사흘 만에 출입국 관리사무소의 단속에 걸려 일행과 함께 잡혔다.

화성 외국인보호소를 찾아갈 때마다 언제나 미로 찾기를 하듯 헤맨다. 몇 번 찾아갔지만 그때마다 길을 잃곤 했다. 게다가 이번에는 사

방이 눈으로 뒤덮여 백색의 공포에 내몰리기까지 했다. 가도 가도 눈이
요, 물어물어 길을 찾아도 끝내는 길이 아닌 곳을 향했다. 도로 표지판이
변변치 못한 것도 있지만, 도로 곳곳이 난개발로 파헤쳐져 어디가 어디인
지 구분할 수 없어서다. 어디로 가야 하는지 난감하기 짝이 없다. 답답하
다. 공장에서 일하다 토끼몰이 식 단속에 걸린 이주노동자의 마음이 이럴
것인가. 눈은 내리고 길은 온통 빙판이다. 그때 이주노동자들을 한 차 가
득 싣고 보호소로 향하는 차량이 보인다. 순간 마음이 착잡하다. 죄 없이
감옥 같은 곳에 갇히는 자의 심정은 어떤 것인가.

　사장은 계속 진돗개가 자신의 분신이며, 자식도 그런 자식이 없다고
설명했다. 그런 자식이 이 한겨울에 얼어 죽지나 않았는지, 굶지나 않는
지, 보신탕집에 끌려간 것은 아닌지…… 진돗개에 대한 애끓는 연민과
절망은, 피아즈 씨에 대한 원망과 분노로 발전했다. 생각 같아서는 몇 달
이고 그를 보호소에 처박아 두고 싶단다. 그뿐 아니라 진돗개 값으로 3백
만 원도 청구할 심사라고 했다. 아닌 게 아니라 임금 및 퇴직금 명세서를
받아 보니, 그 밑에 "진돗개 보상 금액 3백만 원"이 적혀 있다. 피아즈 씨
가 받아야 할 체불임금 130만 원, 퇴직금 80만 원, 비행기 표 값을 다 합
쳐도 진돗개 값에 못 미친다. 비행기 표라도 건지면 다행이었다.

　일전에 장릉 공단을 방문한 적이 있었다. 방글라데시에서 온 이주노
동자 모닐(34세) 씨의 퇴직금을 받아 주기 위해서였다. 사장을 만나니 임
금과 함께 퇴직금을 줬다고 말한다. 임금과 퇴직금은 다르다고 몇 번을
설명해도 막무가내다. "굳이 동남아 아이들에게 돈 줘야 합니까?"라는 말
까지 한다. 사업주들이 임금과 퇴직금을 혼동할 리가 있겠는가. 주기 싫

다는 속내에서 인종차별적인 시선과 더불어 자본의 논리가 엿보인다. 화장실에 들어갈 때와 나올 때 생각이 다른 것처럼, 일을 부릴 때와 떠나도 아쉽지 않을 때의 마음이 달랐다. 심지어 '불법체류자'에게 온정을 베풀었더니만 배신했다며 온갖 욕설까지 내뱉는다. 그러니 눈에 흙이 들어가도 줄 수 없다는 것이다.

피아즈 씨가 다닌 회사의 사장도 임금과 함께 퇴직금을 주었다고 강변했다. 우물쭈물 지나가려는 사장에게 관련 법규를 들이대자 결국 퇴직금을 정산했다. 그나마 순순히 응한 편이었지만 이제 진돗개 값이 문제다. 사장은 진돗개 값을 받는 것은 물론이고 괘씸함이 가시지 않는다며, 오히려 어떻게 하면 보호소에서 몇 개월 더 고생시킬 수 있겠느냐고 내게 되묻는다. 오죽했으면 그럴까 싶은 생각도 들었지만, 진돗개 한 마리 때문에 귀한 인권이 볼모로 잡힌다는 것은 더더욱 안 될 일이었다. 게다가 심증일 뿐 피아즈 씨가 진돗개를 풀었다는 증거도 없었다. 거듭 설득하니 피해 보상을 청구하려던 생각을 바꿔 사과 받는 것으로 대신하겠다고 했다. 그는 고생하고 돌아가는 이주노동자의 발목을 잡고 싶지 않을뿐더러, 그런다고 해서 한번 나간 진돗개가 다시 돌아올 것도 아니지 않겠느냐고 했다. 결국 남는 것은 마음의 문제였다. 빗장을 걸어 놓았던 사장의 마음이 슬금슬금 풀리기 시작했다.

피아즈 씨를 찾아가는 보호소는 멀다. 다른 길을 몇 번이나 헤맨 뒤에야 도착해 면회를 신청했다. 키가 멀쑥하고 칠흑 같은 수염이 난 피아즈 씨가 나왔다. 수화기를 들고 짧은 한국말로 대화가 시작됐다. 우선 그가 받아야 할 임금 및 퇴직금에 대한 정산을 끝내고 진돗개 얘기로 넘어갔다. 그때 마침 핸드폰으로 사장에게서 전화가 왔다. 피아즈 씨에게 전화기를 건넸다. "사장님, 죄송합니다."라는 말은 그렇게 전달됐다. 어쩌면 피아즈 씨도 억울할 것이다. 그가 진돗개를 풀어 놓지 않았을 수도 있다. 하지만 피아즈 씨도 이런 해결 방식이 인격적인 종속을 요구하는 한국 사회의 태도라는 것을 아는 눈치였다. 이런 데에서도 보이지 않는 인간으로 살아가야만 하는 아시아 이주노동자의 비애가 있었다.

면회실의 투명 유리 앞에서, 전화로 도움을 요청한 생면부지의 이주노동자 피아즈 씨와 인사를 나누고 미소 지으며 헤어졌다. 보호실로 사라지는 그의 등 너머로 먼 길을 온 사내가 보인다. 터번과 히잡을 벗고 콧수염까지 깎고는 말끔한 신사복으로 차려입은 사내는, 사방에 나무 한 그루 보이지 않는 광막한 산맥 아래 토담집들만 몇 채 있는 마을을 떠난다. 가방 하나 들고 가족의 배웅을 받으며 길을 떠난다. 웃음 띤 얼굴은 이내 잔뜩 긴장해 굳어지고 그가 떠나온 자리마다 그림자가 길게 드리운다. 이제 그는 자신이 떠나온 자리로 되돌아가 생활에 묻힐 것이다. 추방당한 자의 비애는 어떤 것일까.

또다시 눈이 흩날린다. 눈이 내리고 얼어붙은 길에서 차들이 설설 긴다. 도로 양편에는 부동산 간판을 내건 사무실로 만원이다. 도로 곳곳이 파헤쳐졌다. 차는 다시 답답할 정도로 눈 덮인 도로에 묶여 있다. 유리창에 흰 눈이 부딪힌다. 벌판이 온통 새하얗다. 차창 밖으로 내다본 하늘에 웬 쇠박새 한 마리, 휙 하고 허공을 날아간다. (2005.12)

밥그릇 절도범

다급한 목소리다. "급히 좀 와주세요." 스리랑카 공동체로부터 긴급 구제 전화가 걸려 왔다. 이주노동자가 억울하게 구속당하게 생겼다는 제보였다. 이사와 공장장에게 허락을 받고 불량 제품을 기숙사 거실에 갖다 놓았는데, 그만 절도죄로 체포되었다는 것이다.

사태를 파악하기 위해 스리랑카어 통역과 함께 프레얀타 말알(23세, 스리랑카) 씨가 수감되었다는 경찰서 조사과에 갔다. 담당 형사는, 조사해 보니 물증이 확실하다며, 절도 혐의로 구치소에 송치해 재판을 받은 뒤 출국 조치할 예정이라고 했다. 그가 형사 앞에서 자신을 충분히 변호했을까. 의문이 갔다.

유치장에 있는 그를 만나 자초지종을 들었다. 그는 냄비에 광택을 내는 부서에서 일하면서 제품 검사도 했는데, 가끔 나오는 불량품을 선별해 곧바로 쓰레기 처리장으로 보내는 일을 했다. 자신이 보기에는 멀쩡한 제품이 버려지는 것이 늘 아까웠고, 그럴 때마다 고향의 부모가 떠올랐다. 고향에서는 그런 불량품마저 호사로웠다. 망설이던 그는 이사와 공장장에게 말했다. 불량품 몇 개를 스리랑카에 있는 부모에게 보내고 싶다고. 그러자 선뜻 그러라고 허락했던 모양이다. 냄비 몇 개를 신문지에 곱게 싸고 박스에 담아 두었다. 그런데 절도죄로 걸려든 것이다. 불량품을 가져가라고 했던 이사와 공장장은, 경찰서에서 "그런 적이 없다."라고 진술했다. 게다가 프레얀타 말알 씨와 함께 일한, 증인이 되어 줄 이주노동자는 공장을 그만두고 사라진 상태였다.

사장에게 전화를 걸었다. 선처해 달라는 말에는 대꾸하지도 않고, 공장에서 훔친 냄비를 기숙사에 숨겨 놓았다는데 그게 절도가 아니면 뭐냐고 했다. 심지어 "왜 절도범을 싸고도느냐."라는 애먼 말이 되돌아왔다. "여보세요, 여보세요……." 애타는 호소에도 아랑곳하지 않고 일방적으로 전화를 끊는다. 나는 독기를 품었다. 상황이 어렵게 치닫고 있다. 지금이라도 고소를 취하하지 않으면 한국에 들어온 지 10개월밖에 되지 않은 그는 범죄자가 되어 강제 출국을 당하게 된다.

결국 사장을 직접 만나기로 마음먹고 김포로 향했다. 논두렁으로 난 길을 돌고 돌아 겨우 공장에 도착했다. 일이 끝나 가는 무렵인지 정리하느라 다들 정신이 없다. 이주노동자 몇 명이 빗자루로 작업장을 쓸거나 마무리 작업을 하느라 바쁘다. 마침 퇴근하려는 사장을 만났다. 그는 무척 화가 난 상태였다. 얘기를 듣다 보니 정작 화가 난 이유는 불량 냄비를 가져가서가 아니라 다른 데에 있었다.

시키는 대로 하지 않았다는 것이었다. 때마침 추석 연휴 기간이라서 3일만 쉬고 일하라며 작업 지시를 한 모양이다. 그런데 한국인과 똑같이 일주일 동안 쉬고 공장에 나온 것이 괘씸하다는 것이다. 시키는 대로 하지 않은 것이 죄라면 죄였다. 젊은 친구이니 구속만은 피할 수 있도록 합의해 원만하게 끝냈으면 좋겠다고 하니, "대법원까지 가는 한이 있더라도 절대 스리랑카 놈들을 가만두지 않겠다."라며 으름장을 놓는다. 그러고는 이제 할 말이 없다며 서둘러 차에 올랐다.

다시 면회를 통해 만난 프레얀타 말알 씨는 모든 것을 포기한 듯했다. 그저 하루빨리 집으로 돌아가고 싶다고 했다. 다만 재판 과정에서 자신이 무죄가 되어 홀가분하게 한국을 떠났으면 좋겠다는 바람을 비쳤다. 연휴 기간에 쉬었다는 것, 그리고 불량품을 가져간 것이 사장이 말하는 그의 죄다. 하지만 실상은 다른 이주노동자들의 기강을 잡는 데에 희생양이 필요했을 뿐이다. 생각이 여기에 이르니 씁쓸했다. 아마 프레얀타 말알 씨도 이런 상황을 짐작했을 것이다.

어쩌면 그는 70만 원 정도의 가치밖에 없는 노동자였는지 모른다. 말도 잘 안 통하고 시키는 대로 따르지도 않는, 상품 가치가 별로 없는 노동자. 화장실과 세면실도 없는 두 평(6.6제곱미터) 남짓한 컨테이너에서 두세 명이 살아야만 하는 이주노동자. 게다가 70만 원짜리 이주노동자는 많다. 얼마든지 살 수 있다. 그게 프레얀타 말알 씨의 처지다. 그런 처지가 죄라면 죄일 것이다.

오늘도 수없이 전화가 걸려 온다. 임금 체불, 퇴직금 미지급, 사업장 폭행, 〈근로기준법〉 위반 등이 끊이지를 않는다. 전화통을 붙잡고 사업주와 대화를 나누다 보면 수도자 신세가 따로 없다. 일단 참아야 한다.

욕을 하며 끊는 이들도 많다. "너 죽을래?" 하는 쌍말조차 예사롭다. 전쟁터가 따로 없다.

때로는 인간적인 연민이 생기기도 한다. 오죽하면 악다구니하며 살까. 몇 푼의 임금을 떼어먹으려고, 기분이 나빠져서, 그저 주기가 싫어서 갈 데까지 간다. 서로 욕하고 상처받는다. 그들도 나도 모두가 마찬가지다. 굴속 같은 세상에 서로 얽혀 있으니 말이다. 하지만 화가 치민다. 이주노동자들이 바라본 한국 사회는 고집불통이다. 위세 떨기를 좋아하고, 신분 사회처럼 떠받들어지기를 바라는 사람들이 모인 곳이다. "이거 해, 저거 해." 동의도 구하지 않고 시키면 시키는 대로 하라는 식이다. 하지 않으면 이렇게 말한다. "너희 나라로 가."

약한 자는 눈물이 많다. 짐승도 자신을 싫어하는 것을 안다. 하물며 사람은 어떻겠는가. 누구나 무시당하고 차별받는 것을 느낄 수 있다. 사람이기 때문에, 이주노동자도 사람이기 때문에 알 수 있다. 짐승처럼 눈물을 흘려 본 사람은 알 것이다. 프레얀타 말알 씨를 위해 청원서를 써야겠다. (2006.10)

어디로 가야 하는가
__불온한 상상력, 이주노동자

추방의 공포와 불안

이슬람(30세, 방글라데시) 씨는 한국에서 열한 번째 겨울을 맞고 있다. 그는 다카에서 열일곱 살 때 이주노동자로 왔다. 산업 연수생으로 들어와 김포 대곳에 있는, 구리·알루미늄·주석·납 따위를 녹여, 강철로 만든 거푸집에 눌러 넣어 정밀 주조하는 다이캐스팅 공장에서 3년 동안 노역에 가까운 일을 했다. 컨테이너 쪽방에서 동료 네 명과 함께 숙식을 했다. 아침 8시부터 저녁 8시까지 꼬박 쇳가루를 먹으며 자동차 부품용 주물을 뽑아냈다. 샤워장도 없는 방에서 제대로 씻지도 못하고 동료들과 새우잠을 자면서, 한 달에 수당을 포함해 60만여 원을 벌었다. 그래도 당시에는 꿈이 있었다. 3년 동안 일해 번 돈을 갖고 고향으로 귀환해 조그만 의류 공장을 차리는 것이 그의 꿈이었다. 자고 일어나 몇 발자국만 가면 공장 작업장이고 일이 끝나 또 몇 발자국 떼면 방이었지만, 그는 꿈이 있어 행복했다. 일주일씩 주야 맞교대로 하루에 열두 시간 일해야 했지만, 불평하지 않았다. 몸은 쇳가루 때문에 늘 알레르기에 시달리고 하루에도 여러 차례 생산량 독촉을 받았으면서도, 그는 웃음을 잃지 않았다. 필사적으로 일했다. 여기에서 밀리면 갈 곳이 없었다. 어렵게 온 이주노동이기에 뼈가 녹아내리는 한이 있어도 참아야 했다.

처음에 한국에서 가장 힘들었던 것은 음식 문제였다. 삼겹살을 유난히 즐기는 회식 자리가 부담스러웠다. 게다가 공장 식당에서 나오는 김치찌개에도 돼지고기가 들어 있었다. 한국인 동료들은 힘을 쓰려면 돼지고기를 먹어야 한다며 먹을 것을 종용했다. 콩비지 찌개에 들어간 돼지고기를 양고기라고 속이기도 했다. 식사 때면 온 신경을 썼다. 차츰 공장 생활에 익숙해지면서 안면이 트인 식당 아주머니에게 돼지고기가 들어갔느냐며 직접 확인했다. 식당 아주머니도 이슬람 씨를 위해 국을 따로 마련했다.

그 뒤 11년이 지난 지금, 그는 공장에서 철야만 전문으로 하는 노동자다. 인쇄 회로 기판PCB을 제작하는 공장에서 저녁 8시부터 아침 8시까지 일한다. 그렇게 받는 돈이 140만 원쯤 된다. 그는 80만 원 정도를 다카에 있는 가족에게 부치고, 나머지 돈으로 사글세를 내고 식료품을 구입해 생활한다. 그의 방에 놓인 가재도구는 간단한 옷장 하나와 텔레비전, 전기 히터, 카펫 정도다. 단출한 풍경은 그가 언제든지 이곳을 떠날 준비가 되어 있음을 보여 준다.

인천 가좌동 주택가에 있는 그의 쪽방은 항상 어둡고 냉하다. 온기 하나 없는 방에서 10여 년의 시간을 보냈다. 오로지 가족을 위한 삶이었다.

그가 부양해야 할 가족은 직계가족과 일가친척을 포함해 스물세 명이 넘는다. 이들의 도움이 아니었다면 한국으로 이주노동을 하러 올 수도 없었다고 했다. 방글라데시로 귀환하고 싶지만 가족의 생계를 책임질 대책이 없다. 최근에는 함께 방을 사용한 동료가 공장에서 출입국 관리사무소 직원의 단속에 걸려 잡혀갔다. 온기를 나누던 친구가 없는 방은 더욱더 싸늘하다.

그는 이 바닥에서 꽤 소문난 PCB 숙련공이자, 야간 근무에 이골이 난 경력자다. 사장도 그를 전폭적으로 믿고 모든 것을 일임한다. 10여 년 세월 동안 자리를 옮기지 않고 공장을 지켜 준 그를 한국 사람 못지않게 살갑게 대한다. 그가 야근만 전문적으로 하게 된 것은 상대적으로 주간보다 야간 업무가 미등록 이주노동자에게 많이 주어졌고, 수당도 15만 원 정도 더 받을 수 있기 때문이다. 하지만 출입국 관리사무소의 단속을 피하려는 목적이 크다. 최근에는 미등록자에 대한 저인망식 단속이 밤낮 없이 펼쳐지는 탓에, 언제나 쫓기는 삶을 살고 있다. 늘 방문을 걸어 잠그고 추방의 공포와 불안 속에 생활한다. 하지만 정작 그는 "한국이 고향인지 방글라데시가 고향인지 이제는 구분이 없다."라고 말한다.

야만이 양산되는 일상

현재 한국의 이주노동자는 63만 명을 넘고 있다(2008년 출입국·외국인 정책본부 통계). 이주노동자의 양적 증가를 세계 경제체제의 맥락에서 바라볼 필요가 있다. 저개발 국가는 값싼 노동력의 이주를 끊임없이 양산하는 저수지 역할을 한다. 대다수 아시아 나라들에서, 식민지를 경험한 역사는 파행적인 정치·경제체제로 이어지곤 했다. 전쟁과 빈곤을 체험하고 독재가 하나의 정치체제로 토착화된 아시아에서 산다는 것은, 강요당한 치욕에 내던져지는 삶을 산다는 것을 의미한다. 토대를 상실한 삶의 거처는 언제나 동요와 불안정 속에 존재할 수밖에 없다. 게다가 초국가주의로 발전되고 있는 세계 경제체제 아래, 아시아의 모든 나라에서 이주가 하나의 현상으로 자리 잡고 있다. 거대 다국적기업이 이윤을 추구할수록 가족해체가 진행되고, 아시아인들은 값싼 노동력을 제공하는 희생양으로 전락한다. 한 집안의 가장, 남편, 아버지로서 이주노동을 가는 것이 아니라, 사출직 노동자, 가구 배달 기사, 일용직 건설 노동자, 야간 일을 전담하는 노동자로 가는 것이다. 그가 그 나라에서 어떤 신분이었는지, 성장 배경이 어떻고 어떤 위치에 있었는지 따위에는 관심이 없다. 오로지 지시에 따르고 복종하는 건강한 노동력에만 관심을 가질 뿐이다.

김포 장릉 공단에서 일하고 있는, 파키스탄 라호르에서 온 자히드(34세) 씨는 함께 일하고 있는 동료들의 불평을 대변하다가 관리자에게 폭행을 당했다. 기숙사에 샤워 시설을 설치해 달라고 몇 차례 요구하자 대뜸 "집단행동을 하는 것이냐?"라며 자히드 씨를 지목해 폭행한 것이다. 그는 동료들보다 한국어를 좀 더 잘했기에 요구 사항을 알렸을 뿐이고, 샤워 시설을 설치해 달라는 것이 부당한 요구는 아니잖느냐며 관리자의 폭행을 이해할 수 없다고 했다. 그런데 회사 측에서는 자히드 씨에게 "너희 나라로 가."라면서 일도 시키지 않고 기숙사에 대기시켰다. 폭행을 당한 것도 분한데, 추방시키기까지 하겠다며 일방적으로 계약을 해지하는 것은 그에게 죽으라는 것과 다름없었다. 그날 밤 그는 사업장에서 이탈해 '불법체류자' 신분으로 전락했다.

스리랑카에서 온 아산카(29세) 씨도 사업장 폭행으로 미등록자가 되었다. 관리자의 작업 지시를 이해하지 못하고 일을 계속하자, 부아가 치민 관리자가 현장에 있던 작업 도구를 아산카 씨에게 집어 던졌다. 이를 이해할 리 없는 아산카 씨가 의문스러운 눈빛으로 쳐다보자 "뭘 쳐다보느냐?"라며 발길질과 주먹질을 해댔다. 그러고는 당장 공장에서 나가라고 소리쳤다. 아산카 씨는 고용안정센터를 찾아갔지만 담당자에게서 다시 돌아가 일하라는 말을 들었을 뿐이었다. 다시 돌아온 그에게 회사 측은 함께 일할 수 없다고 답변했다. 심지어 피해자였던 아산카 씨가 가해자로 둔갑해 있었다. 이제 그에게는 사업장을 이탈해 미등록자가 되는 길만 남았다. 일을 빨리 하지 못하고 쳐다보기만 한다는 이유로 폭력이 난무한다. 그것도 모자라 부당해고까지 당한다. 오늘날 이주노동자의 현실이다.

하지만 빈번하게 벌어지는 일이라 그런 것일까. 이제 사람들은 이주노동자의 현실에 주목하지 않는다. 한국에서 이주노동자의 입은 주장하거나 요구하기 위해서가 아니라, 노동력을 재생산할 수 있는 음식물을 섭취하는 용도에 머물러 있어야 한다. 이주노동자가 식물인간처럼 있기를 강요한다. 미등록자에게는 더 말할 나위가 없다. 의료보험비, 연금, 각종 세금을 내지 않는 대신 모든 혜택에서 배제된다. 구직할 필요가 있어도 고용안정센터에 자유롭게 갈 수가 없다. 몸이 아파도 병원은 엄두도 못 낸다. 친구를 만나고 싶어도 대중교통을 이용할 수 없다. 비싼 택시비를 내고 가야 한다. 한국인에게 폭행을 당해도 경찰서에 갈 수가 없다. 모국어로 쓰인 책 한 권도, 신문 한 장도 구경하지 못한다. 생활하는 방은 단출하다. 그저 번 돈을 고향에 송금하기 위해 살아갈 뿐이다.

그들에게, 사용자에게 가입 의무가 부과된 고용허가제 4대 보험(출국만기보험, 보증보험, 귀국비용보험, 상해보험)이나 〈근로기준법〉 등은 무용지물이다. 유엔의 모든 이주노동자와 그 가족의 권리 보호에 관한 국제 협약(이하 이주노동자권리협약) 역시 아무런 도움이 되지 못한다.* 기본권을 존중하고 선거권을 보장하는 민주주의 체제도 그들과는 무관하다. 연애도 금지된 채 오로지 '돈만 버는 기계'로 산다. 그들은 사람들 속에서 투명 인간으로 살아간다.

보이지 않는 인간

경기도 시흥에 있는 소파 공장에서 일하다 고향인 하노이로 자발적 귀환을 한 하이(33세, 베트남) 씨는 한국에서의 악몽 같은 일을 떠올리고 싶지 않다고 했다. 그는 한국에서 미등록 이주노동자로 10년간 일했다. 지금은 호치민에 진출한 한국 의류 회사에서 통역 겸 중간 관리자로 일하고 있다.

그가 악몽처럼 겪은 일은 체불임금을 받는 것이었다. 귀환하기 직전 1년간 일한 소파 공장에서 받아야 할 체불임금은 7백만 원 정도였다. 경기가 안 좋아 돈이 없다며 매달 20~30만 원 정도만 주면서 체불액이 늘어 갔다. 자신을 믿고 함께 일을 한 베트남 동료들 몫까지 치면 2천만여 원이 체불됐다. 사장은 "내일, 내일."이라고만 답하면서 계속 지급을 미뤘다. 노동부에 진정을 냈지만 지급 기일만 합의했을 뿐이다. 체불임금은 결국 받지 못했다. 노동부에서 체불임금 확인서를 받고 민사소송을 하기 위해 사장의 재산 내역을 조사했지만 사장 명의로 된 재산은 한 푼도 없었다. 체불임금을 둘러싸고 사장과 기나긴 줄다리기를 한 끝에 남은 것은 허탈감뿐이었다.

하이 씨만의 일이 아니다. 미등록 이주노동자라면 한 번 이상은 겪는 한국식 '임금 떼이기'다. 미등록 이주노동자에게 일을 시키면서 두어 달만 정상적으로 계산해 급여를 주고, 이후에는 그때그때 주머니에 돈이 잡히는 대로 20만 원이든 30만 원이든 시혜라도 베푸는 식으로 주는 것이다. 제대로 임금을 달라고 하면 "돈 없어."를 입에 달고 사는 것이 '한국 사장님'들의 한결같은 태도란다. 체불된 돈을 받기 위해 다른 사업장으로 옮기지도 못했단다. 그렇게 떼이는 돈이 1년 동안 번 돈과 거의 맞먹는다. 그는 한국에서 아시아 이주노동자를 대상으로 노동력을 강탈하고 인권을 침해하는 현대판 노예제도가 행해지고 있다고까지 말했다.

떠도는 육체와 영혼

많은 미등록 이주노동자들이 귀환을 꿈꾼다. 금의환향을 꿈꾸는 것도 아니다. 코리안 드림은 깨진 지 오래다. 대대적인 단속 기간이라도 시작되면 주변 동료들이 한두 명씩 보이지 않는다. 강제 출국을 당해 연락조차 두절된 채 사라진다.

이들은 미등록 이주노동이 이어질수록 우울증 같은 정신적 고통뿐 아니라 각종 산재 질환에 시달린다. 육체노동 과정에서 생긴 근골격계 질환이 많다. 인천 남동 공단에서 일하고 있는 무하메드 알리(33세, 파키스탄)씨는 허리를 쓰지 못해 한동안 일하지 못했다. 그는 현재 산재 판정을 받고 요양 중이다. 산재 승인을 받기까지 근로복지공단과 끈질기게 싸웠다. 산업 연수생으로 들어와 6개월째 일하던 어느 날, 30킬로그램 정도 되는 산업용 모터를 옮기는데 허리가 끊어지는 듯 아팠다. '잠시 쉬면 되겠지.' 하고 지나쳤다. 하지만 며칠 후 같은 작업을 하다가 일어설 수 없을 정도의 통증을 느꼈다. 병원에 가서 간단한 진통제 처방과 함께 물리치료를 받았지만, 그 뒤 무거운 것만 들면 허리가 아팠다. 다시 정밀 진단을 받으니 추간판 탈출증이라는 판정이 나왔다. 진단서를 챙겨 공장에 갔지만 인정할 수 없다고 했다. 물리치료나 몇 번 더 받으라는 말만 되풀이했다. 게다가 허리 통증으로 생산성이 떨어진다며 계약을 해지했다. 알리 씨가 항변했지만, 회사 측에서는 허리 통증은 지병이라는 이유로 대화조차 하지 않으려 했다. 졸지에 계약 해지를 당하고 미등록자가 된 그는 회사 측을 상대로 산재 신청을 요구했다. 다행히 추간판 탈출증이 일과 인과성이 있다고 증명되어 산재로 처리되었지만, 제때 치료를 받지 못해 몸은 이미 만신창이가 돼버렸다. 몸은 망가지고 정신은 황폐해졌다. 병든 몸을 받아줄 곳은 없다. 어쩌면 그는 이방인이 되어 떠돌아야 할지 모른다. 알리 씨는 귀환이 두렵다고 했다.

방글라데시에서 온 호세인(33세) 씨는 11년째 귀환하지 못하고 있다. 목재 공장에서 도장 일을 하다가 얻은 천식으로 오도 가도 못하는 처지가 되었다. 그나마 산재 판정을 받아 치료를 받고 있지만, 의사는 그가 평생

천식에 시달리며 살아야 한다고 했다. 그는 방글라데시에 갈 수 없다. 그나마 받고 있는 치료조차 끊기기 때문이다. 고국에서 아내와 딸이 애타게 기다리지만, 병에 걸려 돌아가지도 못하는 처지가 한탄스럽기만 하다.

귀환하지 못하고 미등록자로 전전하는 것은 스리랑카에서 온 아누라(29세) 씨 역시 마찬가지다. 이미 세 차례 사업장을 변경해 더는 공식적으로 구직 활동을 할 수 없어 미등록자가 되었다. 그는 고용허가제로 2006년 11월에 들어와 김포에 있는 조그만 도장 공장에 취업했다. 하지만 회사가 도산해 2개월도 다니지 못하고 직장을 옮겨야 했다. 새로운 직장에서는 화재가 발생해 3개월도 일하지 못하고 그만두었다. 세 번째 공장에서는 관리자에게서 구타를 당했다. 불량을 낸다는 것이 이유였다. 그는 불량률에 따른 급여 공제에 동의한다는 각서를 쓴 뒤에야 다시 일할 수 있었지만 '빨리빨리' 재촉해 대는 작업장 분위기를 따라잡을 수 없었다. 그런 그의 태도에 불만을 가진 관리자가 재차 폭행했다. 적반하장으로 회사 측은 그를 근무 태만과 불성실로 고용안정센터에 신고했다. 한국에 들어온 지 1년을 갓 넘겼을 때였다. 그는 매번 회사를 옮기는 바람에 돈을 모으기는커녕 빚만 눈덩이처럼 쌓였다고 했다. 송출 비용을 갚아야 귀환할 수 있기에 지방에 있는 친구들에게 수소문하며 취직자리를 부탁해 봤지만 불경기가 심해 일자리를 구하지 못한 지가 벌써 3개월째다.

불온한 인간의 탄생

한국 사회에서 이주노동자가 주장하고 발언하는 것은 금기다. 집회와 결사의 자유를 외치는 즉시 추방당한다. 한국에서 이주노동자의 발언은 정치적 의미를 가진다. 주장하는 영혼은 불온한 것이다.

한국에 산업 연수생으로 와서 회사의 부당한 요구에 항의했다는 이유로 미등록자가 된 이슬람(32세, 파키스탄; 2부 "우리는 노예가 아니다") 씨는 "임금을 달라는 요구를 외면하고 우리를 해고하고 불법 취업자로 만들었다. 강제 출국 조치를 내렸다. 우리는 이 땅에 노예로 온 것이 아니다. 우리를 가지고 장사하지 마라. 우리는 사고파는 물건이 아니다. 우리에게도 정당한 요구를 할 권리가 있다는 것을 알아야 한다."라고 주장했다.

미등록 이주노동자를 대대적으로 단속하는 배경에는 이들을 불온하게 여기는 정서가 깔려 있다. 이주노동자의 집단적 요구와 정치적 발언이 증가할수록 단속도 심해진다. 조합을 만들고 이라크 파병 등에 목소리를 내는 이주노동자들의 활동에 공안 정치를 방불케 하는 단속이 진행되고 있다. 경제적 요구에서 정치적 요구로 발전될 수 있는 이주노동운동을 봉쇄하려는 의도가, 이주노동자에 대한 근본적 대안을 마련하지 않은 상황에서 얼마나 실효성이 있을까.

미등록 이주노동자에 대한 대대적 단속에는 이주노동자를 잠재적인 범죄군으로 몰아가는, 한국 사회의 천박한 인권 의식이 놓여 있다. 외국인 범죄율의 증가와 내국인의 일자리 잠식, 저소득층 증가, 거주 지역 슬럼화 등 사회적 갈등을 초래할 불온한 세력으로 이주노동자를 지목함으로써, 이들을 사회적 위기의 희생양으로 삼고 있는 것이다.

김포에서 일하고 있는 하킴(30세, 방글라데시; 3부 "나는 누구인가") 씨는 "이주노동자를 잠재적 범죄자로 몰아가는 한국 정부는 모든 노동자에게 범죄 낙인을 찍으려 하는 것과 같다."라고 일침을 가한다. 또한 그는 "미등록 이주노동자를 합법화하고 자유로운 노동권을 보장하는 것이야말로 한국 사회가 그처럼 떠들어 대는 다문화 사회에 부합하는 조치가 아니겠는가."라고 말한다. 그러면서 그는 현재 정부가 주도하고 있는 다문화 정책은 모든 이주민과 이주노동자를 들러리로 내세울 뿐인 '인종 페스티벌'이라고 몰아붙인다.

"제발 때리지 마세요." "우리는 노예가 아니에요." 1995년 1월, 열세 명의 네팔 산업 연수생들은 온몸을 쇠사슬로 묶은 채 명동성당에 모여 여권 압류, 감금 노동, 폭행·폭언, 장시간 저임금 노동 등에 항의했다. 이들이 폭로한 인권유린 사례는 당시 우리 사회에 큰 충격을 안겼다. 그로부터 13년이 지난 지금, 여전히 한국의 이주노동자는 벼랑에 몰려 있다. 날로 증가하는 표적 단속과 추방, 사업장 내 폭행과 임금 체불은 어제오늘 이야기가 아니다. 게다가 국제결혼이 급증하면서 외국인의 정주화가 진행되고 있음에도, 3D 업종을 떠맡을 주체로서 이주노동자를 받아들이고 있음에도, 여전히 한국 사회는 이들에게 차가운 시선을 보내고 있다. 이주노동자에 대한 배타적 태도와 부정적 편견은 언제나 인종차별을 부추길 위험성을 내포한다.

인천 남동 공단에서 일하고 있는 샬림(29세, 파키스탄) 씨는 "우리의 노동력은 불법이 아니다. 하지만 한국의 많은 사장들은 우리의 노동력을 최저임금 수준에도 못 미치게 대우한다. 그것으로도 부족해, 식비와 기숙사비를 제하고, 일이 없을 때는 무노동 무임금을 적용한다. 실제로 남는 것은 착취받는 몸밖에 없다는 분노가 인다."라고 말했다.

미국·프랑스 등 제1세계 출신 미등록자에게는 출국 고지만이 전달되지만, 아시아·아프리카 출신자에게는 인간 사냥을 방불케 하는 폭력적인 단속과 구금, 그리고 강제 퇴거가 자행된다. 또한 방글라데시·네팔·파키스탄 등의 나라에서 한국인으로 귀화한 시민권자에게는 여전히 가족 초청이 허용되지 않는다. 이주노동자노동조합(이하 이주노조) 지도부에 대한 표적 단속과 최소한의 법적 절차도 무시한 강제 퇴거 집행에서, 한국 정부가 얼마나 배타적인 인종차별 정책으로 일관하고 있는지를 엿볼 수 있다.** 하루빨리 이주노동자권리협약을 비준해야 할 이유이기도 하다.

세계를 강타한 금융 위기와 경기 침체로 극심한 생존의 위기를 겪고 있는 요즘, 이주노동자는 여러 겹의 고통에 시달린다. 그들이 어디로 가야 하는지는 알 수 없다. 하지만 이주노동자가 '불온한, 너무나 불온한 인간'으로 재탄생될 수밖에 없는 현실은 뚜렷하기만 하다. (2008.12)

• 이주노동자권리협약에는 "이주노동자의 체류 또는 취업이 비정규직이라는 이유로 인하여 이 원칙[평등 대우의 원칙]으로부터 파생되는 어떤 권리도 박탈당하지 않을 것을 보장하기 위하여 모든 적절한 조치를 취하여야 한다"제25조 3항라고 명시되어 있다. 전 세계 38개국이 비준했다.

•• 2005년 5월 이주노조가 결성된 이후, 초대 위원장 아노아르 후세인(방글라데시) 씨는 취임 20일 만에 단속에 걸려 구속됐고, 4기 위원장 림부 토르너(네팔) 씨는 한 달 만에 강제 추방되는 등 지도부는 출입국 관리사무소의 표적이 되었다. 게다가 미등록 상태였던 이들과 달리 '합법적 신분의 첫 위원장'이었던 미셸 카투이라(필리핀) 씨조차 법무부에서 제기한 '위장 취업' 의혹에 시달리다 2012년 2월 자진 출국했다. 한편 이주노조는, 2007년 2월 서울고등법원에서 그 합법성을 인정한 바 있지만 그 뒤 관련 소송이 대법원에서 7년간 계류되어 있는 탓에, 현재 법외 노조로 남아 있다.

3부____

그림자

없

는

삶

세상이 옛날처럼 돌고 있다

모든 사람이 자기 자리에서 항상 바쁘다

달과 태양 그리고 별들이 옛날처럼 빛을 주고 있다

하지만 나의 마음은 어둡다

나는 왜 나처럼 되었나

나의 마음은 아프다

어느 날 하루 나는 마른 꽃처럼 마음도 말랐다

당신은 나를 알아도 알려고 하지 않았다

나는 바보처럼 당신에게 다가가고 있다

하나의 진실을 꼭 잡으면서

너는 나를 버린다 나를 바보라고

그래도 나는 왔다 당신의 사랑을 위해

당신은 나를 모른다 하늘은 있지만 구름이 없다

나는 어디에도 없다

바람은 있지만 나는 어디에도 없다

———하킴, "아무도 모른다, 나를"

이주노동자,
이주민이 직접
만든 탈이다.

자스민의 인생 유전

마닐라에서 태어난 자스민(41세) 씨는 스무 살에 싱글맘이 되었다. 미혼모로 1남 1녀를 낳았고, 남자는 다른 여자와 결혼했다. 두 아이의 엄마로서 가족의 생계를 책임져야 했던 그녀는 유치원 교사로 일했다. 그러나 삶은 빈곤해져만 갔다. 어느새 아이들은 취학 연령이 되었고, 자스민 씨는 오로지 아이들의 부양을 위해 살았다. 그녀에게 운명은 거대한 쇠사슬처럼 옥죄어 왔다. 달리 탈출구가 없었다. 다람쥐 쳇바퀴 같은 삶을 벗어나고 싶었다. 늘 '새로운 길'을 꿈꿨다. 새로운 삶이 펼쳐진다면 이보다 못한 삶을 살지 않으리라 되새겼다.

그러던 어느 날 직장 동료에게서 국제결혼 제안이 들어왔다. 그녀는 잠시 망설였지만, 더 나아지지 않는 삶의 굴레를 벗어나는 길은 그뿐이라고 생각했다. 결혼 중개 업소를 통해 한국에서 온 남자와 한 번 만난 뒤 바로 서류상으로 결혼을 하고 초청을 받아 한국으로 왔다. 모든 일이 일사천리로 진행됐다. 그녀는 사랑이란 만들어 가면 된다고 생각했다. 경제적 뒷받침만 되면 행복을 얻을 수 있으리라 믿었다. 그녀도 알았다. 1남 1

녀를 둔 그녀에게 결혼은 조심스러운 일이었다. 더욱이 문화와 정서가 다른 나라로 결혼 이주를 한다는 것도 쉬운 결정이 아니었다. 하지만 그녀에게 결혼은, 대물림되는 가난에서 벗어나는 일이자 아이들을 먹여 살리는 일이었다. 그리고 행복을 찾는 일이었다. 지금보다 더 나은 삶이 있다면 가시밭길도 걸을 작정이었다. 새로운 삶은 언제나 설레는 기대와 흥분임을 그녀 또한 잘 알고 있었다. 딸과 아들을 남겨 두고 마침내 필리핀 마닐라를 떠나 한국의 홍천으로 결혼 이주를 했다.

하지만 홍천은 도시에서 자란 그녀가 상상했던 곳과 달랐다. 고추와 옥수수 농사를 짓는 전형적인 산골에다가, 남편에게는 전처와의 사이에서 난 딸과 시부모가 있었다. 도시 생활에 익숙한 자스민 씨가 산골 아낙네의 삶에 적응하기란 좀처럼 쉽지 않았다. 더욱이 남편과 새로운 인생을 시작하고 싶었지만 무뚝뚝한 남편은 쉽사리 마음을 열지 못했다. 자신을 아내로 생각하기보다는 식모로 여기는 것은 아닌지 의문이 갔다.

게다가 시부모를 모시는 일이 무척 낯설었다. 남편을 알아 가는 것만으로도 벅찬데, 시부모까지 모시고 함께 생활한다는 것은 버거운 짐이었다. 후처로 들어온 그녀에게 온갖 잔소리가 쏟아졌다. 자신을 노예처럼 부리고 있다는 생각이 들기 시작하자 시부모의 살가운 관심조차 이해하기 어려운 간섭으로 여겨졌다. 남편과 잘 지내면 된다는 애초의 생각도 시부모를 모시면서 연기처럼 증발했다.

도시에서만 생활해 온 자스민 씨에게, 시골은 정서적으로 포근하고 인정 넘치는 곳이 아니었다. 열두 가구가 전부인 동네에서 젊은 사람은 그나마 그녀뿐이었다. 시간이 지날수록 자신이 꿈꿔 온 행복은 이런 것이 아님을 깨달았다. 남편과 만들어 가는 사랑도 좀처럼 뜨거워지지 않았다. 애정 없이 부부로 산다는 것은 의미가 없었다. 결국 갈등 속에서 7년을 살아온 자스민 씨는, 남편과 별거를 선언하고 일곱 살 난 아들과 필리핀에서 데려온 딸과 함께 홍천을 떠났다. 그리고 무작정 일을 찾아 도시로 왔다.

그녀는 핸드폰 조립 공장에서 일한다. 한 달에 90만 원 정도를 벌고, 저녁 8시에 퇴근해 아들과 딸을 위해 밥을 짓고, 함께 저녁밥을 먹는다. 마닐라에 두고 온 아들과 한국에 데려온 딸, 그리고 한국에서 낳은 아들을 위해 한국의 여느 아줌마처럼 억척스러운 삶을 살고 있다.

　아들이 초등학교에 입학하면서 새내기 학부모가 된 자스민 씨는 요즘 눈코 뜰 새 없이 바쁘다. 아들이 학교에서 적어 온 알림장을 이해하는 일은, 알 수 없는 암호문을 해독하는 것처럼 어렵다. 도통 무슨 말인지 알 수 없을 때는 이웃집 아주머니에게 도움을 요청한다. 밤늦게 알림장을 들고 문을 두드리기가 내키지는 않지만 어쩔 수 없는 일이다. 잔업까지 하고 들어온 날은 몸이 천근만근처럼 무거워 알림장 챙기는 일이 그야말로 고역이다. 가끔씩 신나 냄새 때문에 현기증이 일 때도 있다. 하지만 아들이 건강하게 자라는 것만으로 행복하다. 말수가 유난히 적은 아이가 또래 친구들과 사귀면서 밝아지는 모습을 보며 안도한다. 혹시 발달 장애라도 겪는 것은 아닌지, 언어 능력이 뒤처지고 수줍음을 많이 타서 따돌림을 당하는 것은 아닌지 적이 걱정했다. 다행히도 아이가 학교생활에 적응해 가는 모습을 보니 대견하고 고마울 따름이다.

그래서인지 자스민 씨가 일을 끝내고 퇴근하는 길은 종종걸음이다. 집에서 기다릴 아들과 딸이 눈에 밟힌다. 옥상 텃밭에 물도 줘야 한다. 집으로 오는 길에 그녀는 시장 좌판에 깔려 있는 봄나물에 몇 번이나 눈이 갔다. 한국 생활을 12년 하니, 봄나물쯤은 쉽게 구분할 수 있는 눈썰미가 생겼다. 알싸하게 아리는 두릅 맛은 그녀에게도 잊지 못할 봄의 맛이다. 그도 그럴 것이, 그녀가 처음 한국으로 시집온 곳이 강원도 홍천 아닌가.

하지만 그녀는 고개를 절레절레 흔든다. 어쩌다 홍천이 떠오를 때도 있지만, 공장에서 일하는 지금이 행복하다. 새록새록 모이는 돈도 돈이거니와, 도시의 활기찬 움직임이 그녀에게는 희망이기 때문이다. 도시의 공기가 그녀에게는 자유이기 때문이다. 홍천에 있는 남편에게 도시에 와서 살자고 몇 번 말했지만, 메아리로 돌아올 뿐이다. 하긴 남편이 평생 살아온 고향을 등지고 도시로 오기도 결코 쉽지 않을 것이다. 하지만 자스민 씨는 그런 남편을 다 이해할 수는 없다.

자스민 씨에게 가족의 의미를 물었다. 그녀는 '끈'이라고 했다. 서구식 가족 관계에 익숙한 그녀에게 뜻밖의 대답이다. 마닐라에서 싱글맘으로 살아오며 겪었을 삶의 무게를 헤아리면 내려놓고 싶은 짐처럼 여겨질 법도 할 가족이, 그녀에게는 희망이란다. 그녀는 필리핀에 두고 온 아들과 이곳의 가족이 옹기종기 모여 함께 저녁밥을 먹는 꿈을 꾼다. 그래서 더욱 억척스러워진다.

다시 그녀에게 물었다. 왜 사랑 없이 한국 사람과 결혼을 꿈꿨느냐고. 행복해지고 싶어 결혼을 택했다는 대답이 담담했다. 지긋지긋한 가난을 벗어나 또 다른 삶의 기회가 주어진다면 놓치고 싶지 않다는 마음이 간절했다고 한다. 그러고는 몇 마디 덧붙였다. 결혼을 통해 한국 사회에서 진실한 사랑을 키우는, 유쾌하고 행복한 삶을 꿈꿨다고 했다. 새로운 기회를 얻기 위해, 새로운 삶의 방식과 환경을 만들기 위해 결혼한 것이라고 했다. 경제적인 이유도 있다고 털어놓았다. 돈을 벌어 가족을 돌보고, 자신도 성공적인 인생을 살고 싶었다고 했다.

그녀는 많은 결혼 이주가 그렇듯이 언어와 문화가 달라 서로에 대해 제대로 표현할 수 없는 현실이 불화와 오해를 낳는다고 했다. 언어와 문화의 차이에서 오는 다름을 이해하지 못한 채 틈을 안고 시작한 결혼 생활이 행복할 수 없었던 것은 어쩌면 당연할지 모른다.

최근 결혼 이주의 문제점에 대해 그녀도 잘 알고 있다. 자기 주변에도 결혼 중개 업소를 통해 이주한 아시아 여성이 많다고 했다. 고용허가제로 올 경우 큰 비용을 지불해야 하지만, 결혼 이주에는 비용이 들지 않기 때문에 지금도 결혼을 통해 이주를 감행한다고 했다.

자스민 씨는 결혼 이주민에게 배려와 동정의 시선을 보낼 것이 아니라, 사람으로 당당하게 살 수 있는 사회적 여건을 마련해야 한다고 했다. 그러기 위해 결혼 이주민들이 한국의 언어와 문화를 배울 수 있는 기회가 더 많이 제공되었으면 좋겠단다. 돈을 보고 한국에 팔려 온 외국인이 아니라, 새로운 삶을 찾기 위해 길을 나선 사람으로 대해 주기를 바랐다.

나는 묻는다. 현재보다 좀 더 나은 삶은 있는가? 현재와 같은 삶의 방식을 바꿀 수는 없는가? 누구라도 이런 질문에 답하기는 쉽지 않다. 사람들은 행복을 꿈꾼다. 동상이몽일지라도, 누구나 행복에 이르는 길을 찾는다. 그 길을 찾아 지금도 많은 이들이 이주의 삶을 선택하고 있다. 하지만 저 질문에 답하기 위해서는 세계화라는 거대한 괴물과 싸워야 한다. 주변부로 떠밀려 오는 삶에 대한 자각이 없다면, 이주란 한낱 장밋빛 환상에 지나지 않기 때문이다.

이주는 목숨을 건 용기 있는 행동이다. 특히 결혼 이주는 단순히 삶의 질을 높이기 위해서만이 아니라, 꿈을 위해 탈출하는 것이라는 표현이 더 적절할지도 모른다. 하지만 본질적으로 결혼 이주란 세계화가 진행되는 과정에서 본격화된, 값싼 노동력의 이동이 아닐까. 주변부화되는 세계 질서 체제 속에서 불안한 삶에 대해 마련한 자구책이 이주라면, 그중에서도 오늘날 국경을 넘어 또 하나의 문화로 정착하고 있는 결혼 이주란 세계화의 그늘이 점점 심화·확장되고 있음을 알리는 지표가 아닐까. (2008.5)

당신, 꿈에 와주세요

실라 씨는 한국에서 17년간 여성 노동자로 살았다. 처음 5년 동안 무려 열여섯 군데의 공장을 전전했고, 최근까지 다닌 공장에서는 10년간 검사반에서 일했다. 철새도 아닌데 공장 열일곱 군데를 떠돌았던 사연에는 사뭇 눈물이 배어 있다. 아들 때문이었다. 그녀의 아들은 올해 공업계 고등학교에 입학했는데, 당시 돌을 막 지난 아이의 의료보험증을 만들기 위해 그토록 시름겨운 삶을 선택해야 했던 것이다. 실라(44세) 씨는 이 시기를 인생에서 가장 어렵고 비참했던 때로 기억하고 있다.

"남편과 3년 조금 넘게 함께 살았는데, 백혈병으로 갑작스럽게 죽었어요. 우리 아이가 17개월이 막 지난 무렵이었어요."

1992년이었다. 관광 비자로 한국을 방문한 그녀는 아르바이트 제의를 받아 한 달 동안 인천의 남동 공단에서 일했다. 그곳에는 운명적인 만남이 기다리고 있었다. 플라스틱 성형을 하던 회사였는데 공장 대리로 있던 남편을 만난 것이다. 다시 필리핀으로 돌아간 그녀를, 어느 날 남편이 여름휴가를 받아 찾아왔다. 그러고는 그녀에게 청혼했다. 처음에 집안에서는 문화적 차이 탓에 불편할 것이라면서, 한국 남자와의 결혼을 극구 말렸다. 하지만 남편이 한 달 내내 끈질기게 구애한 끝에 결국 결혼 승낙을 받아 결혼식을 올리고 한국으로 왔다.

신혼 초에 서로 말은 통하지 않았지만 둘 다 꿈에 부풀었다. 대다수 결혼 이주 여성이 그렇듯 낯선 문화에 적응하기가 어렵기는 했지만, 사랑하는 사람과 함께할 수 있다는 것만으로도 행복했다. 평소에 술을 즐겼던 남편은 친구를 가까이하고 공장 생활에도 만족했다. 낙천적으로 살아가는 유쾌한 사람이었다. 그렇게 시간이 흘렀고 어느새 아이도 태어났다. 그런데 누군가 행복을 시기하기라도 했는지, 남편의 죽음이라는 불행이 찾아왔다. 그때부터 그녀의 삶은 형언할 수 없는 고통의 연속이었다.

"결혼 초에 한국말을 전혀 하지 못했어요. 간단한 인사말 정도만 할 수 있었어요. 그런데 남편이 죽자 모든 것을 혼자 힘으로 해야 했어요."

함께 살던 시동생은 집을 나갔고 시누이와도 연락이 끊겼다. 남편은 죽기 전에 병상에서 자신이 죽으면 아이는 자기 누나에게 맡기고 새로 시집가서 잘 살라는 말을 남겼지만 그렇게 할 수 없었다고 한다.

"남편이 말했어요. 자신이 죽더라도 친구들이 잘 돌봐 줄 거라고. 하지만 평소에 그렇게 찾아오던 친구들도 남편이 죽은 후에는 아무도 찾아오지 않았어요. 심지어 친척조차 찾아오지 않았어요. 아마도 제가 외국인이라서 그랬던 것 같아요. 그리고 모두 살기가 어려웠던 모양이에요."

남편의 죽음은 청천벽력 같았다. 갓 돌이 지난 아이를 데리고 살아가야 한다는 것을 감당하기 어려웠다. 필리핀으로 돌아가고 싶어도 현실적인 여건이 그녀의 발목을 잡았다.

"우유 살 돈도 없었어요."

일주일에 2백만 원씩이나 드는 남편의 병원비를 대느라 퇴직금으로 받았던 돈조차 한 푼도 남지 않은 상황이었다. 다니던 성당의 수녀님이 도와줘 가까스로 아이의 우윳값과 월세를 마련할 수 있었다. 그때부터 그녀는 일자리를 찾아 나섰다.

"처음 일한 곳은 영어 학원이었어요. 그런데 미국이나 오스트레일리아 출신의 강사들은 급여가 높은 편이었지만, 저 같은 경우는 필리핀 사람이라서 시간당 5천 원에, 그나마 강의도 아르바이트 수준으로 주었어요. 50만 원쯤 되는 월수입으로는 아이 우윳값과 어린이집 탁아비, 월세를 낼 수 없었어요."

어린이집에 아이를 맡기고 월세라도 안정적으로 내기 위해서는 고정급이 필요했다. 그래서 선택한 것이 공장 취직이었다.

"5년간 공장을 열여섯 군데나 다녔어요. 아이가 아프면 병원에 가야 하는데, 의료보험증을 만들어 주지 않는 거예요. 그래서 3개월 정도 다니다가 의료보험증을 만들어 주지 않으면 그만두고 다른 공장으로 가곤 했어요. 게다가 공장에 출근하려면 아침 7시에 아이를 어린이집에 맡겨야 했어요. 그런데 그 시간에 맡아 주는 어린이집이 없는 거예요. 사정을 얘기해서 겨우 아이를 맡기긴 했지만, 저녁 7시면 찾아와야 하는데, 강제로 잔업을 시키는 공장에 있을 때는 아이를 데리러 갈 수 없었어요. 그런 날은 온통 마음이 시커멓게 타는 것 같았어요. 목까지 차오르는 눈물을 참을 수 없었어요. 할 수 없이 공장을 그만두고, 새로운 공장에 가고, 잔업으로 아이를 못 찾게 되면 또 그만두고……. 그렇게 공장을 열여섯 번이나 옮겨야 했어요."

그때는 사는 것이 그야말로 전쟁이었다고 했다. 아침 7시에 아이를 어린이집에 맡기고 저녁 7시까지 곧장 와서 아이를 찾아 집으로 데려가는 일이 반복되었다. 그렇게 생활하다 보니 아이도 자신도 지쳤다. 결국 아이를 필리핀에 있는 친정으로 보내야 했다. 한국에서 일하는 내내 단 한순간도 아이를 잊을 수 없었다. 눈물로 하루하루를 견뎠다.

그녀는 자신이 점점 미로 속을 헤매는 듯했단다. 끝없이 일해도 허덕이는 삶에서 벗어날 수 없었다. 부모에게 실패한 삶을 보여 주는 것보다 더 두려운 것은, 아이에게 실패한 삶을 물려주는 어머니가 되는 것이었다. 그때마다 스스로 다짐하곤 했다. 아이와 함께 살기 위해 그녀는 더욱 악착같이 미궁 같은 삶과 전쟁을 치렀다.

"아이가 일곱 살 때였어요. 아이는 필리핀 여권이 없었어요. 한국 아이잖아요. 그래서 필리핀 공립학교에서 공부할 수도 없었어요. 학교에서 받아 주지 않아 다시 한국으로 데려왔어요. 또 나는 엄마니까, 아이가 보고 싶어서 다시 데려왔어요. 직장을 다녀야 했으니 아이를 다시 어린이집에 맡겼는데, 어린이집에서 집으로 돌아와서는 매일 혼자 있어야 했어요. 토요일은 어린이집이 안 열어서 온종일 혼자 있었어요. 그게 가장 가슴 아팠어요. 그럴 때면 이렇게 얘기했어요. '엄마는 회사 가니까 너 혼자 있어야 해. 무슨 사고 나면 그냥 밖에서 기다려. 불이 나거나 하면 무조건 아무것도 챙기지 말고 그냥 나가.' 어쩔 수 없이 저녁 9시쯤 퇴근하는 날이 있으면, 아이가 그때까지 혼자 기다리면서 밥을 굶었어요. 보기 딱했던 이웃들이 엄마한테 종이쪽지를 남기고 함께 가서 밥을 먹자고 했지만 싫다고 했대요. 엄마는 한글을 못 읽는다면서요. 엄마가 집에 오면 문 열어 줄 사람이 없어서 아이가 기다렸어요. 음식도 제대로 먹여 준 적이 없었는데, 가슴으로 큰 것 같아요."

그녀는 최근 무역 회사에서 통역 일을 시작했다. 10년 동안 다닌 직장을 그만두고 10개월간 고용 보험 수급자로 생활하다가 고용지원센터에서 마련해 준 회사에 취직했다. 그 사이 많은 것이 변했다. 월세를 전전했는데, 저축해 둔 돈과 퇴직금으로 전세를 얻었다. 갓 돌이 지났던 아이도 벌써 중학교를 졸업해 공업계 고등학교에 진학했다. 실라 씨도 그동안 배우지 못한 한국어 공부를 시작했다.

"제가 한국에 온 17년 전에는 요즘처럼 결혼 이주 여성에게 한국어를 가르쳐 주는 곳이 없었어요. 그러다 보니 한국말을 제대로 배우지 못했어요. 한번은 고용지원센터에서 재취업 서비스로 요리 학원을 권해 줬어요. 학원에 갔는데 강의하는 내용을 전혀 알아들을 수 없었어요. 저만 따로 가르쳐 줄 수도 없고, 결국에는 포기해야 했어요. 그때 알았어요. 한국어를 공부해야겠다고. 그래서 고용지원센터 상담자 분에게 '저 한국어를 배우게 해주세요.' 하고 말했어요."

그녀에게 한국에서의 지난 세월 중에서 행복했던 시절을 꼽으라고 하니, 남편과 살던 신혼 초와 재취업 기간 동안 실업 급여를 받으면서 한국어 공부를 할 때였다고 한다. 같은 처지에 있는 결혼 이주 여성들도 만날 수 있어 좋았단다.

"비로소 아이 엄마가 된 기분이었어요. 학교에 가는 아이를 배웅하고 마중하는 일이 너무 좋았어요. 음식을 차려 아이에게 먹이고, 그토록 배우고 싶은 한국어도 공부할 수 있었어요."

그녀는 실업 급여를 받으며 한국어를 공부할 수 있어서 너무 좋았다는 말을 몇 번이나 되풀이했다. 한편으로는 구직 기간 동안 직업교육을 받고 싶었지만, 한국말을 알아듣지 못해 결국 포기해야 했던 일은 아쉽다고 했다. 자신처럼 한부모가정의 경우에는 직업 재활 교육이 절실한데도, 여기에서도 의사소통 문제가 큰 걸림돌이 된다고 했다. 외국인이라고 특별히 대우해 달라고 하고 싶지는 않지만, 의사소통이 원활하게 안 되는 결혼 이주 여성에 대한 배려는 필요할 것 같다고 했다.

"한국에 온 지 10년 넘은 사람들이 오히려 한국말을 못해요. 한국어를 체계적으로 배울 수 없었으니까요. 앞으로 계속 한국어 공부를 하고 싶지만 저처럼 돈을 벌어야 하는 사람은 배울 기회가 거의 없어요. 요즘 집으로 찾아오는 방문 교육도 있다는데, 한국에 온 지 3년 이하의 여성이 우선이래요."

실라 씨는 의사소통을 제대로 못해서 자신이 표현하고 싶은 것을 전달하지 못한 경우가 많았다고 했다.

"동사무소 가면 외국 사람이라서 그런지 자세히 안 알려 줘요. '뭐 필요해요? 쌀 필요해요? 돈 필요해요?' 그런 식으로 말하니까 가기가 싫어요. 갔다 오면 너무 상처를 받아요. 일 준다고 해서 동사무소에 갔는데, 제대로 못 물어보니까 결국에는 상처만 받고 와요."

어려운 일을 겪을 때마다 죽은 남편이 떠오른다고 했다.

"지금도 사랑해요. 너무 따뜻했어요. 그때가 내 인생에서 가장 행복했어요. 근데 안 좋은 일이 생기면 꿈에 나타나요. 좋은 일 생기면 무서운 얼굴이 아니라, 깨끗한 얼굴로 나타나요. 지금도 머리끝에서 발끝까지 다 생각나요."

지금도 가끔씩 꿈에서 남편을 만난다고 했다. 외롭고 힘들 때마다 꿈에서라도 남편을 만나고 싶다고 했다. 특히 사람들에게 상처를 받은 날이면 남편이 더욱 보고 싶어졌다.

"혼자 살면 사람들이 농담을 해요. 그런 거 싫어요. 남편 없으니까. 심지어 사람들이 함께 살자고 해요. 혼자 사니까, 남편 없으니까. 남편 없는 것을 알면 사람들이 자꾸 '함께 살아. 도와줄게.' 하면서 성적으로 놀려요. 어떤 사람은 2만 원 줄 테니 함께 자자고 해요. 특히 야근할 때, 젊은 애들이나 같이 일하는 사람들이. 그럴 때는 너무 힘들어요. 여러 사람 중에는 나쁜 사람도 있어요. 내가 외국인이라고 해서, 안 좋은 생각 하고, 안 좋은 말을 하는 사람이 있어요. '외로운 밤 있으면 나한테 연락해 줘.' 외로운 밤? 그게 무슨 말이냐고 물으면 대답 안 해요. 나중에 알았어요. 그럴 때는 정말 죽고 싶어요."

이런 상처에 비하면 몸 고생하는 것은 아무것도 아니라고 했다. 고생은 누구나 하는 것이고, 건강하고 아이도 있으니 얼마든지 참을 수 있다고 했다. 이보다 더 힘들 때가 한두 번이 아니고, 넘은 고비 또한 헤아릴 수 없이 많다. 그녀는 지금까지 살아온 힘이 자신이 어머니이기 때문이라고 힘주어 말했다.

"고생은 누구나 하는 거예요. 돈은 벌면 돼요. 건강하니까. 공장에 다니면서 손가락 없는 사람을 많이 봤어요. 어떤 사람은 열 손가락이 없는 거예요. 그래도 살아요. 못 먹으면 다 같이 배고파요. 하지만 다 함께 먹으면 다들 배부르잖아요. 사람은 다 똑같아요. 지금도 옛날 생각이 나요. 옛날에도 회사에서 일할 때, 잔업이 있어 늦게 가면 아이가 먹을 것이 없었어요. 혼자 굶고 기다리고 있었던 거예요. 잔업을 해서 시장도 못 갔어요. 하지만 라면하고 쌀만 있으면 먹고살 수 있었어요."

그녀의 목소리에 힘이 배었다. 그러면서 그녀는 지금까지 꿈조차 꿀 수 없는 삶을 살았다고 했다.

"어느 날이었어요. 구직 활동을 하기 위해 고용지원센터를 갔는데, 내게 묻는 거예요. '실라 씨, 하고 싶은 일이 뭐예요? 꿈 있어요?' 그때 순간적으로 생각했어요. '아, 맞아. 나 꿈 있어요.' 내내 잊고 살다가 그때 기억이 났어요. 17년 동안 새까맣게 잊고 있었던 거예요. 처음에 한국에 왔을 때 꿈이 있었어요. 요즘은 잠자리에 들기 전에 '보고 싶은 당신, 꿈에 와주세요. 제발, 내 꿈을 이루게 해주세요.' 하고 빌어요."

얘기를 듣다 보니 어느덧 자정이다. 아들이 내일 학교에 가야 한다며 자리에서 일어났다. 밖으로 나오니 비가 내린다. 그녀의 얘기를 듣다 보니 17년간의 생활이 어두운 터널처럼 아득하게 다가왔다. 이제 겨우 빠져나오고 있지만, 아직도 터널 끝이 어디인지 알 수가 없는 것은 무슨 연유일까. 그녀의 책임만은 아닐 것이다. 아득바득 악다구니하며 살아도 끝이 보이지 않는 것이 어쩌면 우리네 삶일 것이다.

자리에서 일어날 때, 그녀에게 "꿈이 뭐예요?" 하고 마지막으로 물었다. "다음에 말해 줄게요." 그녀의 대답이었다. 다시 묻고 싶었지만 그만

두기로 했다. 누구나 말하고 싶지 않은 자신만의 꿈이 하나쯤 있을 테니. 다시 만나면 그 꿈을 들을 수 있을까. 이쯤에서 생각을 끊었다. 차창으로 봄비가 떨어져 번졌다. 봄의 초입으로 향하는 비다. 겨울을 떨친 비가 그치면 봄이 더 가까이 올 것이다. 낮에 봤던 라일락의 씨눈이 떠올랐다. 이제 막 봉오리를 맺고 있는 씨눈들도 이 꽃샘추위를 통과하면 제 모습을 내밀며 꽃으로 이파리로 피어날 것이다. 그녀가 마지막으로 한 말이 뇌리에 물방울처럼 맺혔다.

"나, 꿈, 아직 있어요." (2010.3)

쉼터로 쫓겨 온 여성들

어디선가 박하 향이 난다. 후에(23세, 베트남) 씨가 퇴근길에 봉지를 들고 들어온다. 손에 든 것이 뭐냐고 물으니, 박하란다. 무엇에 쓰려 구했느냐고 하니, 약으로 쓰려고 한단다. 누가 아프냐고 하니, 후에 씨는 머리를 가리키며 "함께 방을 쓰는 친구가 생각이 많아서 아프다."라고 했다. 박하로 즙을 만들어 먹으면 괜찮단다. 우울증 치료에 약효가 있는, 고향에서 해온 일종의 민간요법이란다. 병원에 가야 하지 않느냐고 했더니, 박하 즙을 먹으면 괜찮아진단다. 어디에서 그렇게 많이 구했느냐고 물으니, 화원에서 구했단다.

후에 씨는 결혼 이주 여성이다. '후에'의 한자식 표기인 '꽃 화花'를 쓴 이화李花가 한국 이름이다. 하노이 인근에서 살다가 스물한 살에 한국으로 시집왔다. 결혼 중개 업체를 통해 하노이로 온 남편과 맞대면한 뒤 그다음 날 바로 결혼했다. 그러고는 비자가 나오자마자 한국에 와서 다시 결혼식을 올렸다. 그녀가 간 곳은 강원도 양양이었다. 산에는 온통 울긋불긋 단풍이 들었다. 사방이 산으로 둘러싸인 마을이었고 주변에 아는 베트남 사람은 한 명도 없었다. 낯설고 적막했다. 열네 살이 더 많은 남편과 결혼 생활을 시작했다. 한 달이 지나도록 남편은 왠지 모르게 말수가 없고 부부 생활조차 꺼렸다. 후에 씨는 남편이 자신을 마음에 들어 하지 않는 것 같아 노심초사하는 나날을 보냈다.

결국 잘못된 결혼이라는 것을 깨달았다. 겪다 보니 정신적으로 문제가 있는 사람이었다. 차라리 헤어지는 것이 더 낫다는 생각이 들었다. 집으로 돌려보내 달라고 애원하니, 남편 집안 쪽에서 결혼 비용으로 들어간 돈을 돌려 달라고 했다. 심지어 베트남에 있는 가족들에게까지 돈을 돌려주지 않으면 자신을 보내지 않겠다고 으름장을 놓았다. 결혼 비용으로 받은 5백만 원을 달라니!

고향의 부모가 떠올랐다. 농사를 지으면서 어렵게 생활하고 있는 부모의, 땡볕에 그을린 얼굴이 떠올랐다. 한국에 시집가기로 결정한 데는, 큰딸로서 가계에 보탬이 되려는 마음이 있었다. 하지만 잘못된 결혼을 지속할 수는 없는 일이었다. 베트남으로 돌아가고 싶으면 먼저 자신들이 결혼 중개 업체에 낸 돈을 갚으라고 해서 각서까지 썼다. 그러고는 다락방에 갇혀 지냈다.

삶이 두려웠다. 실패한 삶을 부모에게 보여 주고 싶지는 않았다. 감금된 지 3일째 되는 겨울밤, 그녀는 다락방 쪽문을 통해 빠져나와 사방이 어둠에 쌓인 산길을 달렸다. 돌부리에 걸려 넘어졌다. 다시 일어나 달렸다. 아무것도 가진 것 없이 빈손인 채였다. 여권은 빼앗겼고 가방 하나 없었다. 큰 도로변에 이르러 택시를 잡았다.

"무작정 친구가 일하고 있는 인천으로 가자고 했어요."

그런데 어디로 가야 할지 몰랐다. 그날따라 친구도 전화를 받지 않았다. 동해에서 인천까지 장거리 운전을 한 택시 운전사도 난감했다. 결국 그녀를 경찰 지구대에 내려놓고 떠났다.

"경찰 한 분이 자기 아내도 중국 사람이라면서 친절하게 쉼터를 알려 줬어요."

쉼터를 제공받은 뒤에야 가슴을 쓸어내렸다. 다시 잡혀서 남편에게 돌아가고 싶지 않았다. 붙들리면 강제 출국을 당할 것이라는 예감이 들었다. 고향에서 농사를 짓는 부모와 동생이 떠올랐다. 고향에 가더라도 빈손으로 돌아갈 수는 없었다. 그래서 미등록자의 삶을 선택하기로 했다.●

후에 씨가 집을 나오자, 남편 쪽에서 경찰에 가출 신고를 했다. 이혼 청구를 하고는 결혼 중개 업체에도 다른 여자를 소개해 달라고 요구했단다. 그러면서 몇 번이고 후에 씨의 친구에게 연락해 그녀가 어디에 있는지를 수소문했다. 잡히면 출국시키겠다는 협박도 빼놓지 않았다. 참다못한 친구가 전화번호를 바꿀 정도였다. 남편과의 인연은 거기까지였다. 결혼 2개월 만의 일이었고, 한국에서 처음으로 맞은 혹독한 겨울이었다. 그렇게 지금까지 두 해를 보낸 것이다. 그 사이 그녀는 공장노동자가 되었는데, 첫 월급으로 고향에 있는 부모에게 속옷을 선물하기도 했단다.

"고향 집에 가고 싶지 않아요?"

점심을 먹고 있는 그녀에게 물었다. 빙그레 웃는다. 괜한 질문을 한 것 같다. 왜 그렇지 않겠는가.

"자신이 어디에 있는 것 같아요?"

대답으로는 역시 웃음뿐이다. 아마도 생각이 있을 것이다. 하지만 말하고 싶지 않게 하는 무언가가 있는가 보다.

그녀는 쉼터에서도 악착같기로 정평이 났다. 함께 일하는 사람들은 후에 씨의 손이 빠르고 야무지다고 했다. 스물세 살의 눈빛이 빛났다. 세상을 일찍 알아서인지 그녀는 조숙하고 말이 없다. 아시아의 여성은 일찍 세상을 알고, 쉽게 늙고, 일찍 어머니가 된다. 후에 씨도 마찬가지다. 산전수전을 겪은 마음에는 상처도 자라고 있을 것이다. 잊지 못할 상처는 가끔씩 혼자 있는 시간에 찾아올 것이다. 그리고 다시 생활이 모든 것을 잊게 할 것이다.

고향으로 돌아가지 못하는 것은 달리(38세, 우즈베키스탄) 씨도 마찬가지다. 이국에서 떠도는 몸이 될 줄은 몰랐다. 그녀는 안성 시내에 있는 숯불갈비 집에서 일했다. 일이 고되고 쉬는 날도 없었다. 서빙에다 주방 설거지는 물론이고 내실 청소까지 도맡아 했다. 주말에도 쉬지 못해 몸이 쉽게 축났고, 감기와 몸살이 떨어지지 않았다. 그런데 육체적 고통보다 더 괴로운 것이 있었다.

"사장은 한가한 시간에 틈만 나면 손을 쓰다듬거나 뒤에서 껴안았어요. 심지어는 모텔에서 같이 잘 것을 요구하기도 했어요."

고향에 어린 딸을 두고 온 그녀는, 참지 못할 것은 외로움도 아니고, 가족에 대한 그리움도 아니란다. 일터에서 벌어지는 성추행이라고 했다. 그녀가 숯불갈비 집을 나온 것도 성추행이 직접적인 원인이었다.

"피곤한 몸을 이끌고 방으로 왔을 때였어요. 사장이 방문을 열고 들어오는 거예요. 한 손에는 맥주 등이 들려 있었는데 함께 얘기 좀 하자는 거예요. 직감적으로 이상한 기분이 들었어요. 나는 불법체류자라서 걱정도됐어요. 사장은 걸핏하면 출입국 관리사무소에 넘기겠다고 했거든요."

참다못한 그녀는 화장실에 다녀오겠다고 하고서는 그 길로 숯불갈비집을 나왔다. 결국 6개월 만에 옷도 챙기지 못하고 쫓기듯 피신해 쉼터에오게 되었다. 식당에 있으면 수시로 겪는 일이라고 했다. 그녀는 안성·천안·일산 등지에 있는 식당에서 주로 설거지와 음식 나르는 일을 했다. 주말에는 밥 먹을 시간도 없이 일할 때가 많았다.

"숙식을 제공받고, 한 달에 1백만 원 내외예요. 음식을 나르다 보면쳐다보는 시선이 짓궂어요. 어떨 때는 '젖가슴이 크다', '엉덩이가 크다.'는말이 들려오곤 해요."

그녀가 늘어놓는, 한국인이 쏟아 낸 음담패설이 도를 넘는다.

"한국 남자들은 술 몇 잔만 입에 들어가면 옆에 앉으라 하고는 무작정술을 따라 줘요. 먹고 싶지 않은데도 먹으래요. 성적인 농담이 많아요. 어떨 때는 나이 든 아저씨들이 오빠라고 부르라며 강요해요. 2차를 가자는손님도 있고, 몸에 손을 대는 사람도 있어요. 항의하면 그저 장난이었을뿐이라고 해요. 그럴 때마다 제 얼굴에 침을 뱉는 기분이었어요. 그런데하나 묻고 싶어요. 한국 사람들 왜 그런대요?"

얼굴이 화끈거렸다. 약한 자에게 강하고, 강한 자에게 비굴한 오늘날우리 사회의 어두운 단면을 보는 듯했다. '우리 모두가 가면을 쓰고 세상이라는 무대에 나온 배우가 아닐까.' 하는 생각이 잠시 스쳤다. 아마도 그연극에 제목을 붙인다면 '인격 모독'이라고 해야 될 것이다.

그녀는 생계만 아니었다면 몇 번이고 자리를 박차고 나왔을 것이라고
했다.

"나도 수치심 있어요. 온종일 일하고 방으로 들어오면 발바닥을 주물
러요. 그럴 때마다 '내가 여기 왜 있는 거지?' 하고 스스로 묻고는 해요. 무
슨 죄지은 사람처럼 숨죽여 사는 거예요."

어쩔 수 없는 운명처럼 받아들여야만 하는 자신의 처지가 미웠는지
잠시 침묵이다. 눈빛에 먹물처럼 짙은 슬픔이 감춰져 있다.

"가끔씩 여기가 어디인지 생각해 봤어요. 고향은 아니죠. 기후도, 냄
새도, 무엇보다도 말이 달라요."

그녀는 매번 고향을 생각했다.

"입맛이 없을 때 고향 생각이 간절해요. 어머니가 해준 양 요리를 먹
고 싶어질 때가 많아요."

그녀는 음식 얘기를 꺼냈다. 남는 것은 미각뿐이라고 했다. 그러고는
한국의 경주와 같다는 타슈켄트의 푸른 하늘을 떠올렸다.

"2년만 더 일하고 갈 거예요."

벌써 한국에서 5년째다. 고향으로 돌아간다는 것은 그녀에게 어떤 의
미일까? 돌아갈 때면 꿈이 이뤄질까? 아마 그녀도 혼자 있는 밤에는 그런
생각을 할지 모른다. '누구를 위한 삶을 사는 걸까? 가족? 나 자신?'

"가족이 잘살았으면 좋겠어요."

무엇보다도 가족이다. 아시아인은 그래서 슬프다. 그녀 역시 가족을
대표해서 한국으로 이주노동을 왔다. 우즈베키스탄에서 사범대학을 졸업
하고 10년 이상 일했던 유치원 교사 생활을 정리하고 돈을 벌기 위해 한

국으로 왔다. 처음 한국에 와서는 의정부 쪽에서 봉제 일을 했다. 그러다 친구의 소개를 받아 식당 쪽으로 일자리를 바꿨다. 무엇보다도 숙식이 해결된다는 점이 컸다. 하지만 기껏 성적 농담이나 당하고, 미등록자가 되어 존재감 없이 유령처럼 떠도는 처지에 놓였다는 사실을 그녀 스스로도 외면할 수 없었을 것이다.

때마침 전화가 온다. 면접을 봤던 식당이란다. 잠시 통화를 하고 난 후, 일자리를 구했다며 서둘러 나간다. 기다렸던 일자리다. 그녀는 자리에서 일어나며 한마디를 남겼다.

"나도 사람이에요. 한국 사람처럼 똑같아요."

인격적으로 대우해 달라는 부탁일 것이다. 인격에도 무게가 있을까? 아마도 각각이 가진 인격의 무게는 다를 것이다. 그것이 세상의 이치다. 아시아인의 인격은 값싼 노동력으로 등치된다. 그리고 값싼 노동력은, 다시 값싼 인격으로 전락한다. 이주민을 바라보는 한국 사회의 시선이 그런 것은 아닐까? 어쨌든 삶은 계속된다. 목숨이 붙어 있는 한 변하지 않는 것이 생활이다. 불안을 껴안고 살아야 할 운명적인 삶이다.

결혼 이주 여성과 여성 이주노동자가 성폭행을 당했거나 위협에 시달린다며 쉼터에 머물겠다고 요청하는 건수가 매년 늘고 있다(이주여성긴급지원센터 통계). 2008년 811건, 2009년 1,398건(2010년 1,826건, 2011년 3,190건)……. 사랑? 행복? 새로운 삶? 어쩌면 모두 다 허상일지도 모른다. 누군가가 말했다. 결국 돈이라고. 돈으로 결혼도 사고 성性도 소유한다고. 활개 치는 세계화가 오지에까지 미치고 있다. 이 길의 끝이 보이지 않는 것은 어째서일까.

귀뚜라미가 운다. 지금쯤 동남아시아의 어느 집 마당 구석, 중앙아시아의 풀숲에도 귀뚜라미가 울 것이다. (2010.9)

● 외국인이 한국인과 결혼한다고 해서 자동적으로 한국 국적이 주어지는 것은 아니다. 일정 기간을 거쳐야 국적을 취득할 수 있다. 국내에서 2년 이상 거주해야 국적을 취득할 수 있고, 결혼 이주 여성이 국적을 취득하는 평균 기간은 4년 정도다. 따라서 그전에 이혼하거나 자의적으로 결혼 생활을 포기하면 미등록자가 된다.

갈 곳 없는 이주 청소년

벌써 세 번째다. 중국에서 온 장리(16세)를 만난 것이. 첫 만남은 우연이었다. 평소에 알고 지내던 이주민이 "중국 하얼빈에서 온 결혼 이주 여성이 있는데, 한국어를 배울 수 있겠느냐?"라고 물었다. 그렇다고 하니 만나잔다. 그래서 찾아간 집은 전철 철로 변에 닥지닥지 붙어 있는 연립주택이었다.

문을 두드리자 고등학생쯤 되어 보이는 앳된 소녀가 문을 열어 준다. 이름을 묻자 무슨 말인지 알아듣지 못하는 눈치다. 그저 웃기만 한다. 아이의 어머니인 왕홍위(42세) 씨가 나와서는, 한국에 온 지 3개월밖에 되지 않아 아직 말할 줄 모른단다. 장리가 공책에 자신의 이름을 한자로 썼다. 그게 첫 만남이었다.

딸과 함께 한국어를 배우겠다고 한 왕홍위 씨는 2005년 결혼 이주로 한국에 왔다. 그녀는 하얼빈에서 손재주 좋기로 이름난 미싱공이었다. 하루에 열여섯 시간 이상 옷감을 만지며 일했지만 생활은 별로 나아지지 않았다. 그래서 결혼 이주를 결심했다.

중국 남편과는 금실이 좋지 않아 일찍이 이혼했고, 그런 연유로 장리는 산둥에 있는 할머니 품에서 자랐다. 어머니가 한국으로 결혼 이주를 하고 얼마 되지 않아, 부양하기 힘에 부쳐 하는 할머니를 떠나 한국으로 왔다. 하지만 장리의 교육이 문제였다. 고등학교에 들어가야 할 장리를 받아 줄 곳이 없었다. 방문 동거F-1 비자였기에 더더욱 어려웠다. 첩첩산중이라는 표현이 딱 들어맞았다. 그렇다고 해서 돌아가기는 싫었다. 가족이 헤어져 사는 것도 이제 지쳤다.

한국에 온 장리는 모든 것이 낯설었지만 어머니와 함께 산다는 것만으로도 행복했다. 그러나 한국 생활을 하려면 최소한의 한국어 구사 능력은 갖춰야 했다. 비자도 문제였지만, 한국어를 구사할 수 없다 보니 학업을 할 수 없었다. 모녀가 한국어 공부를 요청한 것은 그래서였다. 나는 장리에게 한국어 공부를 할 수 있도록 방문 수업을 주선했다.

다시 장리와 만나게 된 것은 그로부터 1년이 지나 중국 다롄에서 온 유수위(17세)를 만난 뒤였다. 유수위는 고등학교 1학년이던 2006년, 재혼한 어머니를 따라 어쩔 수 없이 한국에 왔다. 중국에서 학업을 마치고 싶었지만 마땅히 거처할 곳이 없었다. 그는 한국에 와서 고등학교에 편입할 꿈으로 가득했다. 하지만 그 꿈은 얼마 못 가 포기해야 했다. 그를 받아 줄 학교가 없었다. 화교 학교가 있었지만, 학비도 만만치 않을뿐더러 타이완식 교육제도를 따르기에 꺼려졌다.

그렇다고 한국의 학교에서 받아 줄 리도 만무했다. 한국어로 말하기·

읽기·쓰기를 하지 못하는 그가 갈 곳은 없었다. 학업을 중도에 포기해야 했다. 한국어를 배우고 싶어도 배울 데가 없었다. 답답한 나머지 기술이라도 배우고 싶어 인근 자동차 기술 학원에 등록하러 찾아갔지만, 그곳에서도 한국어를 모르면 곤란하다며 받아 주지 않았다. 그는 온종일 인터넷에 매달려 시간을 때웠다. 미성년자에 한국어 의사소통도 어려운 유수위가 할 만한 아르바이트 자리도 없었기 때문이다.

"방에만 있는 것이 너무 지루해요."

갈 곳이 없는 그는 대낮에 집에 있기가 괴롭다고 했다. 인터넷을 하는 것도 지긋지긋했다. 그는 다시 고향 다롄으로 돌아가고 싶어 했다. 중국에는 그나마 친구들이 있다.

유수위의 얼굴에 그늘이 잔뜩 드리워 있었다. 한창 민감한 청소년기를 보내고 있는 그가 무료하게 시간을 낭비하고 있다는 생각이 들었다. 또래 친구는 물론, 이웃에 함께 고민할 친구도 없다 보니 대부분 혼자 시간을 보냈다.

"공장에 가서 일이나 했으면 좋겠어요."

어머니와 양아버지가 일을 나간 시간에 혼자 집을 지키느니, 차라리 공장에서 일하는 것이 속 편하지 않겠느냐고 내게 물었다.

유수위를 만나 고민을 듣다 보니 장리의 안부가 궁금해졌다. 수소문 끝에 왕홍위 씨와 연락이 되어 다시 찾아갔다. 그새 이사를 했다. 공단 쪽방의 방 한 칸을 빌려 모녀가 살고 있었다. 오랜만에 본 왕홍위 씨와 장리가 반갑게 맞이했다. 둘 다 얼굴이 밝다.

　이런저런 애기 끝에 남편의 알코올의존증이 심해 별거 중이라는 말을 들었다. 딸애의 교육상 좋지 않다면서 어쩔 수 없는 선택이었다고 한다. 생활은 어떻게 하느냐고 물으니, 직업소개소를 통해 핸드폰 조립 공장에 취직했단다. 요즘은 일이 많지 않아 한 달에 60만 원 정도 번다고 했다. 그런데 왕훙위 씨가 공장에서 돌아올 때까지, 장리는 한 발자국도 밖에 나가지 못했다. 한국에 온 지 2년째가 되어 가지만 여전히 모든 것이 낯설어 혼자 다닐 수 없단다. 한국어 공부를 하려고 다닌 다문화가족지원센터마저 1월과 2월은 방학이라 갈 데가 없단다. 두 평(6.6제곱미터)쯤 되어 보이는 방에 놓인 컴퓨터와 텔레비전이 유일한 친구처럼 보였다.

　방 한구석에는 장리가 배운다는 한국어 교재가 놓여 있었다. 그동안 한국어를 배웠다며, 묻지도 않았는데 더듬더듬 말을 한다. 장리는 다문화가족지원센터를 학교로 생각하고 다닌다고 했다.

　이야기하는 도중 장리는 두통을 호소했다. 가끔씩 방문을 열어 환기하지만 두통이 심하다고 했다. 방 안에만 있어서 그런 것이냐고 묻자 고개를 끄덕인다. 그러고는 팔뚝을 보여 준다. 아토피였다. 중국에 가고 싶지 않느냐고 물었다. 그래도 어머니가 있는 한국이 좋단다. 하루빨리 한국어 수업을 받으면 좋겠다고 했다. 그나마 외출해서 사람들을 만날 수 있는 유일한 기회란다. 장리가 그동안 익힌 한국말로 말했다.

　"기술이라도 배웠으면 좋겠어요."

　그런 장리를 보는 왕훙위 씨는 속이 탄다. 한국어를 능숙하게 구사해야만 기회가 많아진다는 것을 그녀는 알고 있다.

왕훙위 씨는 아이 교육에 심혈을 기울이는 한국의 어머니들을 보면서 장리의 장래에 대해 걱정이 앞선다. 교육을 제대로 받지 못하면 아이의 미래는 어둡지 않겠느냐며 우려했다.

최근 국제결혼이 증가하면서 재혼한 부모를 따라 입양 형식으로 들어오는 이주 청소년이 늘고 있다. 하지만 많은 이주 청소년들이 갈 데가 없다. 장리만 해도 처음에는 공교육 기관에서 교육을 받기를 원했으나 한국어를 전혀 몰라 정규교육은 꿈도 꿀 수 없었다. 입시 교육 위주의 교육 현실에서 이들이 갈 곳은 더더욱 없다.

장리가 다문화가족지원센터에서 한국어 공부를 하고 있다고는 하나, 그것만으로 교육의 혜택을 받는다고 볼 수는 없다. 겨우 한국어를 배우는 것이 전부다. 그러다 보니 이주 청소년들이 있을 곳은 방 안뿐이다.

"아이에게 죄를 짓는 것 같아요."

그녀의 인생이 수레바퀴처럼 끝이 없어 보인다. 중국 변방의 사막에서 불어오는 모래바람같이 인생살이가 황량해져 간다. 아이에게만은 그런 인생을 물려주고 싶지 않은 것이 부모 마음 아니겠느냐며, 그녀는 한동안 시선을 돌렸다.

결혼 이주를 통해 함께 온 이주 청소년은 그런대로 사정이 나은 편이다. 비자가 있기 때문이다. 부모를 따라 한국에 왔다가 미등록자가 된 이주 청소년은 단속에 걸릴까 봐 항상 두려움에 시달린다. 마음대로 외출할 수 없다. 그러다 보니 대부분 값싼 노동력으로 전락하거나, 아니면 공장 기숙사 등에서 방치된 채 생활한다. 미성년자 노동으로 내몰리고 있는 것이다.

우즈베키스탄에서 온 일홈(17세)의 경우 1년째 어머니와 함께 공장에서 일하고 있다. 최근 그는 공장에서 일하다 프레스에 손가락이 잘렸다. 목재 공장에서 일하는 어머니의 일손을 도우려 아르바이트를 하다가 사고가 난 것이다. 산재 처리가 되어 그나마 치료는 받았지만 두 손가락이 잘린 그의 앞날이 걱정스럽기만 하다. 치료가 끝나면 귀환하겠다고 했지만, 교육을 받아야 할 나이에 이주노동으로 내몰린 그가 앞으로 어떻게 살지 막막해 보였다. 택시 운전사가 되는 것이 꿈이라는 그는, 손가락이 잘려 나간 손을 보면서도 여전히 자신의 처지가 믿기지 않는 듯했다. 그의 눈빛은 어린 나이임에도 세상의 막장을 경험한 것처럼 보였다. 현실의 암담함과 좌절이 눈물에 배어났다. 그는 치료가 끝나는 대로 하루빨리 귀환해 계속 공부하고 싶다고 말했다.

"이주 청소년을 위한 대안 학교가 생기거나 특별학급이 편성되면 좋겠어요."

결혼 이주민의 자녀뿐 아니라 이주노동자, 난민, 무국적자의 자녀까지 체류 자격에 상관없이 국내에 거주하는 모든 이주 아동 및 청소년의 교육권 보장이 무엇보다 필요한 이유이기도 하다.* 왕훙위 씨를 비롯해 많은 이주노동자와 결혼 이주민들은 공교육에 적응하지 못하는 아이들을 위해 대안 학교나 특별학급을 편성해 운영해 주었으면 좋겠다고 입을 모은다. 자신의 아이들이 또래 아이들과 따로 떨어져 공부하는 것을 원하지는 않지만, 민감한 청소년기에 한국어를 제대로 구사하지 못하는 것이

약점이 되어 차별을 당할까 봐 걱정되기 때문이다. 이주 청소년 교육을 제도적으로 온전하게 뒷받침할 만한 정책이 아직 마련되지 못하고 있다.

설이 지나고 정월 대보름 전날에 왕훙위 씨에게 설음식을 함께 먹자는 전화가 왔다. 그녀는 탕위엔이라는 중국식 떡국을 끓여 주었다. 다시 만난 장리는 하루빨리 학교에 다니며 공부하고 싶어 했다. 가져간 부럼을 깨물며 창가에서 바라본 보름달이 환하다. (2009.3)

• 2008년 〈초·중등교육법 시행령〉을 개정해 체류 자격에 관계없이 전입학이 가능하도록 하여 미등록 이주민의 자녀에게도 의무교육 기회를 부여하고 있다. 그러나 여전히 결혼 주민 자녀 중심의 다문화 정책이 전개되고 있어서, (미등록) 이주 아동 및 청소년이 자국 문화를 향유하고 교육받을 권리가 온전히 보장되지 않을뿐더러 학교생활에 적응하는 데도 많은 어려움을 겪고 있다.

목소리 없는 목소리들

짜오위의 하루는 정오가 지나서 시작된다. 공장에 가기 위해 분주하게 움직이는 부모와 다르다. 식구가 함께 아침밥을 먹은 지도 오래되었다. 밤새 인터넷을 하다 새벽 5시쯤에 잠이 든 그는 오후 2시쯤 느지막하게 일어나 다시 인터넷에 접속한다. 그러고는 게임과 메신저로 일과를 시작한다.

4년째 한국에서 생활하고 있는 짜오위(21세, 중국)는 변한 것이 없다. 그 사이 한국어를 배운 것도 아니고, 학교를 다닌 것도 아니다. 화교 학교에 입학했지만 세 달 만에 학업을 포기했다. 적응하지 못했기 때문이다.

"아이들과 거의 매일 싸웠어요. 놀림을 받는 것도 싫었고, 왠지 모르게 어울리지 못했어요. 왕따였어요."

결국 그는 '방콕족'이 되었다. 생활은 불규칙하고 인터넷 중독자가 되다시피 했다. 게임만이 유일한 친구였다. 부모의 권유로 한국어를 공부하기 위해 한국어 반에 들어갔지만 얼마 다니지 못하고 그만두었다. 혼자 있는 시간이 많아서인지 배워야 할 필요성을 느끼지 못했다. 함께 공부할 또래도 없다 보니 의욕조차 나지 않았다. 동네에서 가까운 공장에 다니기도 했지만 단속이 두려워 계속 일할 수 없었다.* 몇 년을 하는 일 없이 보냈다. 학교라도 졸업해야 사람 구실을 할 수 있다는 부모의 성화를 못 이겨, 중국 다롄을 오가면서 검정고시로 고등학교를 졸업했다. 최근에는 같은 처지의 한족 친구 몇 명과 어울리며 지낸다. 한국에 온 지 3년이 채 안되는 친구들이다. 그에게 요즘 생활을 물었다.

"낮에 친구들을 만나 인터넷도 하고 대림동에 가서 밥도 사 먹고, 동네 운동장에서 농구도 하며 보내요."

친구가 많은지를 물었다.

"메신저를 통해 만나는 한족 친구들이 스무 명쯤 되는데 거리가 멀어서 못 보고, 자주 만나는 애들은 두세 명 정도예요."

웃고 있는데도 그 또래에 걸맞지 않은 그늘이 스친다. 그늘은 숨길 수 없다. 웃음기가 많지도 않다. 웃을 날이 많지 않았다는 표가 난다. 친구 얘기가 나오니 한마디 더 했다.

"다롄에는 친구들이 많아요. 그래서 좋아요."

한국 친구는 없느냐고 물었다.

"사귈 기회가 없어요. 만날 수가 없으니까요."

1년에 한두 번 배를 타고 다롄에 간다는 그는 그곳에서 비로소 자유를 느낀다며 이야기를 잇는다. 한국 생활이 재미가 없으니, 다롄 얘기만 나오면 흥이 나는 듯했다. 어느덧 4년째가 되어 가는 한국 생활은, 그에게 여전히 불편할 뿐이다. 친구도 없고 갈 곳도 마땅치 않다. 자신을 쳐다보는 뭇시선도 마뜩잖다.

"주변 사람들이 마치 무슨 문제가 있는 것처럼 보는 것이 싫어요."

친구들의 근황을 묻자, 중도에 입국해 대개는 학교에 다니지 않는다고 한다. 화교 학교에 입학하거나 진학을 아예 포기한 친구들이 많단다.

"메신저를 통해 만나는 친구들의 경우 대부분 학교에 다니지 않아요."

한국 생활이 3년째인 한족 친구 왕보량(18세)도 마찬가지다. 그는 부모들이 공장 기숙사에서 생활하고 있기에 혼자 자취한다. 마땅히 갈 곳이 없어서 친구인 짜오위 집에 오는 것이 유일한 외출이자 낙이다. 그는 얼마 전에 한국 국적을 취득했다고 했다. 하지만 한국어로 의사소통이 거의 불가능했다. 그 역시 온종일 인터넷을 하면서 시간을 보낸다고 했다.

"인터넷 말고는 할 일이 없어요. 나쁘게만 보지 말아요."

짜오위는 인터넷과 메신저가 그저 시간을 빼앗는 것은 아니라고 했다. 말도 통하지 않는 한국 생활의 무료함을 달래 주기도 하고, 가끔씩은 친구들끼리 쓸 만한 정보도 교환한다고 했다.

"사람마다 다르겠지만, 저도 생각이 있어요. 친구들을 만나면 어떻게 한국 생활을 할 것인지 서로 의견을 교환하기도 해요. 갈 곳이 없는 것이 문제예요. 함께 모여 고민을 터놓고 얘기할 장소가 부족하고, 그럴 만한 친구도 많지 않아요."

갈 곳이 없다는 말이 그들의 처지를 대변하는 것 같다. 짜오위는 최근 대학 입학을 준비 중이다. 한국 국적을 취득하기 전에 외국인 특례 입학으로 대학을 가기 위해서다. 그래서 대학에서 일반인을 상대로 개설한 한국어 3급 어학 강좌를 듣고 있다. 1년 정도 한국어 수업을 듣고 시험을 치른 뒤 입학 허가를 받기 위해서다. 물론 나중에 어떻게 될지는 모른다. 중도에 포기할 수도 있다. 한국에서 어영부영 보낸 4년이라는 공백기가 그에게 약이 될지 독이 될지는 그도 지나 봐야 알겠다고 했다. 물론 그는 자신의 장래를 낙관했다.

"대학에서 무역을 전공해 무역 일을 하고 싶어요."

물론 대다수 중도 입국 청소년들이 짜오위나 왕보량 같지는 않다. 어느 정도 나이가 차서 중도 입국한 이들은 적응하고자 나름대로 애쓴다. 양양(21세, 중국)은 한국에 온 지 3개월째다. 한국에 와서 가장 먼저 한 것은 중고 자전거를 구하는 일이었다.

"자전거로 공장도 다니고, 마트도 가요. 한국어 공부를 하러 갈 때도 타고 다니고요."

근사한 레저용 자전거가 아니라며 너스레를 떤다. 그는 헤이룽장 성 하얼빈에서 태어나고 성장한 한족 출신이다. 그곳에서 고등학교를 마치고 용접공으로 잠시 일했다. 그러다 10년 전 한국에 와서 정착한 어머니를 찾아온 것이다. 어머니는 조선족이지만 아버지가 한족이라서 양양도 줄곧 중국어를 썼다. 어려서부터 집에서 한국어를 쓰지 않았다고 했다. 실제로 그는 한국어를 쓰는 것은 물론, 말하거나 읽지도 못했다.

요즘 그는 한국어를 배우고 있다. 다니는 공장의 사장에게 부탁해 일주일에 세 번 한국어를 배운다. 그러고는 하루에 열한 시간 이상을 공장에서 보낸다. 한국어를 전혀 구사하지 못하는 그는, 공장에서 지시하는 내용을 알아듣지 못해 사장에게 핀잔을 받는다고 했다. 거기에서 오는 스트레스가 이만저만이 아니다. 게다가 의사소통이 원활하지 않으니 하고 싶은 말을 하지 못하는 불편이 따랐다.

머지않아 한국 국적을 취득할 예정인 그는, 한국 사회에 적응하기 위해서는 무엇보다도 한국어를 통한 의사소통이 우선이라고 믿고 있다. 그래서 회사에 한국어를 공부할 수 있게 해달라고 요청했던 것이다. 처음에 사장은 일손이 부족해 선뜻 그러라고 하지 않았지만 야간작업까지 할 수 있다는 말에 어렵사리 승낙했다.

중국에서 학교를 다녔고, 현지의 친구도 많은데 굳이 말도 통하지 않는 한국에는 왜 왔느냐고 물었지만, 그는 의외로 서슴없이 대답했다.

"돈을 벌어서 중국에 있는 여자 친구를 데려와 결혼하고 싶어요."

당장은 의사소통이 되지 않아 불편하고, 한국에 아는 친구 한 명 없지만 그런 외로움은 아무것도 아니다. 젊고 꿈이 있기 때문이란다.

"주목을 받는 것이 싫어요. 그렇다고 우리의 장래가 어둡다고 하는 것도 싫어요. 오히려 구속 없이 살 수 있어서 더 좋을지도 모르겠어요. 바람이 있다면, 더 많은 친구들과 사귀었으면 좋겠어요. 더 많은 정보가 제공되는 것도 좋고, 함께 만나고 즐길 수 있는 공간도 있었으면 좋겠어요."라면서 웃었다. 생각이 야무졌다.

톈진에 살다가 중학교 2학년 때 한국에 왔다는 재중 동포 4세 조양(21세)도 마찬가지다. 그는 한국의 화교 학교에서 고등학교까지 졸업했다. 그런데 학력 인정이 되지 않아 검정고시로 고등학교 졸업 인증을 받은 후 대학에 들어갔다.**

"처음에 상처도 많이 받았어요. 한국어도 모르고 주변에 친구도 없다 보니, 혼자서 놀고 게임에 중독되어 생활했어요. 하루 일곱 시간은 기본으로 했어요. 처음 1년을 그렇게 보내다 화교 학교에 들어갔지만 그곳에서도 어울리기가 어려웠어요. 화교 학교에 들어가 보니 오히려 화교 학생들이 한국어로 끼리끼리 어울려 적응하기가 만만치 않았어요."

1990년에 출생한 그는, 자신이 한국인인지 중국인인지 정체성이 혼란스러울 때도 있지만 별로 신경을 쓰지 않는다고 했다. 그에게 자신이 속한 나라나 국적이 어디인지에 대해 물었다.

"국적은 별로 문제가 안 돼요. 중국에서 조선족이라고 해서 상처받을 때도 있었지만, 내가 태어나 성장한 중국이 싫지는 않아요. 한국이 내 조국이라는 생각을 딱히 해본 적도 없고요."

그런 자신의 처지를 '애매함'으로 표현했다. 하지만 그다지 신경이 쓰이지는 않는다고 했다. "한국도 좋고 중국도 좋다."라는 것이 그의 솔직한 대답이었다.

"청소년기에 정말 상처 많이 받아요. 하지만 자기 노력도 중요한 것 같아요. 학교 교과과정도 다르고 한국어도 모르다 보니 정규 학교에는 진학하기가 어려워요. 각자가 알아서 혼자 발명한 한국어를 하거나 생활하는 방법밖에는 없어요. 그나마 대학을 진학한 저 같은 경우는 어쩌면 행운이라고 해야겠죠. 그렇다고 해서 모두가 문제가 있는 것은 아니에요. 지켜보는 것도 괜찮다고 봐요."

그에게 '혼자 발명한 한국어'가 뭐냐고 물었다.

"'알겠습니다.'를 '앙아.'라고 했어요. 혼자 생활하다 보니 한국어를 습득하기가 어려웠고, 그러다 보니 자연스럽게 혼자 발명한 한국어를 하게 되는 경우가 많았어요."

그가 발명했다는 '앙아'라는 말에서 왠지 쓸쓸함이 묻어났다. 국적도 민족도 나라도 조국도 신경 쓰지 않는다는 말 속에 오히려 좁은 세계가 아니라 큰 세계가 불현듯 자라는 것은 웬일일까.

자신이 어디에 있는 것 같느냐고 물었다.

"소속이요? 경계인? 그것도 아니고, 세계인이라고 해야 될까요? 어쩌면 그럴지도 모르죠. 저희 세대는 얽매이고 소속되는 것을 싫어하는 것 같아요. 저 같은 경우는 한국도 중국도 다 좋아요. 딱히 거부감이 없어요. 그렇다고 미래가 어둡다고 생각하지도 않아요."

조양이 자리에서 일어났다. 닭을 튀기는 어머니의 일을 도와줘야 한다고 했다. 저녁 8시, 사람들이 뿔뿔이 제 갈 길을 간다. 짜오위나 왕보량이 떠오른다. 21세기 도시형 로빈슨 크루소가 바로 이들이 아닐까? 아니, 우리 모두가 아닐까? 섬처럼 산다는 느낌이다. 어쩌면 사람은 결여된 존재, 결핍된 존재이자 이 세상에 버려진 존재가 아닐까? 혼자 지내는 데 익숙하고, 혼자 밥을 먹고, 혼자 놀고, 혼자 집에 있다. 풍요 속에 그늘이 만만치 않다.

나는 중도 입국한 청소년이나 다문화 가정 자녀들이 한국 사회에 적응하지 못해 사회적 문제가 발생할 것이라는 추측에 동의하지 않는다. 사람들은 제각각 갈 길이 있고, 또 더불어 산다. 내가 부족하면 내 곁의 누군가가 채워 줄 수 있는 것이 사람 사는 세상이 아닐까.

한낮의 뜨거운 태양이 사라진 자리에 덩굴장미가 타들어 가고 있다. 땅거미가 내려온다. 짜오위나 왕보량, 그리고 조양에게 또다시 혼자 있는 밤이 찾아올 것이다. (2010.7)

● 국제결혼이 늘어나면서 결혼 이주민이 국적을 취득하고 나서 현지 자녀를 초청 입국시키거나, 재중 동포들이 국적을 회복하거나 새로 취득하는 경우가 증가하면서 연간 2천여 명의 중도 입국 청소년 이 생겨나고 있다. 이들은 〈재한외국인 처우 기본법〉이나 〈다문화가족지원법〉의 지원 대상에서 제 외되어 있다. 초등학교 연령의 아이들은 재학률이 비교적 높은 반면, 13세 이상의 중도 입국 청소년 의 상당수는 학업을 중도에 포기하거나 미성년 노동으로 전락한다.

●● 부모가 모두 타이완 국적을 가진 경우에는 외국인으로 분류돼 한국의 중·고등학교 진학이 자유로 운 반면, 부모 중 한 사람이 한국 국적을 가진 경우 자녀는 한국인으로 인정돼 화교 학교에 다니더라 도 정규 학력을 인정받지 못한다. 상급학교에 진학하기 위해서는 검정고시를 거쳐야 한다. 2006년 9월 국가인권위원회는 한국 내 화교 학교의 학력을 인정하지 않는 것은 부당한 차별이라며 당시 교 육인적자원부에 대책 방안을 마련할 것을 권고했다. 2009년 교육과학기술부는 관련 시행령을 고쳐 학력 인정 근거를 마련했다. 하지만 시행령에는 "(한)국어와 (한)국사를 연간 120시간 가르치지 않을 경우 정규 학력을 인정받을 수 없다."라고 해 화교 학교의 반발을 불러일으켰다.

에리카의 꿈

에리카의 집은 반지하다. 미로 같은 다세대주택이다. 말이 반지하일 뿐 햇빛 한 줌 들어오지 않는다. 이곳에서 방글라데시 출신인 아버지 후세인(41세) 씨와 어머니 오성혜(39세) 씨, 동생 환희(5세)가 함께 살고 있다. 요즘 에리카(13세)는 여름방학을 맞아 집에 있는 시간이 많아졌다. 동생과 노는 시간도 많지만, 무엇보다도 인터넷을 통해 친구들과 쪽지 대화를 하는 재미에 푹 빠져 있다. 친구끼리 쪽지를 주고받는 에리카의 얼굴에 해맑은 웃음이 비친다.

아버지와 어머니는 가까이에 있는 핸드폰 조립 공장에서 함께 근무한다. 아버지가 전에 다니던 공장이 폐업한 후 직장을 잡지 못하다가 겨우 집 근처 공장에 일자리를 구했다. 어머니도 그 공장에서 부업으로 일하다가 아예 눌러앉았다. 아버지는 주로 야간 근무를 하기 때문에 저녁 8시에 집을 나가 아침 8시쯤 퇴근하고, 어머니는 반대로 아침 8시에 출근해 저녁 8시쯤 퇴근한다. 하지만 생활은 항상 궁핍하다. 한 달에 15일 정도의 일감밖에 없어서 정상적인 급여를 받지 못하고 있다. 게다가 최근 2개월간 임금이 체불되어 형편이 어렵다.

오성혜 씨 부부가 다니는 공장은 영세 사업장이어서 일이 있을 때는 잔업이 많지만, 일이 없을 때는 며칠이고 집에 있어야 한다. 일이 많을 때 사생활을 접고라도 일해야 밥줄을 유지할 수 있단다. 8월과 9월이 성수기이고 추석 때까지도 바짝 물량이 있을 거라고 했다. 그럴 때는 고맙다. 밥을 먹을 수 있기 때문이다. 밥을 먹는 것이 무슨 대수냐고 할지 모르겠지만, 이주민이 마땅한 일자리를 구하기란 쉽지 않다. 국제결혼을 한 부부의 경우 결혼 과정부터 험난한 파고를 겪는 터라 생활이 녹록지 않다.

오성혜 씨는 부평초 같은 삶을 살았다. 언니가 있는 일본에서 이주노동을 한 것이 이주의 시작이었다. 그곳에서 남편 후세인 씨를 만났다. 17년 전 일이다. 남편은 일본에서 8년간 어학 공부를 하고 전기 기술을 배우며 이주노동을 했다. 일터에서 만나 서로의 사랑을 확인하고는, 1991년 주변 사람들의 축복을 받으며 도쿄에서 결혼했다. 그리고 얼마 후 에리카가 태어났다. 둘이 착실하게 모은 돈으로 1996년에 남편의 나라인 방글라데시에서 의류 사업을 시작했다. 행복한 시간이었다. 그러나 경험 없이 시작한 남편의 사업은 부도를 막지 못해 파산했고, 2002년 한국으로 이주했다.

처음에 오성혜 씨는 일본에서 배운 일본어와 남편의 기술로 생계 문제를 해결할 수 있으리라 믿었다. 일본어 가이드 일자리를 구했지만 마음처럼 쉽지 않았다. 결국 이력서 한 번 제대로 내지 못하고 공장 일을 찾을 수밖에 없는 처지가 되었다. 남편 역시 영어와 일어에 능통한 전기 관련 기술자였지만, 아시아계 이주민을 선호하지 않는 분위기가 만연한 한국에서 마땅한 일자리를 찾을 수 없었다. 그의 기술과 외국어 능력을 원하는 직장은 어디에도 없었다. 언제까지 실업자로 있을 수 없어 일자리를 찾아 공장에 갔다.

이주 초기만 하더라도 이들에게는 의욕이 넘쳤다. 자신들의 다문화적 특성이 한국 생활에 빠르게 정착하는 데에 도움이 되리라고 믿었다. 하지만 시간이 지날수록 이들을 찾아온 것은 냉대와 편견이었다. 다문화 가정 1세대라고 할 만한 이 부부에게 생활은 곧 싸움이었다. 일자리를 찾는 어려움부터 시작해, 주변의 따가운 편견과도 싸워야 했다.

"다문화 가정을 꾸려 가기가 너무 힘이 들어요. 우리를 그냥 사람으로 대했으면 좋겠어요."

산전수전 다 겪은 오성혜 씨의 말처럼, 다문화 가정에 대한 근본적인 시각이 변하지 않고서는 해결하기 어려운 문제가 산적해 있다. 일상생활에서 부딪치는 숱한 문제에 시달리며, 그 과정에서 이주의 꿈마저 위태로워진 것이다.

하지만 정작 큰 문제는 아이들이다. 아이들이 자라면서 상처를 받을 것이 두렵다고 했다. 혹여 쇼핑을 가거나 가족끼리 산책이라도 나가면, "너희 어느 나라에서 왔냐?"라는 질문을 받거나, 불편해질 정도의 시선이 쏟아져 아이들이 움츠러들곤 한다. 그래서 국제결혼을 한 것이 후회될 때도 많다. 일이 힘들고 고단한 것은 참을 수 있지만, 아이들에게 전가되는 차별적 시선은 견디기 어렵기 때문이다.

이런 얘기 끝에 오성혜 씨는 부모로서 아이들을 지켜보며 말 못 할 어려움이 많았다고 토로했다. 에리카의 경우 학교에서 오면 부모와 대화하기를 꺼려해 학년이 올라가고 나이가 들수록 힘에 부쳤다고 했다. 그나마 교우 관계가 좋아 다행이었다. 에리카 역시 혼자 있는 시간이 많아질수록 내적으로 성숙해졌다고 했다. 그녀는 에리카가 자기의 정체성을 스스로 찾아 가는 과정에 있다고 믿는다.

아이들을 기르는 고충을 듣던 후세인 씨도 부인의 말에 동의했다. 그는 "아이들을 어떻게 키워야 할지 모르겠다."라고 했다. 아이들의 미래를 생각하면 잠이 오지 않는단다. 때로는 모든 것을 포기하고 다시 방글라데시로 갈까도 싶다. 아이들이 자라면서 그러지 못하고 이곳저곳 유랑하며 떠도는 삶이 버겁다.

오성혜 씨도 한국보다 방글라데시에 있을 때 차라리 마음이 편했다. 우선 아이들이 수많은 시선에서 자유로울 수 있기 때문이다. 캐나다나 타이, 싱가포르 등지에서는 피부색이 다르다는 이유로 다른 사람에게 주목받거나 그 때문에 상처를 받지도 혼란을 겪지도 않는다는 것이다. 아이들을 생각하면 다른 나라로 이주하고 싶다고 말했다. 이는 오성혜 씨 부부만이 아니라 국제결혼을 한 다른 부부들도 이구동성으로 하는 말이다.

"한국으로 온 이후 지금까지 하루하루가 전쟁이었어요."

아이들이 살아갈 사회를 낙관하면서도, 우리 사회의 순혈주의가 엷어지지 않는다면 아이들이 계속 상처를 받게 될뿐더러 가난과 소외마저 대물림될지 모른다고 걱정했다.

"그렇게 생각하면 한숨밖에 안 나와요. 이제 내쉴 한숨도 없답니다."

오성혜 씨는 자신이 너무나 많은 상처의 언어를 가졌다고 했다. 그녀가 받은 상처는 기억 속에 목록처럼 남아 있었다.

"동사무소나 무슨 기관에서 리서치를 한다고 연락이 올 때면 이제는 짜증밖에 안 나요. 처음에는 제도와 정책의 변화를 위해 적극적으로 발언해 보기도 했지만, 모두 허사라는 것을 뒤늦게 깨달았어요."

알고 보면 생색내기에 불과하고, 이주민을 불쌍히 여기거나 동정하는 시선이 깔려 있다는 느낌을 받았다고 했다.

"제발 뭔가를 주입하려고 하지 않았으면 좋겠어요. 외국인이 한복을 입는다고 해서 동화되는 것은 아니잖아요."

그녀는 현재 시행되고 있는 다문화 가정 지원책에 대해 쓴소리한다. 국제결혼을 한 자신들에게 한국식 잣대를 들이밀거나 일방적인 교육 대상으로 간주한다는 느낌을 지울 수 없기 때문이다. 나도 동의했다. 온정주의나 동화주의는 또 다른 '구별 짓기'와 다를 바 없다. 한국어를 배우고 한국 문화를 습득하는 것은 생활에서 자연스럽게 배어나야 한다. 짧은 시간에 해결하려 들수록, 다문화는 숨을 죽이고 뒤로 숨을 것이다. 마찬가지로 문화가 동화되는 과정에서 어느 일방의 통행만 허용될 수는 없다.

국제결혼을 통한 결혼 이민자 가정이 급증하고 있는 추세로 볼 때, 이제 결혼 이주는 한국 사회에서 거스를 수 없는 현상이 되고 있다.* 그런데 여전히 아시아에서 온 이주민은 값싼 노동력 제공자에 불과하다는 곱지 않은 시선이 존재한다. 그래서 이들은 냉소의 대상이 되거나 동정을 받는, 이중적 시선에서 자유롭지 않다. 그들의 지위가 사회적으로 보장받기도 쉽지 않다.

국적의 차이를 무릅쓰고 험난한 파고를 넘어 결합한 국제결혼 이주민에게는 생활에서 자녀 양육에 이르기까지 넘어야 할 산이 도처에 있다. 언어 소통의 어려움과 문화적 충돌은 이들이 늘 겪는 문제다. 이들 사이에서 태어난 자녀들이 정체성의 혼란을 겪는 것 또한 당연하다. 혈통에 의한 국적 부여, 이중국적 불인정, 정주화 방지, 가족 결합 금지 등을 규정한 관련 정책과 이를 내면화하고 있는 사람들의 인식이 달라지지 않는 한, 한국식 다문화주의는 혈통주의와 민족주의를 오히려 강화하는 방향으로 작용할 것이다.

최근 정부가 계획하고 있는 '이민자 사회 통합 이수제'에도 일방의 주입과 강요만 있다(2009년 3월 4일부터 시행되었다). 정작 이민자들을 둘러싼 환경을 개선해야 한다는 점은 외면하고 있다. 이주민 상담을 하다 보면 쉽게 알 수 있는 사실이다. 다문화 이해 교육이 필요한 사람은 국제결혼을 하려는 이주민이 아니라 한국인이 아닐까 싶다. 상대방의 문화를 알고 존중하는 것이 무엇보다 중요하다. 그러지 않고 시도되는 통합이란 또 다른 이름의 차별일 뿐이다.

여름방학이 끝나 갈 무렵 에리카의 집을 방문했다. 아버지는 밤일을 끝내고 들어와 어두운 방 안에서 칼잠을 자고 있었고, 에리카와 환희가 집을 지키고 있었다. 어머니를 대신해 동생을 돌보는 에리카가 대견하다. 에리카에게 요즘 어떻게 지냈느냐고 물으니, 얼마 전 양로원에 가서 자원봉사를 했단다. 너무 좋았다고 했다.

에리카에게 꿈이 뭐냐고 물었다.

"우리 가족 모두 행복하게 살았으면 좋겠어요."

에리카의 꿈이 소박하다. "그런 꿈 말고 다른 꿈은 없어?" 재차 물으니, 한참 뜸들이다가 커서 사회복지사가 되고 싶다고 한다. "꿈도 자랄까?" 내가 다시 물었다. 에리카가 여름 산의 싱그러운 빛처럼 환히 웃는다. (2008.9)

● 현재 한국 내에서 이뤄지는 결혼의 13.6퍼센트(2005년 기준)가 국제결혼이다. 그 사이에서 태어난 자녀는 2만여 명에 이르고 있다.

솔롱고스를 떠나는 아이

손 세차장에서 일하는 몽토야(37세, 몽골) 씨는 한국에서 열 번째 여름을 맞고 있다. 그 사이 큰아들 서타밀(7세)이 태어났고, 최근 볼강타미가 태어났다. 올해 초등학교에 입학한 타밀은 그 또래 아이들처럼 천진난만하다. 타밀이 초등학교에 들어가면서 토야 씨는 아이가 친구들과 잘 어울릴지, 왕따를 당하지는 않을지 걱정했다. 그나마 타밀의 피부색이 한국인과 크게 다르지 않다는 것이 다행스러운 일이다. 그런데 문제는 이름이었다. 친구들이 타밀이라는 이름을 궁금해하며 다가왔다가 몽골 아이라는 사실을 알고 나서는 놀리는 일이 잦았던 것이다. 얼굴색에 대한 혼란은 겪지 않았지만, 어눌한 말씨 탓에 영락없이 아이들의 따돌림을 받기일쑤다. 토야 씨는 아이가 학교에서 돌아올 때마다 가슴을 몇 번이나 쓸어내린다. 이제 갓 입학한 터라 어려움이 많지만, 타밀이 학교생활에 적응하기를 바랄 뿐이다. 타밀은 가끔 친구들과 싸우고 돌아오기는 해도 건강만큼은 타고나서 잔병 없이 학교에 다니고 있다.

자전거 타기를 좋아하는 타밀에게 학교 다니는 것은 어떠냐고 물었다. 친구들과 노는 것이 재미있단다. 특히 음악 시간이 좋다고 한다. 왜냐고 물으니 그냥 씩 웃는다. 타밀의 미소는 말이 된다. 워낙 말수가 없다. 말을 걸지 않으면 좀처럼 먼저 말하지 않는다. 토야 씨는 그게 다 한국말에 익숙하지 못해서라고 했다.

가끔 나는 토야 씨가 부르는 노래를 듣는다. 몽골 악기 마두금을 타고 들려오는 그 소리는 꼭 들판의 바람소리 같기도 했고, 흩어졌다 모이고 어느덧 뿔뿔이 사라지는 정처 없는 구릉 위 구름을 닮기도 했다. 밤하늘의 별과 바람과 초원의 풀잎을 일으키는 소리 같기도 했다. 가끔 나는 그녀에게 이끌려 노래방에 갔는데, 그녀는 가수 뺨 칠 정도로 한국의 대중가요를 잘 불렀다. 소주도 곧잘 했다. 술을 마시면 주정도 했다. 그녀의 주정에는 내력이 있다.

몽토야 씨는 원래 몽골에서 농구 선수였다. 국가 대표 선수로 러시아나 중국 등지에 가서 경기를 뛰었다. 남편인 서기(37세, 몽골) 씨도 스포츠 선수다. 사이클 국가 대표로 아시안게임 3연속 금메달을 받을 정도로 이름을 날렸다. 스포츠 부부인 이들은 국가에서 나오는 연금만으로도 생활하는 데 별 어려움이 없었다. 하지만 1990년대 구소련이 해체되고 자본주의 시장체제로 변하자 연금으로는 생계비가 턱없이 부족했다. 몽골에서 벌이가 괜찮은 일자리를 찾기도 쉽지 않았다. 스포츠 영웅인 서기 씨는 결국 1997년 경제적인 이유로 이주를 감행했다. 그리고 이듬해 토야 씨도 한국으로 이주했다.

처음 한국에 왔을 때만 해도 그녀는 스포츠 정신으로 무장한 터였다. 근성과 끈기로 단련된 몸이었다. 기골이 장대했고 몸매도 다부졌다. 하지만 이주노동자의 삶은 만만치 않았다. 인천 남동 공단에 있는 목재 공장에서 일을 시작한 그녀는, 남자도 힘이 들어 손을 든다는, 목재를 치수에 맞추어 절단하는 일을 하는 목취부에서 천신만고의 나락을 오갔다. 그래도 토야 씨는 재미났다고 했다. 월급을 손에 쥐는 날이면 머지않아 이주할 때 품은 꿈이 실현될 것만 같았다. 그뿐 아니라 이주 초기만 하더라도 기운이 솟아 힘든지도 몰랐단다. 그리고 얼마 지나지 않아 타밀이 태어났다.

타밀이 태어날 때 토야 씨 부부에게 가장 큰 문제는 병원비였다. 미등록 이주노동자로 일하고 있어서 의료보험이 없는 이들에게는 병원비가 큰 부담이었다. 더욱이 운동을 그만둔 이후 혈압이 높아진 토야 씨는 산후더침으로 몸이 망가져 걸핏하면 잔병치레로 병원을 가야 했다. 그동안 번 돈의 대부분을 병원비로 썼을 정도다.

그렇게 타밀을 2년 가까이 키웠다. 그러고는 몽골에 있는 친정에 아이를 맡겼다. 그녀는 타밀을 몽골로 보내고 며칠 동안 잠을 이루지 못했다. 아이가 자꾸만 눈에 밟혔다. 문제는 그때부터였다. 토야 씨는 술을 입에 대기 시작했다. 아이가 몹시 보고 싶었다. 타밀 역시 몽골에서 적응하지 못했다. 잠자리에 들어도, 공장에서 일해도 아이가 눈에 밟혔다. 늦은 시각 집에 들어와서는 술로 적적함을 달랬다. 술에 취하면 남편에게 아이를 당장 데려오라고 떼를 썼다. 처음에는 시간이 지나면 나아지리라고 생각한 남편은, 날이 갈수록 토야 씨의 주정이 심해지자, 결국 몽골에 가서 타밀을 데리고 한국으로 돌아왔다.

다시 가족이 합쳐지니 무엇과도 바꿀 수 없는 행복이 찾아왔다. 가족의 생계를 위해 토야 씨는 목재 공장 도장반과 세차장 등에서 일했다. 남편은 몽골과 한국을 오가며 유목민 같은 생활을 했다. 그렇게 10년을 보내는 사이에 둘째 아이가 태어났다.

아이가 태어난 기쁨도 잠시였다. 부부는 백일이 막 지난 둘째 볼강 타미를 몽골로 보내기로 했다. 몽골의 강 이름을 따 이름을 지어 주면서 아이가 강처럼 긴 생명줄을 잇고 살아가기를 희망했다. 그럼에도 한국에서 가족이 모여 살기란 쉬운 일이 아니다. 더구나 미등록된 상태로 살아가는 것은 마음을 졸이는 일이다. 언제 단속될지 모른다는 두려움은 아이에게도 적잖은 영향을 미친다. 아이를 키우면서 이주노동자로 일하기는 무척 어렵다.

타미를 몽골로 보내기로 마음 먹은 토야 씨에게 10년간의 한국 생활이 어떠냐고 물었다. 그녀는 이제 일상이라고 했다. 벌어 놓은 돈도 없고, 아프면 병원비 들고, 그저 먹고살기 위해 산다고 했다. 몽골에 가기도 쉽지 않다고 했다. 이제는 한국의 날씨와 음식이 더 친숙하다고 했다. 몽골에 적응하지 못하고 한국에서 자란 타밀은 이제 몽골에서 살 수 없을 거라고 했다. 그것이 한국에서 이주노동자로 살아야 하는 이유가 되었다.

토야 씨에게 꿈이 뭐냐고 물었다. 그녀는 한참을 망설이다가 한국에서 계속 살면 좋겠다고 했다. 타밀을 위해서도 한국에서 살 수밖에 없다는 것이다. 하지만 아이가 성년이 될 때까지, 미등록 상태인 토야 씨가 한국에서 살아가리라는 보장이 없다. 불확실한 미래가 그녀와 타밀의 현실이다. 토야 씨는 만성적인 불안과 두통에 시달린다. 혹시 아이 때문에 잡히는 것은 아닐지, 출입국 관리사무소의 단속에라도 걸리지는 않을지 하는 생각이 그녀를 괴롭혔다. 두려움은 꿈에서도 따라붙었다. 다행히 외모가 한국의 여느 아이와 별 차이가 없어서 밖에 나가서 놀 때 마음 졸이는 일은 없다고 했다. 방글라데시나 인도에서 온 이주민의 자녀들이 공장 기숙사나 컨테이너에서 아이를 키우는 것에 비하면 자신들은 행운이라고까지 했다.

아이 때문에 이중생활을 해야 하는 불편함조차 아이를 위해 받아들여야 했다. 그래도 지금은 남편이 건축자재를 납품하는 일을 하면서 몽골과 한국을 오갈 수 있어 다행이다. 몽골의 초원과 흰 구름이 떠가는 모습을 볼 수는 없지만, 한국에서 10년간 살았어도 지하 셋방을 벗어나지 못했지만, 아이가 커가는 모습을 보며 절로 피로를 잊는다고 했다. 아이가 이곳에서 자라 사춘기가 되고 청년으로 성장할 때까지, 어쩌면 그녀와 가족은 몽골과 한국을 오가는 유목민 생활을 계속해야 할지 모른다. 일을 찾아 시화 공단을, 그리고 안산과 인천의 변두리 공단을 전전하면서, 이제는 생계를 위해 일해야 하는 여느 한국 사람과 다를 바 없는 일상을 보내고 있다. 오히려 타밀이 커가면서 이중의 문화와 정체성 탓에 혼란을 겪지는 않을지 걱정되기도 한다. 집에서는 몽골어를 하지만, 타밀에게는 한국어가 오히려 자연스럽다.

왜 가족이 함께 생활하지 않느냐고 물으면 토야 씨는 또 눈물이 글썽인다. 몽골에서도 한국에서도 그녀의 가족은 유목인이라고, 앞으로 타밀이 성장해도 역시 유목인이지 않겠느냐고 한다. 현실 때문에 현실에 속박되어 살고 있는 자신의 처지를 깨달을 때마다, 불현듯 '아, 이게 묶여 사는 것이구나.' 하는 생각이 든다고 했다. 예전에는 정착을 꿈꾸었지만 이제는 정착이 토야 씨에게 새로운 속박이 되었다. 그렇다고 꿈을 포기할 수는 없었다. 꿈 때문에 이곳까지 떠밀려 온 것이 아니겠느냐고 했다. 게다가 이제는 타밀 때문에라도 몽골로 갈 수 없는 처지가 되었단다.

남편은 몽골에서 타미를 키우고 토야 씨는 한국에서 타밀을 키워야 한다. 이주노동 과정에서 새롭게 부딪치는 문제다. 떨어져 살면서 가족이 해체되고 경제적으로는 더욱 궁핍해진다. 이주 초기만 하더라도 토야 씨 부부는 한국에서 얼마간의 이주노동이 그들에게 새로운 꿈을 일궈 주리라 믿었다. 몽골에 파오를 짓고 스포츠 관련 일을 하면서 부모를 모시고 살자고 다짐했다. 하지만 지금은 가족 모두 뿔뿔이 흩어져 있다. 불안정한 생활도 힘겹지만, '불법체류'라는 낙인이 토야 씨와 타밀에게 미래를 꿈꾸지 못하게 한다.

현재 미등록 이주노동자 사이에서 태어난 많은 이주 아동들이 공장 기숙사에서 숨죽이며 살고 있다. 가족 이주를 인정하지 않는 한국의 이주 정책은 이주 아동에게 지옥을 선사한다. 부모의 체류 신분과 관계없이 국적을 부여하는 여느 나라와 달리, 한국은 '국적이 없으면 권리도 없다'는 식의 이주 정책을 펴고 있다. 이 때문에 많은 이주 아동들이 부모의 선택과 무관하게 무국적자로 방치되거나, 열악한 노동 현장에서 살아가고 있다. 한국 사회가 이주민 가족과 아동의 인권침해를 방치하는 모습은, 여전히 우리 사회가 야만의 경계에 있다는 지표이기도 하다.◆

5월의 햇살이 눈부시던 어느 날, 몽골로 타미를 보내기 전에 토야 씨는 타미를 업고 나들이를 했다. 언제 다시 볼 수 있을지 기약할 수 없기에 눈 속이며 가슴속에 아이를 넣느라 바빴다. 며칠 후 타미는 젖도 떼기 전에 형 타밀과 헤어져 '솔롱고스'를 떠나는 비행기에 올랐다. 몽골 사람들은 한국을 솔롱고스라고 부른다. '무지개 나라'라는 뜻이다. 이들에게 무지개 나라라고 불리는 솔롱고스는 어떤 나라일까. 비행기가 푸르른 창공을 향해 굉음을 내며 솟아올랐다. 토야 씨의 눈빛에 원망인지 기다림인지 모를 회한이 가득 밀려온다. "아기야, 잘 가." 그녀가 하늘을 향해 울부짖는 모습이 파란 하늘에 아리기만 하다. (2008.7)

---

* 앞서 언급했듯이 여전히 한국에서 비준하지 않고 있는 이주노동자권리협약은 이주노동자가 노동할 권리, 자유롭게 귀국할 권리, 가족을 동반할 권리 등을 핵심 내용으로 하는데, 이에 따라 이주민의 권리 또한 포괄적으로 다룬다.
  "이주노동자의 자녀는 성명, 출생 등록, 국적에 대한 권리를 가진다."제29조
  "이주노동자의 자녀는 그 나라의 국민과 평등한 처우를 기초로 교육을 받을 기본적인 권리를 가진다. 그 사람이 공립 유치원 및 학교에 입학할 것을 요구할 때 부모 중 어느 한 사람이 체류 내지 취업이 불법이거나 취업국에서의 그 자녀의 체류가 불법임을 이유로 거부되어서는 안 된다."제30조

두 이주민의 세상살이

고향에는 부모님이 계신다
사람들이 친절하다
물소가 생각난다
여러 가지 야채가 많다
친구들이 보고 싶다

_티마폰, "고향" 중에서

티마폰 씨가 '이주민과 함께하는 아시아 문학의 밤'에서 낭독한 자작시다. 향수鄕愁가 행간에 짙게 묻어 있다. 한 줄 한 줄 정성껏 읽어 내려가는 그녀의 모습에서, 언뜻 그녀가 살던 타이의 동북부 농카이가 떠올랐다. 지평선 너머까지 끝없이 이어지는 논에 물소 떼가 어슬렁거리는, 여유롭고 순박한 삶이 푸른 하늘 아래 펼쳐지듯 떠오른다. 낭독을 마친 그녀는 한국어를 공부하며 난생처음 시를 썼다며 수줍어한다.

"제 고향 농카이는 라오스와의 국경 지대에 있어요."

티마폰 씨(26세)는 농카이에서 한 시간가량 떨어진 타버라는 곳에서 고등학교를 졸업하고 회사 생활을 했다. 때마침 한류 바람을 타고 한국 드라마가 유행했다. 〈대장금〉을 비롯한 한국 드라마를 빼놓지 않고 봤단다. 그도 그럴 것이, 같은 고향에 살았던 이모의 딸도 대구로 결혼 이주를 했다. 가끔씩 들려오는 한국 생활은 새로웠고, 실제로 어떤지도 궁금했다. 그녀도 새로운 삶을 살고 싶었다. 그래서 사촌 언니의 소개로 지금의 남편을 만나 결혼했고 2007년 5월 한국으로 왔다.

그녀에게 고향 얘기를 묻자 눈동자가 빛난다. 예전에는 농사를 짓는 데 필요한 물소가 많았단다. 하지만 요즘은 땅이 오염되고 풀도 많이 없어져 물소가 사라지고 있다며 안타까워했다. 하지만 타이 야채에는 뭐가 있는지 알려 달라는 말에 다시 밝게 미소 짓는다.

"타이는 야채가 많아요. 카나, 박티, 박봉, 바까, 박뱌룽……."

그녀가 줄줄이 대는 타이 야채 이름에서 고향의 풀 내음이 흠씬 묻어난다. 우리네 봄나물을 연상케 한다.

"겨울이 추워요."

그녀는 한국의 겨울이 혹독하게 춥다고 한다. 그녀가 태어나 자란 농카이는 우기와 건기가 전부다. 40도를 오르내리며 푹푹 찌는 더위가 찜통을 방불케 한다. 타이에도 겨울은 있지만 북부 지역인 치앙마이를 제외하곤 겨울다운 겨울이 아니다. 한국에 와서 난생처음 본 흰 눈이 너무 아름다웠다고 한다. 그래서 그녀는 한국의 겨울은, 춥더라도 흰 눈이 있어 좋다고 한다.

"지금은 한국어와 한국 음식 공부를 많이 하고 있어요."

한국어가 어렵지만 공부하는 것이 마냥 즐겁다는 그녀는 결혼 이주로 온 친구들과 종종 모임을 갖는다. 타이 음식을 함께 해먹기도 하는데, 그러면서도 나누는 얘기는 대체로 한국 생활과 음식에 대해서다. 된장찌개·꽃게탕·동태찌개나 잡채쯤은 직접 만들 수 있다기에, 어떻게 배웠느냐고 묻자 인터넷에서 배웠단다.

"아직 모든 것이 부족해요. 한국 예절도 알고 싶고, 한국어도 더 많이 배우고 싶어요."

그녀의 바람에서 이주민으로서의 삶이 배어 나왔다. 새로운 문화를 접한다는 것은 낯선 일이지만, 그런 삶 또한 곧 일상이 아니겠느냐고 그녀는 말한다.

"모든 것이 떨리는 처음이에요."

그녀는 이주민을 위한 공간이 많아졌으면 좋겠다고 말한다. 지금 다니고 있는 여성 복지관 내 한국어 교실은 한국어를 공부하고 나서 모처럼 친구들과 음식을 나눠 먹고 싶어도 그럴 장소가 마땅치 않다고 한다.

"막상 이주민이 모일 수 있는 곳을 찾기가 어려워요."

사랑방처럼 이주민이 모일 만한 곳이 많았으면 좋겠다는 것이 그녀의 바람이다. 그녀는 또한 한국어를 공부하는 강의실에 많은 이주민이 모여 공부하다 보니 배운 내용을 제대로 이해하지 못하고 넘어가는 경우가 많다며, 이런 상황은 다른 결혼 이주민도 마찬가지라고 말한다.

"이주민은 어렵다는 말을 먼저 못해요."

한국인에 비해 아무래도 자신들은 이방인이라는 것이었다.

"여건이 되면 맞벌이도 하고 싶어요."

남편은 맞벌이를 원하지 않지만 그녀는 일에 대한 의욕을 보였다. 한국에서 생활하려면 남편 혼자 일해서는 힘들다는 것을 알았다고 한다. 회사 일도 하고 싶고, 한국어를 더 배워 통역도 하고 싶다는 그녀는 여느 결혼 이주민처럼 진취적이다.

21세기의 '유목민'이라고 할 만한 이주민은 정주민과 다르다. 정주민이 한곳에 정착해 문화의 꽃을 피운다면, 이주민은 이동을 통해 새로운 문화를 전파하고 향유함으로써 문화의 꽃을 피운다. 그래서 이주민은 누구보다 도전적이며 모험적이다. 티마폰 씨도 예외는 아니다. 그녀에게 앞으로의 계획을 묻자 수줍어하면서도 당차게 말한다.

"타이를 알리는 모임을 만들고 싶어요."

티마폰 씨처럼 한국 생활에 적응하며 나름대로 자신의 영역을 개척하고 활발한 사회 활동을 찾아가는 이주민이 많아지고 있다. 이주민의 진취성에 비해 이를 받아 줄 여건이 조성될 전망이 밝지 않다는 점이 문제다.

파키스탄 카라치에서 이주노동자로 와서 한국 여성과 결혼한 후 귀화한 자히드(37세) 씨는 한국 사회에서 직업을 구하기가 너무 어렵다고 하소연한다. 그는 매번 직장을 구하기 위해 이력서를 썼지만, 아시아계 이주민을 받아 주는 곳은 거의 없다.

"이주민을 위한 직업 양성소 같은 곳이 있으면 좋겠어요."

사회적 약자인 이주민을 위해 기업에 채용 의무 기준이 적용되면 좋겠다는 바람도 내비친다. 가장으로 살아가려면 직장이 필요한데, 자기처럼 사무직을 원하는 사람이 들어갈 직장은 없다. 어렵게 직장을 구하더라도 '차별적 시선'을 견디기 어렵다. 불편한 시선을 받으며 마음 놓고 일할 수도 없다.

"머릿속이 온통 직장과 아이 교육 문제로 가득 차있어요."

한국은 학교 공부 외에 배워야 할 것이 너무 많다며 한숨을 길게 내쉰다. 학교 공부만으로는 턱없이 부족해서인지 학원에 가는 아이들을 볼 때마다, 자신도 어느덧 한국의 아버지가 되어 경쟁에 끼어든 기분이란다.

국제결혼을 한 이주민의 경우 처음에는 부부 모두가 서로 잘 보이려 하기 때문에 문화 차이를 못 느낀다고 한다. 그러다가 시간이 지날수록 문화적 차이에 따른 벽을 실감한다.

"이슬람의 기준으로 보면 여성이 밖에서 일하고 회식하고 술을 먹는 것을 이해하지 못합니다."

그래서 아내가 직장을 다니는 것을 극렬하게 반대했다. 아내의 늦은 귀가는 부부 싸움의 원인이 됐다. 자신은 아침에 홍차와 빵을 먹고 싶지만, 아내는 된장국에 김치를 선호했다. 아내가 친정 식구를 챙기는 것을 이해할 수 없었다. 시간이 갈수록 자녀 교육, 음식, 직장 등 곳곳에서 문화의 차이가 나타났고 사이가 벌어졌다. 이 같은 갈등이 발생한 데는 문화적 차이가 작용했지만, 경제적인 문제도 무시할 수 없다. 직장을 구하고 싶어도 마땅한 기술이 없는 그는 벌써 6개월째 실업자로 지내고 있다. 귀화한 다른 파키스탄 친구들도 사정은 마찬가지다.

그는 "전문적인 기술을 배울 수 있는 교육기관에서 기술을 배워 한국 사회의 일원으로 참여하고 싶다."라며, "한국인 강사의 말을 전부 이해하지 못하고, 읽기·쓰기가 안 되기 때문에 교육을 제대로 받기 위해서라도 귀화자를 위한 전문 교육 기관이 필요하다."라고 했다. 어렵게 한국 국적을 취득한 귀화자들을, 정작 한국 사회에서 방치하고 있다는 것이 그의 생각이다.

"저 역시 세금 내는 한국 시민임이 틀림없습니다. 하지만 내버려졌다는 상실감이 큽니다."

그로 인해 부부간 갈등이 심각하다고 했다. 아이의 교육 문제도 크지만, 가장으로서 일자리를 찾지 못하고 있는 자신의 처지가 한스럽다. 공장이라도 찾아가 일하라고 하던 아내도 이제는 포기했다고 한다. 자히드 씨도 공장에서 일하고 싶지만 차별적 시선 때문에 받은 상처가 많았기에 자신이 없다고 한다.

"애증이라고 하나요? 이제는 천덕꾸러기가 된 기분입니다."

귀화 이주민으로 12년을 보낸 지금, 차별로 인한 마음의 상처와 사회 부적응자로 전락한 모습만 남았다. 결혼한 지 10년 이상 된 결혼 이주민 가정의 이혼율이 높아진다는 얘기가 남의 일같지 않단다. 편견과 싸워 어렵사리 여기까지 왔는데, 문화적 차이와 경제적 이유로 이혼하는 사람이 주변에서 하나둘 생길 때마다 두렵다고 한다.

그는 이주민이 자립할 수 있는 기반을 제공해 주었으면 좋겠다면서, "이주민에 대한 고용 기회를 확대하고 창업 지원금 같은 제도가 마련되었으면 좋겠다."라는 희망을 밝혔다. 그동안 수없이 이혼을 결심하기도 하고, 한국 사회를 원망하기도 했다. 삶이 밑동까지 도려내진 듯 발가벗긴 기분으로 살지만, 그래도 가장으로 살아야 하기 때문에 치욕을 감당할 수 있었다고 한다. 하지만 면접을 볼 때마다 "우리나라 젊은이도 일자리가 없는데, 하물며 외국인을 채용할 수 있겠느냐."라는 말을 듣고 나면 며칠 동안 잠이 오지 않는다.

"낙오자가 되고 싶지 않아요."

그는 한국 사회를 떠나 다시 유랑하는 이주의 삶을 살기는 이제 어렵다고 했다. 자라는 아이를 위해서라도 한국에서 정착하고 싶단다. 몇 번이고 이민을 갈까 망설였지만, 빈손이 갈 곳은 이 세상 어디에도 없다. 차별도 차별이지만 경제적으로 자립할 수 없는 처지이고 보니 이주민의 삶은 막장 삶과 다를 바 없다. '왜 나만 참아야 하는가?' 하는 자괴감도 한계에 다다랐다. 그러다 보니 피해 의식도 많다고 한다.

"점점 내 안에서 원망이 커지는 것이 두려워요."

아내는 힘들어도 참으라 하지만 이제 인내심도 바닥을 드러냈다.

"귀화 이민자를 만나면 온통 직장 구하기 힘들다는 말뿐입니다."

그는 요즘처럼 일자리를 구하기 어려운 마당에 이주민이나 귀화자가 희생양이 되지 않았으면 좋겠다고 했다. 그러면서 어렵게 꿈을 좇아 새로운 삶을 위해 찾아온 이주민에게, 좀 더 기회를 주는 열린 사회가 되었으면 한다는 바람을 내비쳤다. (2009.1)

시민 K씨

시민 K씨라고 그를 부르겠다. 시민 K씨의 나이는 38세. 한국에 들어온 지 7개월째다. 그에게는 부인과 초등학교에 다니는 큰딸, 갓 백일이 지난 작은딸이 있다.

그는 중국 헤이룽장 성 닝안 시 청즈 촌에서 태어났다. 사방이 산으로 둘러싸인 곳에 40여 가구가 벼농사를 짓는 곳이다. 한국 군산에서 태어난 할아버지가 일제강점기 때 가족을 이끌고 두만강을 넘어 지린을 거친 뒤 이곳에 정착했다. 1949년 중화인민공화국이 수립되면서 가족들은 한국으로 돌아가기를 포기하고 중국 내 소수민족인 조선족이 되어 농사일을 하며 살았다. 집안의 막내로 태어난 그는 초등학교를 마칠 무렵, 상급 학교로 진학하기 위해 닝안 시내에 있는 학교로 전학을 갔다. 그렇게 가족과 떨어져 이산이 시작되었다.

자취를 하며 고등학교를 마친 뒤에는 톈진에 있는 의류 업체에서 일했다. 유랑 생활은 마카오·말레이시아·싱가포르·아일랜드로 이어졌다. 그 와중에 옌볜 출신 조선족 여인을 만나 결혼도 했다. 귀화하기 위해 한국에 오기 전 10년 동안, 일본에서 딸을 낳고 반도체 기술자로 일했다. 벌이도 괜찮은 편이었다. 하시만 나이가 들수록 사신의 정체성에 대한 의문이 들었다. 대처로만 떠돌던 오랜 유랑을 마치고 귀화를 결심했다. 일본에서의 기득권을 포기하기가 쉽지는 않았지만, 2009년 2월 마지막 주에 큰딸의 새 학기에 맞춰 가족 모두가 일본 나리타를 떠났다. 겨울 추위가 풀리기 시작한 때였다.

그런데 한국에 온 지 이틀째부터 뜻하지 않은 일이 벌어졌다. 아파트를 사고 싶어도 계약이 안 됐고, 주소지 신고를 위해 동사무소에 갔으나 주소지 등록을 받아 주지 않았다. 딸아이 입학을 위해 관할 초등학교에 찾아갔으나 역시 외국인이라는 이유로 받아 주지 않았다. 그는 교육청을 방문하고 관할 지역 초등학교의 교장을 찾아가, 참관수업이라도 받게 해 달라며 애원했다. 이해할 수 없는 일은 이것이 다가 아니었다. 정수기를 설치하려 해도 외국인 신분이어서 계약 판매를 할 수 없다는 통보를 받았다. 매달 결제하는 대금 인출 통장이 없다는 것이 이유였다.

그는 한국이라는 나라를 점점 이해하기 어려웠다. 자동차를 살 때도 제약이 따랐다. 경차를 사도 세금이나 기름 값이 감면되지 않았고 유류할인 카드도 발급받지 못했다. 물건을 사고 세금을 내는 데 내·외국인이 무슨 상관이냐는 항변도 통하지 않았다. 가족을 위해 의료보험에 가입하는 것도 뜻대로 되지 않았다. 가족 관계 증명서를 제출하라고 요구해서 찾아갔던 구청과 출입국 관리사무소, 법무부에서는 하나같이 "(등록되어 있는) 가족이 없습니다."라고만 했다. "왜 내가 가족이 없느냐."라고 반문했지만 귀화 신청한 외국인은 개별적으로 분리 등록하기 때문에 가족이 될 수 없다면서, 가족으로 등록하려면 유전자 검증 서류와 외국에서의 가족 관계 증명서를 가져오라고 했다. 중국 외교부의 공증을 받은 증명서를 국적과에 제출했지만, 여전히 가족 관계 증명을 할 수 없다는 통보를 받았다. 결국 최근까지 거주했던 일본에 다녀와야 했다. 그렇게 제출한 가족 관계 증명서 덕분에 가까스로 의료보험 카드를 만들 수 있었다.

"한국에 와서 한 달이 어떻게 지나갔는지 모르겠어요."

그는 이 일을 겪으면서 재중 동포이면서도 외국인이라는 이유로 안 되는 일이 많다는 것을 피부로 느꼈다.

"이유가 없었어요. 외국인이라서 못 해주겠다는 대답뿐이었어요."

가족이라는 사실을 증명하는 데서조차 거대한 벽을 느꼈다. 외국인이라는 신분이 빌미가 되어 집 계약은 물론, 아이 교육과 가족 의료 문제에 이르기까지 사사건건 암초투성이였다.

"나도 세금을 내며 물건을 사는데, 왜 외국인이라는 이유로 안 되는 것이 그렇게 많은지 모르겠어요. 그렇다고 외국인이 물건을 사면 세금을 환불해 주는 것도 아니잖아요."

그의 항변에는 중국에서 소수민족으로 살아왔던 설움보다 더 깊은 상처가 배어 있었다. 한국어를 하는 한국인이 제 나라에 찾아왔는데 외국인 취급을 받는 것도 서럽거니와, 한국에 온 지 한 달도 안 되어 귀화자에 대한 차별이 심각하다는 사실을 절감했기 때문이다.

"한국말을 쓰는 한국인도 외국인 취급을 받는데, 외국인에게는 오죽하겠어요?"

그런데 정작 문제가 되는 것은 그의 비자였다. 방문 동거 비자로는 직업을 구할 수 없었다. 결혼 이민자의 경우 자유로운 구직 활동이 가능하지만, 방문 동거 비자를 받은 귀화자는 국적을 취득할 때까지 취업은 물론 구직할 수도 없기 때문이다. 설령 일을 할 수 있는 방문 취업H-2 비자가 있다 해도 건설업이나 서비스업 등으로 취업이 제한되기에, 그가 지금까지 해온 반도체 관련 일을 할 수는 없다. 결국 국적을 취득할 때까지는 할 수 있는 일이 없었다.

"생계유지는 할 수 있도록 취직의 자유를 줘야 하지 않겠어요? 생각해보세요. 국적을 취득하는 동안 일을 못하는데 어떻게 먹고살겠어요?"

그는 억울해했다. 귀화자의 입장에서 일처리를 하지 않는 법무부에 분통을 터뜨리기도 했다. 출산율이 최저인 한국에, 그것도 재중 동포인 한국인이 가족 모두 귀화 신청을 하겠다는데, 국가에서 적극적인 지원을 하지는 않을망정 생계를 위해 직업을 갖는 것조차 막는 현실을 이해할 수 없다는 것이었다. 우선은 별 수 없었다. 국적을 빨리 취득해야 했다.

재중 동포이기 때문에 특별 귀화 대상자인 그는 귀화에 걸리는 시간을 단축하기 위해, 법무부에서 실시하고 있는, 국적 취득과 연계한 사회 통합 교육을 신청했다. 국적 필기시험을 면제하고 국적 취득 대기 기간을 단축한다는 명목으로 실시하는 사회 통합 교육은, 결혼 이민자의 국적 취득을 손쉽게 하기 위해 만든 사회 통합 이수제의 일환이다. 그는 다문화 이해 교육 50시간과 한국어 교육 1백 시간을 꼬박 들어야 했다.

"사회 통합 이수제로 국적을 취득하는 사람 가운데 상당수가 재중 동포예요. 이들은 의사소통이 다 되는데도 사회 통합 교육을 일방적으로 들어야만 해요."

재중 동포나 고려인의 경우 특별 귀화 대상자로, 대기 기간이 2년 3개월로 단축되어 일반 귀화 대상자보다는 그나마 형편이 낫다. 그는 국적 취득이 이렇게 어려워서야 되겠느냐며, 동포까지 이렇게 취급하는 현실에 비애를 느낀다고 했다.

한번은 이런 일이 있었다.

"인천 연안 부두에서 덕적도에 가는 배를 타려고 표를 구했는데, 인천 시민들은 뱃삯을 반값만 내지만 저는 전부 내야 했어요. 인천에 거주하는 시민인데도 외국인이라서 할인해 줄 수 없다더군요."

게다가 한국으로 귀국하기 전에 임신 8개월이었던 아내가 둘째 아이만큼은 처음부터 한국 국적을 취득하게 하려고 출산 일정을 맞춰서 왔지만, 출생신고조차 외국인으로 등록해야 했다. 한국에서 둘째 아이의 출생신고를 받아 줄 곳은 없었다. 결국 그는 이전 거주지였던 일본에 가서 출생신고를 했다.

"일본에 가서 둘째 아이 출생신고를 하니 출산 비용으로 35만 엔을 주는 거예요. 한국에 돌아와 아이의 외국인 등록을 위해 구청에 가서 신고하니, 출산 비용으로 2만 원을 주더군요. 가족까지 데려와 귀화하겠다는데, 한쪽에서는 어서 오라고 하고, 한쪽에서는 귀찮아하는 거예요."

아이는 결국 외국인 신분이 되었다. 출입국 관리사무소와 법무부에 문의했지만 한국은 혈통주의를 따르고 있고 아이 아버지가 외국인 신분이니, 한국 국적을 취득하려면 부모가 먼저 국적을 취득하고 나서 아이

역시 국적 취득 절차를 밟으라는 말만 되돌아왔다. 한국인이라는 것을 꿈에서도 잊지 않았던 그였다. 정작 고국에서 이런 취급을 받자 수치심마저 들었다.

"그나마 몇 개월을 보내니 한국 사회에 적응되는 것 같아요. '아, 한국 사회는 이렇구나.' 하는 거죠."

그는 한국에 대한 환상이 깨졌다면서 그게 다 한국 사회에 적응하는 것이라고 했다.

"나는 한족도 아니고 중국인도 아니죠. 중국에 태어나서 교육을 받고 소수민족으로 살면서 때로는 한족 친구들과의 대립도 많았지만, 그때마다 '나는 언어를 가지고 있고, 돌아갈 나라가 있는 소수민족이다.'라는 자부심으로 살았어요. 성년이 되어 해외를 떠돌면서도 '나는 한국인이다', '나는 나라가 있는 사람이다.'라는 것을 한시도 잊은 적이 없었습니다. 단순히 돈벌이 수단으로 국적을 선택한 것도 아니고, 아이들의 미래를 위해 국적을 회복하고자 한국에 가족과 함께 찾아왔는데, 외국인으로 취급받는 현실에 절망했습니다."

한편 그는 '조선족'으로 불리는 것도 일종의 차별이라고 지적했다.

"조선족이라고 하면 마치 돈이나 벌려고 들어온 사람들로 취급해 버려요. 동포라는 의식이 없는 것 같아요."

그러면서 그는 '재중 동포'로 불러 주기를 바랐다. 동포로 대접해 달라는 것이다. 외국을 떠돌며 온갖 설움을 받다가 같은 언어를 쓰는 나라에 왔지만 외국인으로 취급당하고 조선족이라고 불리며 멸시와 차별을 받는 것을 보며, 과연 나는 누구인가를 고민하지 않을 수 없었다고 한다.

"나도 시민이잖아요."

그는 귀화자 이전에, 외국인 이전에 사람이고, 사람이기 때문에 인간으로서 누려야 할 시민적 권리가 있다고 했다. 그 권리가 거부되거나 제한될 때 느끼는 모욕감은 이루 말할 수 없었다고 했다.

"한국에 살려고 온 모든 외국인에게 인간이 마땅히 누려야 할 모든 권리가 동시에 주어져야 한다고 봐요."

그에게는 취업할 자유도, 집을 소유할 권리도, 차를 사고 할부 결제할 권리도, 아이를 낳아 출생신고를 할 권리도 없었다. 내국인과 외국인의 차별은 거대하고 견고한 벽처럼 느껴졌다. 그는 한국 사회에 적응하기 위한 대가치고는 너무나 많은 인간적 모멸과 심각한 인권침해를 몇 개월간 겪었다고 했다.

"제가 중국과 일본에서 시민으로 살아온 모든 권리를, 한국에서도 동일하게 보장해야 한다고 봅니다."

국경을 넘었다는 이유로 시민권이 제한되어서는 안 된다. 이주노동자의 경우도 마찬가지다. 베트남·방글라데시·타이 등 어느 나라에서 왔는지와 상관없이, 그들이 자국에서 누린 시민의 권리와 의무가 그대로 실현되어야 마땅하다. 하지만 한국 사회는 시민의 자유와 권리를 모든 외국인에게 허용하지 않는다. 또한 자유로운 구직 활동은 물론, 임금 교섭권이나 교육권 등도 온전히 보장되지 않는다. 이는 현행 이주 정책의 문제점이기도 하다. 세계화되고 사회가 점차 다양화되며, 이주 또한 빈번하게 이뤄지는 시점에서, 혈통주의만 고집하는 한국 사회의 폐쇄성은 이들의 시민권을 제한하는 데서 여실히 드러난다.

게다가 귀화자가 한국 사회에 적응해 정착하는 것을 돕는 제도로 알려진 사회 통합 교육에도 일방적인 통합 논리가 깔려 있음을 엿볼 수 있다. 귀화자의 다양한 문화 자산을 받아들이려 하기보다, 모든 것이 제한된 폐쇄적인 사회를 목표로 삼은 것 같아 답답하다는 시민 K씨의 말에 귀 기울일 필요가 있다. 그는 결국 한국의 혈통주의가 다문화 사회의 걸림돌로 작용할 것이라고 했다. 겉으로만 다문화 사회를 외치는 한국 사회에서 혈통주의를 포기하지 않는 이상, 외국인은 그저 난쟁이처럼 한없이 작아질 것을 강요받는 국외자에 불과하다.

시민 K씨는 "지금까지 내가 겪은 일이 앞으로도 나와 같은 처지인 재중 동포가 겪어야 할 일이 아니겠느냐."라고 했다. "마음대로 의사 표현을 하지 못하는 외국인이 이토록 수모를 겪어야 한다는 것은 끔찍한 일"이라며, "한국은 모든 외국인에게 시민으로서의 권리를 확대해야 한다."라고 항변했다. (2009.11)

파트타임 인생

봄 날씨가 을씨년스럽다. 골목길에 들어서면서 몇 번 하늘을 쳐다봤다. 황사가 드리운 하늘이 잔뜩 찌푸려 있다. 꽃은 언제 기별이 오려나? 꽃이 피면 웅크린 마음이 조금은 환해질 것이다.

돈(37세, 필리핀) 씨의 집은 다가구주택이 닥지닥지 붙은 골목에 있다. 골목 입구 담벼락에 가지만 앙상한 개오동나무가 삐죽하게 서있다. 초여름이 시작될 무렵에야 시원한 이파리를 보일 것이다. 2층으로 향하는 가파른 계단을 올라 문을 열자 손바닥만 한 부엌이 나온다. 겨울을 함께 났을 장미 화분 하나가 놓여 있다. 때마침 부인 린(39세, 필리핀) 씨가 음식을 준비하는 중이다. "마부하이." 내가 타갈로그어로 인사하자, 그는 곧바로 "안녕하세요." 하고 한국어로 대답한다.

방 안에 들어서자 장난감이 가득하다. 소꿉놀이를 한 듯 장난감이 어지럽게 놓여 있다. 세 평(10제곱미터)쯤 되는 방 안에 침대와 간이 옷장, 그리고 모니터가 켜진 컴퓨터가 보인다. 살림이 단출하다. 올해 네 살이 된 딸 돈나린이 갑작스러운 방문객에게 검은 눈망울을 씀벅이고는 엄마를 바라본다. 금방이라도 울음이 터질 것 같다. 색연필과 종이를 건네주자 다시 생긋한다. 네 명이 겨우 앉을 만한 방 안이 더욱 비좁아졌다. 돈나린의 하루를 물었다.

"온종일 방 안에서 놀아요. 밤이면 가끔 산책을 나가요."

돈 씨 부부는 한국 생활 9년째를 맞고 있다. 부인인 린 씨가 산업 연수생으로 먼저 한국에 왔다. 그리고 얼마 뒤 남편이 고용허가제로 들어왔다. 그 사이 한국에서 둘째 돈나린을 낳았다. 돈나린은 국적이 없다. 태어나자마자 무국적자가 되었다. 필리핀 친정에서 자라고 있는 첫째는 열 살이 되었다. 낳은 지 1년도 안 된 젖먹이를 떼어 놓고 한국에 온 이래 여태껏 헤어져 살고 있다. 때마침 딸과 인터넷으로 메신저를 하고 있기에, "딸 보고 싶지 않아요?" 하고 물으니, 그녀의 눈에 잠시 눈물이 맺혔다. 그녀는 메신저를 통해 필리핀에 있는 큰딸을 보는 것이 일과라고 한다. 한 달에 얼마씩 생활비를 보내느냐고 물으니, 가계부를 내놓는다.

월세 20만 원, 가스비 13만 원, 수도료 3만 원, 전기료 3만 원, 음식비 30만 원, 돈나린에게 5만 원, 남편의 차비 등으로 하루 1만 원, 기타 한 달 30만 원 정도 들어가는 돈 이외에 필리핀에 있는 딸과 어머니를 위해 매달 18만 원, 3개월에 한 번은 40만 원 정도를 송금한다. 빠듯하다. 그래도 한국이 좋단다. 이유가 궁색하지 않다.

"일이 있잖아요."

린 씨는 차린 음식이 없다며 필리핀 우동인 팬싯과 말린 생선을 내놓는다. 마치 새끼 전어를 말린 것 같다. 짭조름하다. 필리핀 사람들은 유독 말린 물고기를 좋아한다. 우리가 젓갈을 먹을 때 그렇듯, 향수를 불러일

으키는 모양이다. 입맛이 돌지 않을 때 별미가 따로 없다. 다른 반찬 없이
도 말린 물고기 하나면 밥상이 풍성한 느낌이다.

돈 씨는 최근 새로운 일자리를 얻었다. 가구 배달 일을 하다가 공장에
취직한 것이다. 월급제는 아니고 파트타임(시간제 근무)이지만 월 120만
원은 번다. 아침 7시 반에 출근해서 저녁 9시까지 꼬박 일하고 집에 들어
온다. 그래도 힘들지 않단다. 자신은 그런대로 괜찮은 편이라며, 인근 공
장에서 핸드폰 조립 일을 하는 필리핀 이주 여성들의 경우 보통 60만 원
정도를 받는다고 한다. 최저임금에 훨씬 못 미치는 돈이라고 하자, 그는
손사래를 치며 말을 이었다.

"최저임금, 이곳에는 없어요."

물량이 많고 적고를 떠나서 파트타임이 대세이고, 경우에 따라 1개월
에서 심지어 3개월 정도까지 월급을 깔아 놓는 경우도 많다. 주로 하청을
받아 일하는 형편이다 보니 월급이 밀리기 일쑤다. 그래도 달라는 말을
하지 못한다. 줄 때까지 기다리는 것이 관행으로 굳어졌다. 미등록자이기
때문이다. 그러다 보니 이직률도 높고 이 공장 저 공장으로 떠도는 사람
들이 많다. 이들은, 적게는 4~5명에서 많게는 10명 내외 규모의 공장에
서, 주로 핸드폰 조립하는 일을 하고 있다. 고정급이 아니다 보니 생활이
항상 불안정하다. 일감이 많아도 파트타임으로만 사람을 구한다. 돈 씨는
"월급을 적게 주려는 심보가 아니겠느냐. 그래도 파트타임이나마 일감이
있어서 괜찮다. 한 푼 두 푼 모아 힘겨운 이주노동에서 벗어나는 것이 꿈
이다."라고 한다.

하지만 가끔 생각지도 못한 일이 벌어진다. 부인 린 씨를 포함해서 함

께 공장을 다니는 이주 여성 노동자끼리 계를 들었다. 한 달에 10만 원씩 냈는데, 한국 남자와 결혼한 이주민이 계주였다. 그런데 어느 날 계주가 사라졌다. 계주를 찾기는 했지만, 남편이 곗돈을 가지고 외국으로 도망갔고 그녀도 도망간 남편을 찾을 길이 없다는 것이다. 결국 계는 깨지고 목돈을 모아 귀환하리라는 꿈도 물거품이 되어 버렸다. 월급은 묶이고 사기를 당해 돈까지 떼이다 보니 귀환할 수 없는 매인 몸이 되었다.

"사람 사는 세상이 다 그렇지, 뭐."

때마침 온 조던(46세, 필리핀) 씨 부부가 옆에서 거들었다. "살기 위해 일만 한다."라는 그의 말에서 짐승처럼 산다는 말이 스쳤다. 7년째 한국에서 일하고 있다는 조던 씨 부부는 필리핀 루손에 있는 아이들이 현재 대학생이라서 학비를 벌기 위해서라도 2년은 더 일해야 한다며 한숨을 쉬었다. 가족과 헤어져 사는 것이 힘들지 않느냐고 물어 보니, 조던 씨가 씁쓸하게 웃었다.

"그래도 후회는 없어요. 여기는 일이 있잖아요."

이주노동자들이 일하는 인근 공장도 마찬가지다. 때마침 전선 릴을 만드는 공장에서 일하고 있는 레오(43세, 필리핀) 씨를 만났다. 산업연수생으로 왔다가 그대로 눌러앉았다. 그는 같은 필리핀 이주노동자인 치토(48세) 씨와 함께 일한다. 치토 씨는 필리핀에서 은행원이었다. "왜 한국으로 왔어요?"라고 묻는 말에 짧은 대답이 돌아왔다.

"먹고살기 위해서죠."

레오 씨는 대부로 통한다. 경력만 13년이 넘어, 이 일대에서는 제법 잔뼈가 굵은 것으로 소문이 나있다. 사장도 열쇠를 맡기고 가끔씩 필요한 물품을 가져다주러 올 뿐이다. 생산량만 맞추면 아무런 불만이 없다. 그러니까 레오 씨는 공장장이자, 현장 노동자인 셈이다.

"내가 손을 놓으면 공장 문을 닫아야 해요."

부인과 아들딸이 필리핀에 있다. 그는 월급 130만 원에서 80만 원을 필리핀의 가족에게 보낸다. 나머지로 이곳에서 방세와 각종 식자재를 구입하고 나면 담배 살 돈도 빠듯하다. 그래서 주말에는 파트타임으로 인근 공장에서 일한다. 손에 쥐는 돈은 30만 원 정도다.

가족이 보고 싶지 않느냐고 물었다.

"이곳이 고향이에요."

그는 일이 없는 주말에는 성당에도 가고 필리핀 동료들과 농구도 한다. 지역공동체별로 농구 리그도 있단다.

이주 여성 조슈아(32세, 필리핀) 씨도 마찬가지다. 그녀는 원래 가수였다. 라이브 카페 등에서 노래를 부르다 한국에 가면 큰돈을 벌 수 있다는 말에 2004년 5월 예술·흥행 비자를 받아 한국 땅을 밟았다. 처음 한두 달은 그런대로 벌이도 괜찮았고 지낼 만했지만, 시간이 갈수록 에이전시의 요구가 애초의 계약과 달랐다. 노래뿐 아니라 밤무대에서 춤까지 추게 했다. 급여 인상이나 보너스도 없이 밤낮으로 일했다. 참다못해 결국 동료들과 함께 뿔뿔이 헤어지고는 미등록자가 되었다.

그녀는 최근 다니던 공장을 퇴사하면서 보증금으로 15일치 깔린 돈과 15일치 일당을 받지 못했다. 벌써 3개월째 사장과 입씨름하면서 돈을 받기 위해 공장을 찾아갔지만, 사장은 번번이 하청 탓으로 돌렸다.

"항상 다음에 오라고만 해요."

이 바닥에서는 뭐든지 사장 마음이란다. 게다가 '다음'이 언제인지도 기약이 없다. 보증금 명목으로 깔린 15일치 돈은 아예 받을 수 없는 돈이다. 그 돈을 받아 봐야 그만큼의 임금이 또 체불될 뿐이라 달라질 것이 없다. 그냥 떼이는 것이 상책이다. 이 바닥의 법칙이다. 노동부에 진정을 내도 받는다는 보장이 없고, 사장의 미움을 사면 파트타임 자리마저 보장받을 수 없으니 이래저래 포기하게 된다. 일자리를 찾는 이주노동자는 많은데 일자리가 부족하니 쉽게 해소되지 않는 문제다. 일감이 생긴다 해도 파트타임이라, 한군데서 오랫동안 일할 형편은 안 된다. 영세한 하청 업체 사장들은 파트타임이 편하다. 가령 핸드폰 조립 작업만 봐도 물량이 많으면 밤낮이 없는 반면, 1주일이고 2주일이고 일감이 딱 끊기는 일도 비일비재하기 때문이다.

설사 운 좋게 1년 동안 일하게 되더라도 퇴직금은 꿈도 못 꾼다. 야근이 많은 달에 가끔 10만 원 정도 얹어 주는 것이 전부다. 출근 시각만 있지 퇴근 시각은 딱히 정해져 있지 않다. 일이 있으면 야근이고, 없으면 잔업으로 마친다. 말이 파트타임이지 실제로는 고정직이다. 실제로 임금이 체불된 영세 사업장을 방문해 보면 대부분 사장이 없다. 영업을 하러 나갔는지 자리를 비운 경우가 대부분이다. 약속을 하고 찾아가도 만나기가 어렵다. 핸드폰은 받지 않거나 아예 꺼져 있다. '꼭 주겠다'는 말은 '못 주겠다'는 말과 같다. 모든 것을 '경기 탓'으로 돌린다. 운좋게 만나서 퇴직금을 달라고 하면, 판에 박은 듯 늘 하는 말이 있다.

"불법자들은 없어."

사장들이 입에 달고 다니는 이 바닥의 법칙이다.

조슈아 씨와 함께, 2년째 파트타임으로 일하고 있는 카리나(34세, 필리핀) 씨도 깔린 돈을 합치면 얼추 3백만 원이 된다. 5년 전 그녀는 한국 남자와 결혼했다. 결혼 생활은 얼마 못 갔다. 구타가 잦아져 집을 나왔다. 결국 3년 만에 파경을 맞았다. 이혼 사유가 무엇이냐는 물음에 그녀는 한국인의 성 문화를 꼬집었다. 남편은 아내를 원했던 것이 아니라고. 그러고는 말을 잇지 못했다. 결국 그녀는 미등록자가 되었다. 물론 쫓겨나듯 집을 나온 여느 이주 여성들처럼 여권이 없다. 자신의 신분을 확인할 그 어느 것도 가지고 있지 않다. 언제 단속에 걸려 추방당할지 모른다.

상처받은 사람끼리 모여 산다. 저마다 간직한 상처를 드러내지 않고 살아가는 것이 삶이다. 꿈과 행복을 찾아왔지만 불행이 찬란한 빛을 발하는 것이, 지금 이곳이 아닐까. 카리나 씨가 차를 뽑아 왔다. 따뜻하다. 움츠렸던 몸에 온기가 돈다. 물량을 채워야 한다며, 그녀는 자리를 떴다. '파란곡절은 이럴 때 쓰는 말이 아닐까.' 하는 생각이 잠시 스쳤다. 그녀의 뒷모습을 보니, 사람 사는 세상이 다 똑같다는 생각이 든다. 그녀가 자리에서 일어나기 전에 한 말이 자꾸 맴돌았다.

"죽지 못해 산다고들 하지만, 그래도 지금 행복해요."

'죽지 못해 산다.' 흔히 듣던 말이다. 벼랑으로 몰리다 보면 말도 닮는가 보다. 그럼에도 행복하다는 낙천은 어디에서 오는 것일까. 아마도 그것은 비애일 것이다. 낙천과 비애는 한 몸일 테니, 그리고 한마음에서 나온 것일 테니. 슬퍼도 슬퍼하지 않는 것이 우리가 아닌가.

변한 것은 없다. 지금이나 예전이나. 여전히 아이가 태어나고, 동료가 단속에 추방당하고, 임금을 떼인다. 그리고 여전히 미등록자는 '불법자들'이다. 같은 하늘 아래 같은 오늘을 살지만, 치욕을 견디며 발버둥 쳐야 하는 보이지 않는 난쟁이들이 있을 뿐이다.

점심을 먹고 공장으로 돌아가는 듯한 이주노동자 두 명이 자라목을 한 채 골목길로 사라진다. 담장으로 막 목련꽃이 꽃망울을 터뜨렸다. 날씨 탓인지 몸이 절로 움츠려졌다. "올봄은 유난히 추워. 봄도 더디게 오고." "그래서 없는 사람들에게는 여름이 좋다잖아." 만나는 사람마다 이구동성으로 한마디씩 했다. (2010.5)

나는 누구인가

그는 한국이 낯설지 않다. 하킴(32세, 방글라데시) 씨가 한국에서 맞는 여름은 올해로 열다섯 번째다. 왜 고향으로 돌아가지 않느냐고 묻는 것은 의미가 없다. 그는 "한국의 겨울 날씨는 고춧가루만큼 맵고, 한여름은 방글라데시보다 더 덥다."라고 엄살을 떨 정도로 익살을 부린다. 시원스럽게 흐르는 고향의 강에 텀벙 들어가는 꿈을 가끔 꾸지만, 이제는 그 느낌조차 가물가물하단다. 한국에서 이주노동자로 청년기를 보낸 그다. 이주노동 바닥에서 잔뼈가 굵었다.

고향인 파리드푸르에서 고등학교를 마치고 1994년 산업 연수생으로 한국에 올 때까지만 해도, 그는 이주노동을 해서 번 돈으로 고향에 의류 공장을 세우는 꿈을 꾸었다. 대부분의 아시아 이주노동자가 그렇듯이, 그도 가족과 친척이 이주 비용을 마련해 준 덕분에 집안을 대표해 이주한 것이다. 젊기에 그의 꿈은 컸다. 가난한 방글라데시를 위해 살겠다는 꿈을 이루고자 혈혈단신으로 한국에 왔다. 그리고 모질게 일했다. 하지만 요즘 그 꿈이 변했다.

"겨우 먹고살아요. 다들 힘들잖아요."

한국에서의 생활이 결코 쉽지 않다고 했다. 월세와 생활비를 남기고, 고향에 있는 가족과 친척들에게 얼마간 돈을 보내고 나면 빠듯하다. 아시아에서 온 이주노동자들이 큰돈을 벌고 있다고 말하는 사람도 있지만, 실상은 그렇지 않다. 게다가 고된 노동과 야근 등으로 몸은 만신창이가 되어 있고, 정신적인 고통까지 따지면 목숨 붙이고 사는 것이 오히려 신기할 정도다. 돈만 벌고 너희 나라로 가면 그만이라는 태도나 비아냥거림, 인종차별적인 발언을 접할 때도 마음이 상한다. 또 스스로가 이방인이라는 생각이 들면 자신의 정체성에 오히려 화가 나기도 했다. 그럴 때마다 처음 이주노동을 하러 떠났을 때 품은 꿈을 떠올렸는데, 이제 그 꿈조차 허깨비처럼 느껴진다는 것이다.

"밥 먹고 잠자는 시간 빼놓고 하루 열두 시간씩 일만 했어요."

처음 산업 연수생으로 한국에 와서 인천에 있는 공장의, 핸드폰 기판을 만드는 PCB 라인에서 누구보다 열심히 일했다. 동료들은 그를 보고 일벌레라고 놀려 대곤 했지만, 공장 컨테이너 방에서 지내며 외출 한 번 안 하고 고향에 있는 부모와 형제들을 위해 일했다.

"처음 한국 생활은 전쟁 같았어요."

한번은 몸이 아파서 작업장에 가지 못했다. 처음 먹는 한국 음식이 맞지 않아서인지 몸에서 열이 나고 계속 토했다. 기숙사에 찾아온 관리자가 다짜고짜 꾀병을 앓는 것 아니냐며 발로 몸을 이리저리 뒤적일 때는, 차마 인간이라면 이래서는 안 된다고 생각했다. 그럼에도 참을 수밖에 없었다. 이런 일로 관리자에게 하소연하거나 대항하는 것은 해고 사유가 되었고, 그것은 곧 추방을 의미했다. 그는 4일 동안 기숙사 방에 방치된 채 몸살을 앓았다. 그는 눈빛만 봐도 상대방이 인종적 편견을 가졌는지를 알 수 있다고 했다.

"싫어하면 눈빛에 보이잖아요."

같은 인간이면서 인간으로 취급하지 않을 때, 어떤 기분이 드는지 알겠느냐고 내게 물었다. 하소연할 데도 없이 가슴에 커다란 바위가 짓누르는 듯한 때가 한두 번이 아니었단다. 그런 바위가 가슴속에 차곡차곡 쌓여 갔다. 어느새 산업 연수생 비자 기간이 만료되었지만 그대로 한국에 눌러앉았다. 그렇게 한국에 적응하며 10여 년이 훌쩍 지났고 30대가 되었다. 미등록자 신분이지만 어디를 가도 PCB 기술자로 대우를 받았다.

하지만 일을 하면 할수록 외로움인지 비애인지 모를 감정이 벌레처럼 스멀스멀 가슴을 열고 들어왔다. 공장에서 돌아와 홀로 빈방에 드러누우면 가끔씩 '나는 누구인가'라는 의문이 들었다. 서른두 살, 미혼, 고향에 갈 수 없는 처지. 그런 자신을 발견할 때마다 세상에 버려진 존재라는 생각이 들었다. 3년 뒤에 돌아온다는 가족과의 약속을, 그는 지키지 못했다. 고향의 들과 강이 아직도 선연하지만, 이제는 이골이 난 머나먼 이국의 이주노동 또한 생활의 일부가 되었다. 다만 가끔씩 고향의 하늘이, 강이, 산과 꽃이 그를 찾아왔다.

공장에서 야근 작업을 할 때나 빈방에서 홀로 천장을 바라볼 때, 더욱 그리운 무언가가 간절하게 다가왔다. 그럴 때면 노트에 시를 받아 적었다. 그렇게 쓴 시가 한 권 분량이 되었다. 어느 날 불현듯 시가 그렇게 찾아왔단다.

세상이 옛날처럼 돌고 있다

모든 사람이 자기 자리에서 항상 바쁘다

달과 태양 그리고 별들이 옛날처럼 빛을 주고 있다

하지만 나의 마음은 어둡다

나는 왜 나처럼 되었나

나의 마음은 아프다

어느 날 하루 나는 마른 꽃처럼 마음도 말랐다

당신은 나를 알아도 알려고 하지 않았다

나는 바보처럼 당신에게 다가가고 있다

하나의 진실을 꼭 잡으면서

너는 나를 버린다 나를 바보라고

그래도 나는 왔다 당신의 사랑을 위해

당신은 나를 모른다 하늘은 있지만 구름이 없다

나는 어디에도 없다

바람은 있지만 나는 어디에도 없다

_하킴, "아무도 모른다, 나를"

그가 시를 쓴 연유는 무엇일까. 외로움이 그로 하여금 시를 쓰게 한 것은 아니었을까. 아마도 그랬을 것이다. 지독한 외로움이 그로 하여금 시를 쓰게 했을 것이다.

처음에는 가슴속에 고이는 것이 시인지 몰랐다고 했다. 다만 불법 단속을 피하기 위해 열두 시간 맞교대인 공장에서 야간작업 근무를 하다가 시가 오면, 종이 박스를 뜯어다가 깨알같이 시를 적곤 했다. 공장에서도 그를 믿고 작업 지시를 한 뒤 모두 퇴근했다. 그럴 때면 혼자서 기계를 돌리고 짬짬이 시간이 날 때마다 작업대 위에서 시를 썼다.

때로는 사랑의 열병으로, 때로는 단속의 불안을 안고 썼다. 몇 달 동안 일이 없을 때면, 벼랑으로 내몰리는 삶의 비애를 느꼈다. 그때마다 그는 불안과 고된 이주노동으로 지친 육신을 시로 위로했다. 그에게 시는, 공장과 집을 쳇바퀴처럼 오가는 단조로운 생활에 활력을 주었고, 이국에서의 고된 노동을 견디는 힘이 되었다.

"시가 밥처럼 여겨질 때가 있었어요."

시를 쓰다 보면 밥 먹는 것도 잊었다. 어두운 밤을 응시하는 것만으로도 배가 불렀다고 했다. 그의 얘기를 듣다 보면 그가 보냈을 공장의 밤이 떠올랐다.

예쁘게 빛나던 불빛 / 공장의 불빛 / 온데 간데도 없고 / 희뿌연 작업등만 / 이대론 못 돌아가지 / 그리운 고향 마을 / 춥고 지친 밤 / 여기는 또 다른 고향

_김민기, 〈공장의 불빛〉

야간작업을 하다 잠시 멈춰 고개를 들어 공장의 불빛을 봤을 터다. 물량을 뽑아내기 위해 손과 발이 부산한 그의 눈에, 슬프고 아름다운 불빛이 흐릿하게 스며들던 때도 있었으리라. 텅 빈 공장에 남아 기계 소리와 함께 작업할 때면, 홀로 있는 자기 자신을 볼 때가 있었으리라. 그때마다 무료함을 잊기 위해 흥얼흥얼 콧노래를 불렀다. 콧노래는 다시 시가 되어 찾아왔다. 이주노동자의 손끝에서 슬픔과 사랑이 흘러나왔다.

모든 것을 당신들에게

나는 원한다 낙원을

자연의 모든 것들에게 말하고 싶다

나뭇가지나 잎과 줄기에

나누어 준다 나의 모든 아픔을

아파서 아파서 나는 시인이 되었다

나의 그림자 중에도 찾을 수 없었다

나의 사진을

사랑의 슬픔에 나는 상처를 입었다

행복을 바꾸어 얻었다 슬픔을

영원히 가슴속에 놓아두었지 그를

알고 있다 그는 안 된다 나의 사람이

그러나 가슴에 두고 그를 가슴속 깊이

왜 그의 노래를 부를까

내 자신을 태워 버린다 재로

그러나 그 이름은 사랑

머물고 간다 그냥 바라는 것이

누가 주나 나의 생활고를

누가 주나 마음을

누가 되나 나의 사람

사람이 말한다 나에게 나는 낭만적이다

_하킴, "시인"

그가 시인이 된 것은 그의 말처럼 '아파서'일지 모른다. 나는 그가 이
주노동에서 아팠을 것이고, 무엇보다도 사람과의 관계에서 아팠을 것이
라고 생각한다. 또한 그는 새로운 세상을 꿈꿨고, 사랑을 했다. 언젠가 그
가 '한국어 말하기 대회'에서 "사람은 무엇으로 사는가"라는 주제로 발표
한 글이 있었다.

사람은 꿈꾸기 때문에 사람이다. 나도 사람이니까 꿈이 있다. 나의 고향
에 조그만 병원을 차리는 것이다. 이 세상에는 중요한 것이 네 가지 있
다. 먹는 것, 자는 것, 치료 받는 것, 교육 받는 것이다. 치료가 네 가지 중
에 들어간다. 생명은 귀중하다. 나는 나의 사랑 방글라데시가 생명을 누
리는 나라가 되기를 원한다.

그는 열병을 앓듯, 사랑하는 가족과 산과 강이 있는 고향을 잊지 못했
다. 사람들은 방글라데시 사람들의 행복 지수가 가장 높다고 하지만, 그

는 믿지 않았다. 허구라고 했다. 그는 빈곤에 짓눌리고 일이 없어 거리를 오가는 방글라데시 사람들이 눈에 밟혔다.

하지만 그의 이주노동자 생활은 희망보다는 절망을 주었다. 1년 동안 일했어도 실직해 몇 개월 놀고 나면 수중의 돈은 바닥나고 생활은 만신창이가 되었다. 설움도 쌓였다. 인종차별적인 모욕을 느낄 때는 밤새 치를 떨기도 했다. 그렇게 노동하는 삶의 희망이 꺾이기 시작하던 그에게, 어느 날 거짓말처럼 사랑이 찾아왔다. 같은 처지의 이주노동자로 온 여성이었다. 그는 자신의 사랑 이야기를 숨겼다. 사랑하는 사람이기에 밝힐 수 없다고 했다. 결혼하지는 않을 것이냐고 농을 치면 뜸 들이지 않고 여자친구 없다는 대답이 돌아왔다.

첫사랑을 숨기고 싶었는지도 모르겠다. 그를 알고 있는 동료들은 그가 몸살을 앓을 정도로 그녀를 사랑했다고 한다. 그는 한동안 그녀와 새로운 삶을 살게 된다는 생각에 한껏 부풀었단다. 함께 이마트를 가고, 옷을 사 입고, 밥을 먹고, 공원 등지를 다니며 둘만의 오붓한 시간을 가졌다고 했다.

"사랑이라는 것이 만국의 공통 언어잖아요."

부초 같은 이주노동자이지만, 사랑하지 말라는 법은 없다. 누구는 뜨내기 인생이라고 하지만, 그에게 인생이란 뜨거운 사랑 같은 것이다. 그는 자신이 쓴 시의 주제가 사랑이라고 했다.

그의 눈망울이, 그가 사랑했던 여인이 스치고 지나가듯 흐렸다. 자신도 사랑이 필요한 평범한 사람이라고 했다. 사랑하고 이별하고 그 괴로움을 감당해야 하는 인간의 모습을 그 역시 목말라했고, 단순하면서 소박한 사랑을 갈구했다.

"사람이니까, 외로우니까 사랑하죠."

이주노동자에게 사랑은 국적을 뛰어넘는 일이다. 그의 말대로 외로우니까 같은 처지의 사람끼리 만나 사랑을 나눈다. 사랑에 무슨 언어가 따로 있겠는가. 그러나 이주노동자에게 사랑한다는 것은 살얼음판 걷기와 다를 바 없다. 상습적인 임금 체불과 항상 도사리고 있는 해고 위협, 미등록자라는 신분적 제약이 그를 짓눌렀다. 인종차별과 인권침해도 일상적인 일이었다. 언제 들이닥칠지 모를 강제 단속과 추방은 그를 만성적인 불안에 빠트렸다. 철창만 없었지 갇혀 있는 신세나 마찬가지였다. 이런 상황은 사랑조차 멍들게 하고 금가게 한다. 어떤 이는 단속에 걸려 잡혀가는 애인을 그저 멀리서 지켜봐야만 했다.

같은 처지의 이주노동자로 온 여성을 만나 결혼해 살림을 차리고 아이를 낳은 동료도 있다. 한국인 여성과 만나 동거하다가 결혼 승낙을 받으려 동분서주하는 동료도 있다. 이런 모습을 가까이에서 지켜봤다. 그도 '사람이니까' 사랑하는 사람을 만나 연애하고, 또 결혼하는 꿈을 꾼다. 새로운 삶을 꿈꾸는 데에 비용이 드는 것은 아니다. 그러나 가뜩이나 불안한 미등록자의 삶은, 꿈을 현실로 이루기까지 숱한 난관에 부딪친다. "불안은 영혼을 잠식한다."라고 했던가. 그에게 사랑은 시로 태어났다.

오늘 너에게 좋아한다고 느낀 것이 잘못이다

왜냐면 너는 다른 나라의 꽃

갑자기 생각했다 나는

지금도 왜 나는 생각하는가

너는 나의 사람이라고

그러나 지금은 혼자가 아니다 너는

너의 삶에 왔다 새로운 애인

왜 내가 혼자 살아야 하나

이제 그만 이별

지금까지 마음의 뜨거운 정열이 불탔다 나의 가슴에

오늘부터 생각하기를

갑자기 바람이 와서 뜨거운 정열을 끄고 갔다

나는 나의 인생을 찾았다

당신은 나에게 힘을 주세요

옛 추억을 모두 잊을 수 있도록

새로운 노래를 부르면서 가고 싶다

나의 고향으로

_하킴, "이제 그만 이별"

늦은 밤에 핸드폰으로 문자가 왔다. 하킴 씨가 단속에 걸렸단다. 출
입국 관리사무소에 있는 보호실에서 그를 만났다. 그는 유리벽을 사이에
두고 의자에 앉은 뒤, 자기는 괜찮다면서 말을 건넸다.

"야간 근무를 하고 있는데 출입국 관리사무소에서 들이닥쳤어요. 아
마 누군가의 신고를 받고 온 모양이에요. 그렇지 않아도 최근에 고향으로

돌아가려고 했었어요. 그런데 이렇게 잡혀서 정리도 못 하고 가게 됐네요. 일주일만이라도 시간을 주면 주변에 인사도 하고 함께 이런저런 얘기도 나눌 텐데……."

단속에 걸려 주변 사람들에게 제대로 인사도 못 하고 헤어지게 된 섭섭함이 그의 말끝에 묻어났다. 물론 그도 안다. 아쉽지만 이렇게 헤어져야 한다는 것을. 대다수 아시아계 미등록 이주노동자들이 추방당하는 절차라는 것을. 언제고 닥쳤을 운명이 왔을 뿐이다. 아무런 준비도 예고도 없이 한국에서의 그의 사랑도 마침표를 찍게 될 것이다. 그는 언젠가 사랑은 정원을 가꾸는 일이라고 했다. 정원사가 정원을 가꾸듯, 어루만지고 대화하며 서로 돌보는 것이 사랑이라고 했다.

꽃을 사랑한다 모두들
모든 꽃을 누구나 좋아하나
당신은 내가 좋아하는 꽃
꽃이 핀다 마음의 정원에
정원에는 언제나 빛이 안 보인다
그렇게 어둡게 살고 있다
당신 언제 오세요 나를 사랑하러
마음의 정원사 그냥 부른다 너의 노래
언제 만날 수 있나 너를 보러
언제 가질 수 있나 너의 마음의 빛깔을
나의 눈은 잠도 없다

그냥 너의 생각에 잠겨 있다 매일같이

얼굴에도 웃음이 없다

아침저녁 생각한다

언제 필까 내가 좋아하는 꽃

_하킴, "좋아하는 꽃"

강제 단속을 당했으면서도 그의 말투는 담담했다. 애인 이야기도 꺼내 놓았다.

"5년 동안 동거했어요. 인도네시아에서 온 이주노동자였어요."

그녀 역시 일을 하다가 얼마 전 강제 단속에 걸려 인도네시아로 추방되었다. 하킴 씨도 미등록 체류자라는 신분 때문에 그녀를 면회하지 못했다. 후일을 도모할 겨를도 없이 헤어졌다. 마음의 상처가 깊었단다. '아시아 문학 낭송제'에서 그가 낭독한 시가 떠올랐다.

슬픔은 나의 인생 그 삶에 울다

어느새 슬픔이 좋아진 나

기쁜 슬픔의 인생은

내가 먼저 바뀌어 찾아온다

내 가슴속 창고에 쌓인 무지개 슬픔

허기진 당신들에게 빌려 주고 싶다

삶 전체를 감싼 슬픔

우리는 친구다

슬픔아, 온종일 함께하는 내 친구야

네가 고맙다

_하킴, "슬픔의 친구"

신산한 이주노동자로서의 생활과, 사랑하는 연인과의 이별은 그를 슬픔으로 내몰았다. 그리고 새로운 세계에 눈뜨게 했다. 고된 이주노동과 사무치는 사랑이 그의 가슴에서 시로 찾아왔다. 그는 거기에 멈추지 않고 시인으로 활동하면서 각종 시 낭독회에 참여했다. '아시아 문학 낭송제'나 '아시아 문학을 거닐다'라는 낭독회에서도 자신의 시를 소개했다. 그뿐 아니라 미등록 이주노동자 합법화 시위에도 곧잘 참가했다. 시는 그에게 새로운 삶을 살게 했다. 언젠가 그는 자신이 좋아하는 시인에 대해 말한 적이 있었다.

"많은 이들이 '벵골어' 하면 타고르를 얘기하지만, 방글라데시 사람들은 이슬람Kazi Nazrul Islam이라는 시인을 좋아해요. 그는 학교도 다니지 못해 배우지 못했지만 방글라데시를 위해, 민중을 위해 노래한 위대한 시인이에요."

타고르보다 이슬람이 알려지지 않은 것은 영어의 위력 때문이라고 했다. 타고르는 브라만 출신이었지만, 이슬람은 천민 출신이라서 서구 세계에 덜 알려졌다는 것이다. 그는 이슬람처럼 저항시도 써보고 싶고, 영원한 문학의 주제인 '사랑'을 벵골어로 노래해 보고도 싶다고 했다.

그는 가장 행복했던 때로 인천 가좌동에 살 때를 꼽았다. 거북 시장을 중심으로 사방으로 뻗은 골목 곳곳에 할랄 음식(이슬람 규율에 따라 종교의식을 치른 음식)을 파는 식당이 있고, 아시아계 이주민과 이주노동자들이 쪽방에 옹기종기 모여 사는 동네. 가까이에 공단이 있고 아시아 음식점과 대형 마트가 있고, 골목에는 숨을 죽인 채 낮에는 잠자고 밤에만 일하는 동료들이 살고 있는 곳. 그에게는 청춘의 한복판을 보낸 제2의 고향이었다.

"가좌동은 고향이에요. 내가 걸었던 공단의 길, 건물, 이마트, 식당, 술집……. 다 좋았어요. 영원히 기억할 거예요."

그는 15년간 가좌동에서만 살았기 때문에 눈을 감아도 모든 골목이 선하다고 했다. 한국에서 사람들과 만나면서, 배우고 싶은 만큼 배울 수 있어서 좋았다고 했다. 빈 냉장고와 몇 장의 달력이 전부인 한 칸짜리 쪽방과 공장에서 야간 근무를 하며 시를 썼을 때가 가장 행복했다고 한다.

가장 가슴 아팠던 일이 뭐냐고 물으니, 산업 연수생 시절에 겪은 일이라고 했다.

"역시 차별은 인간적인 모욕을 줘요. 사장님은 걸핏하면 '너희 나라로 가.'라며 모욕을 주곤 했어요. 못사는 나라에서 왔다는 이유로 사람을 사람으로 취급하지 않을 때, 저는 인간이라서 힘이 들었어요."

PCB 기술자로 야간 근무만 전담한 그는 가끔씩 시 낭독회에 초청되면 그렇게 자유로울 수 없었다고 했다.

"사람들 앞에서 나의 시를 낭독하는 것이 너무 좋았어요. 의미 있는 자리에서 많은 사람들이 저의 시를 들을 때 가슴이 뛰었어요."

그럴 때는 천생 시인이었다.

"내가 시인으로 태어난 나라는 한국이에요. 한국의 가좌동은 내 영혼이 메마르지 않게 해준, 마음의 고향이에요."

그의 말끝이 흐려지면서 눈물이 맺혔다. 여전히 그는 괜찮다고 말했지만, 그가 두고 떠나갈 자리가 왠지 무거워 보였다. 그가 '한국어 말하기 대회'에서 털어놓은 속 깊은 말이 다시 떠올랐다.

가난한 나라에서 태어나 어려서부터 어려운 사람들을 보면서 그때부터 나는 꿈을 꾸었다. 못 먹는 사람들은 하루하루가 그냥 가고, 만날 아프고 슬퍼하며 하루가 간다. 잘사는 사람은 행복을 누리면서 살지만 못 먹는 사람은 배를 못 채워 죽어야 한다. 나는 이들을 외면할 수 없다. 그들은 나의 형제요, 친구요, 가족이다. 그렇기 때문에 나는 돈이 생기면 어려운 사람들을 도와주겠다. 한국에서 일을 마치고 방글라데시에 돌아가면 회사를 차릴 것이다. 그러면 놀고 있는 어려운 사람들이 일을 하면서 먹고 살 수 있고 꿈을 꿀 수 있다. 나처럼 방글라데시 사람이 똑같은 꿈을 꾼다면 우리의 작은 꿈들이 모여서 마침내 일이 없어 놀고 있는 사람은 없어질 것이다. 작은 티끌이 모여서 거대한 꿈이 이뤄진다. 한국의 속담에도 "티끌 모아 태산이다."라는 말이 있다. 물이 조금씩 모여서 거대한 바다가 된다.

그런 와중에 그는 자신의 정체성을 고민했다. 그는 "나는 공장에서도 없었다. 이마트에서도 없었다. 사람들 사이에서도 나는 없었다."라고 고백했다. 스스로가 작은 차이로 인한 차별로 고통 받는 존재임을 깨닫는 데는 많은 시간이 걸리지 않았다.

"나는 사람일 뿐이에요."

그 말의 그림자에서 "나는 이주노동자다. 보이지 않는, 탄압받는, 값싼 노동력을 제공하는 나는 이주노동자다."라는 메아리가 흘러나오는 것 같았다.

"단속 과정에서 사람이 죽잖아요. 왜 죽겠어요? 사람으로 살려고, 살아가기 위해 죽는 거잖아요. 죽어라 일한 대가가 강제 추방으로 끝나는 것이 문명사회에 걸맞은지 묻고 싶어요."

한참 침묵이 흐른 뒤, 그는 귀국하면 시를 본격적으로 쓰겠다고 했다. 말의 힘을, 시의 힘을 그도 믿었다. 그가 쓴 시의 주제가 사랑에서 사회에 대한 문제로 넓어진 것도 '나는 누구인가'라는 질문을 통해서라고 했다.

"어느 날 집회에 참여했어요. 다 똑같은 사람인데 강제 단속이 되고, 심지어 죽고, 사람을 차별하는 것은 잘못된 거잖아요. 우리의 피는 다 같이 빨갛잖아요. 침묵할 수 없었어요."

실제로 그는 시 낭독회에서 자신의 말을 세상에 던지기 시작했다.

피부가 까맣거나 하얗거나 가난하거나 부자거나
그 누구 그 어디서라도 나에겐 다르지 않네
사람 피는 다 같이 빨갛고 우리는 모두 한 사람에게서 왔네
나는 이미 알고 있네
한 하늘 아래 살고 있는 우리 모두는 그 하늘 구름처럼

같은 바람에 춤을 추며 살아가네

하나의 태양에서 나오는 햇살에 몸을 맡기고 있지만

누구는 행복하고 또 누구는 슬픈 현실

모든 사람이 사람에게 모든 나라가 나라에게

아껴 주며 돕고 살아야 하는 한 하늘의 운명

지구에 사는 우리는 모두 가족

_하킴, "인생의 노래"

"영원히 잊지 못할 거예요. 한국은 제게 시를 쓰게 한 고향이에요. 새롭게 인권에 눈뜨게 했고, 사람이 어떻게 살아야 하는지 고민하게 했어요. 아마도 그런 것은 제가 방글라데시에 가서도 계속될 질문이라고 봐요. 나는 비로소 내가 누구인지 깨닫게 된 것 같아요. 이런 말을 하고 싶어요. '고마워요, 고마워요.' 그저 아무에게라도 그렇게 말하고 싶어요."

그는 떠났다. 고된 이주노동자로 살면서도 영혼이 메마르지 않았던 그는, 가좌동에서 숱한 불면의 밤을 보내며 "나는 아무 데도 없다."라고 고통스럽게 성찰하며 보낸 시간을 뒤로하고 추방되었다. 우리와 함께 오랫동안 살아온 이웃이 추방되었다. 나는 그가 "이제 그만 이별"이라는 시에서 부른 노래를 나직이 읊어 본다.

나는 나의 인생을 찾았다

당신은 나에게 힘을 주세요

옛 추억을 모두 잊을 수 있도록

새로운 노래를 부르면서 가고 싶다

나의 고향으로

_하킴, "이제 그만 이별" 중에서

(2009.7, 2009.9)

수세미 키우는 부부

여름이 타들어 가는 어느 날 아침, 한 베트남 여성에게 절박한 전화가 걸려 왔다. 출산 예정일이 3주 정도 남았는데, 남편이 출입국 관리사무소에 잡혔다는 것이다. 전화기를 타고 들려오는 목소리에서 막막한 떨림이 전해졌다.

이국에서 산통과 산후 몸조리까지 홀로 감당해야 하는 어려움이 절박하게 떠올랐지만, 당장 산모의 정신적 안정이 우선되어야 할 상황이었다. 부랴부랴 출입국 관리사무소에 일시 보호 해제를 요청하고 나서, 출산 예정일에 대한 의사의 소견서와 보증금 3백만 원을 들고 공항 출입국 관리사무소로 한걸음에 달려갔다.

기엔(29세, 베트남) 씨는 한국말을 능수능란하게 구사했다. 그의 낙천적인 성격은 베트남 이주노동자의 특성 그대로였다. 노을이 지는 영종도를 함께 빠져나오면서 그가 살고 있는 인천 검단의 당하동으로 향했다. 부인인 후엔(23세, 베트남) 씨는 누구보다도 행복해 보였다. 열아홉 살 어린 나이에 한국에 이주노동자로 온 후엔 씨는 같은 공장에서 일하던 기엔 씨를 만나 결혼했다. 그녀는 출산을 앞둔 상황에서 이렇게 남편과 재회할 수 있다는 것만으로도 기뻐했다.

그의 집 마당에는 노란 수세미 꽃이 피었고, 수세미가 주렁주렁 열려 있었다. 뜰에는 조그만 채마밭이 있었는데, 그곳에는 각종 허브 종류의 야채가 자랐다. 손바닥만 한 텃밭에다 고향인 하노이를 심어 놓은 것이었다. 비록 한 칸짜리 사글셋방이었지만 부족함이 없어 보일 만큼 정겨운 집이었다.

기엔 씨에게는 함께 사는 여동생이 한 명 있었다. 그녀 역시 이주노동자로 인근 공장에서 사출 직종의 일을 하고 있었는데, 근처에 사는 베트남 이주노동자들이 그녀와 연애라도 할 심사로 찾아오는 통에 기엔 씨의 집은 문전성시를 이뤘다. 하노이에서 온 아리따운 처녀인 후에(21세, 베트남) 씨는 수세미 꽃처럼 예뻤다. 저녁이면 이주노동자들이 오토바이나 자전거를 타고 그의 집에 와서 베트남 쌀국수를 먹으며 저녁 한때를 보내곤 했다.

산달이 찼고 후엔 씨는 예쁜 딸아이를 낳았다. 베트남 사람들은 태어난 아이에게 꽃 이름을 붙이는 것을 좋아하는데, 기엔도 딸의 이름을 연꽃이라는 뜻의 '리엔'이라고 짓고 한국명으로는 '연이'라고 했다. 3개월간의 일시 보호 해제 기간이 끝나 가자 기엔 씨는 그동안 받지 못한 퇴직금을 받았다. 나중에 안 사실이지만, 이때 생계를 위해 취직자리를 구할 요량으로 여기저기 수소문하며 보낸 모양이다.

나 역시 밀려오는 상담을 처리하느라 바쁜 나날을 보내던 중이었는데, 기엔 씨의 일시 보호 해제를 위해 보증을 해준 터라 출입국 관리사무소에서 보호관찰이라는 명목으로 이런저런 괴롭힘에 시달렸다. 담당 조사관은 기엔 씨의 소재를 확인한다며 일주일에 한 번쯤 내게 전화하곤 했다. 하지만 굳이 그 일 때문이 아니더라도 가끔 그쪽 공장에 현장 방문을 할 일이 있었고, 겸사해서 냉수를 얻어먹으며 마당 한가운데 덩굴지어 올라가는 수세미 꽃을 보기 위해 기엔 씨의 집에 들르곤 했다.

수세미가 튼실하게 익어 갈 무렵 기엔 씨와 연락이 끊겼다. 출입국 관리사무소에서 그에게 전화했는데 안 받더란다. 전부터 나는 어쩌면 그가 떠날지도 모른다고 생각했다. 베트남에 있는 가족을 먹여 살리기 위해 이주노동자로 한국에 온 그에게, 이제는 가장으로서 생계를 책임져야 할 의무까지 더해졌다. 겹겹의 가난한 삶이 오롯이 부여된 것이다. 보증금 3백만 원만이 아니라, 앞날에 대한 무거운 짐마저 그를 한없이 짓눌렀을 것이다. 일시 보호 해제 기간이 끝나면 출국하는 경우가 많지만, 기간이 끝나 갈 때 잠적하는 이들도 있다. 다시 이주노동자의 삶을 택한 기엔 씨는 그의 가족을 데리고 야반도주를 했다. 생존을 위해, 이제 막 태어난 어린 딸을 안고 거처를 옮긴 것이다.

다시 찾아간 기엔 씨의 집은 깨끗하게 치워져 있었다. 집 주인은 그동안 밤이면 밤마다 찾아오는 베트남 젊은이들 때문에 시끄러웠다며, 간밤에 소리도 없이 떠났단다. 그러면서 "먹지도 못할 수세미는 왜 저리 달렸는가." 하면서 사라졌다. 텅 비어 있는 방 안을 들여다보면서 예전의 간소한 살림살이가 떠올랐다. 간이 옷장과 거울 하나, 텔레비전과 소형 냉장고, 그리고 밥상이 전부인 가세를 짊어지고, 그는 어둠 속으로 떠났을 것이다.

파란 하늘 아래 집 마당에는 수세미가 열렸다. 수세미 쌀국수를 대접하겠다는 말을 뒤로하고 그가 떠난 자리인 마당 한편에는, 후엔 씨와 후에 씨를 닮은 달리아와 칸나가 붉게 여름 한낮을 서있었다. (2007.9)

밍굴라바, 뚜라

분주한 도심 위로 구름이 그림자를 이끌며 흘러간다. 모든 것은 지나간다. 한낮의 뜨거운 태양도, 목마름도 그리고 삶과 고통도 모두 지나간다. 뚜라(39세, 버마) 씨를 만나러 가는 길에 '모든 것은 지나간다.'라는 생각이 문득 드는 것은 어째서인가. 그것은 아마도 현재를 살아가는 나 자신에 대한 물음일 것이다. 그와 여러 차례 통화한 뒤에야 부천역에서 만나기로 했다. 오래 기다리지 않았음에도 아시아계 이주노동자 몇 명이 스쳐 지나갔다. 이윽고 키가 크고 구부정한 그가 인파 속에서 다가왔다.

그는 버마(미얀마의 옛 이름) 민주화를 위한 이주노동자 조직인 '버마행동'Burma Action Korea의 대표다. 가족을 뒤로한 채, 오늘날 미얀마라고 불리는 나라를 떠나온 지 17년째다. 자신의 조국을 한사코 버마라고 부르는 사내. 산업 연수생으로 6개월을 보낸 후 스스로 미등록 이주노동자가 된 사내. 한국말을 한국인보다 더 능숙하게 구사하는 사내. 이제 떠도는 영혼이 되어 조국에 돌아갈 수도 없고, 그를 받아 줄 국가도 없는 난민*이 된 사내. 그 사내의 이야기를 해야겠다.

그가 한국에 온 것은 1994년이었다. 240명의 버마 산업 연수생의 일원으로, 충북 단양에 와서 장판과 시트지를 만드는 회사에 입사했다. 당시 급여는 18만 원이었다. 한국에 들어오는 데에 든 비용을 월급에서 원천 공제한 탓에 야근 수당만 월 3~4만 원을 받았다. 기술을 배운다는 자부심으로 일했지만, 일을 하면 할수록 기술을 배우기는커녕 일한 만큼의 대가를 받지 못한다는 느낌이 들었다. 결국 그는 애초의 약속과 다르다며 항의했다. 그러나 "노동한 만큼 월급을 달라."는 요구는 묵살되었고, 뚜라 씨는 사업장에서 쫓기듯 뛰쳐나와야만 했다. 그러고는 친구가 있는 부천으로 일자리를 옮긴 후, 수납용 김치 통을 만드는 공장을 비롯해, 자동차 부품 회사에서 자동선반CNC공으로 일하다가, 다시 양말을 만드는 공장과 소각로를 만드는 공장을 전전하며 인천·안양·김포 등지에서 2001년까지 6년 가까이 일했다.

그러던 중 그에게 새로운 전기가 찾아왔다. 1988년 이후 지속되어 온 버마의 정치 현실과, 산업 연수생으로 들어온 버마 이주노동자들의 열악한 노동 현실을 지켜보며 활동가로 변모했던 것이다. 그는 버마의 정치 상황과 한국 내 버마 이주노동자의 현실을 다루는 잡지인 『새천년의 창』 Millennium Window을 발간하는 일과, 한국에 있는 이주노동자들의 권리 보호를 위해 만들어진 버마 공동체 활동에 참여했다.

이런 삶의 내력은 고등학교 시절부터 시작되었다. 1988년 버마에 쿠데타가 일어나고, 양곤에서 이에 항의하는 민주 항쟁이 불붙었을 때 그는 고등학교 2학년이었다.

"당시에 먹고살기는 괜찮았어요. 사람들은 바빠서 정치 상황에 대해 잘 몰랐죠. 어느 날 갑자기 인근 대학에서 시위가 벌어졌는데, 경찰이 대학생들을 총으로 쏴 죽이는 거예요. 그게 계기가 되어 시위에 참여하게 됐어요."

학생 조직의 홍보팀장으로 민주화를 요구하는 시위에 적극적으로 참여한 그는 군인들이 진압해 오면서 도피자가 되었다. 그와 동료들은 국경을 넘어 타이·인도 등지로 뿔뿔이 흩어졌다. 그 또한 인도와 맞닿은 국경으로 향했으나 국경을 넘지는 못하고 한동안 이름을 숨긴 채 숨어 지냈다. 1년 넘게 도피 생활을 하다가 다른 도시로 가서 이름을 바꿔 고등학교를 졸업하고, 전문대 기계과에 입학해 졸업한 후, 1994년 산업 연수생으로 한국에 발을 내딛었다.

"2003년이었어요. 당시 한국에 있는 버마 이주노동자가 3천5백 명쯤 되었어요. 그 가운데 2천 명 정도가 미등록이었는데, 노동조건이 말할 수 없을 정도로 열악했어요. 때마침 이주노동자에 대한 대대적인 강제 단속과 추방이 실시되었는데, 이를 중단할 것을 촉구하고자 이주노동자 대표로 명동성당에서 농성을 시작했죠."

그때 농성을 하면서 버마 민주 항쟁이 떠올랐다고 했다. 현실적인 대안을 제시하지 못하면 결국 아무것도 얻을 수 없다는 교훈이 맴돌았단다.

"한쪽에서는 '노동허가제'를 들고 나왔고, 한쪽에서는 '단속 중단과 3년 이상 미등록자도 출국 후 재입국 허용'을 주장했어요. 그때 1988년 버마 민주 항쟁이 생각나는 거예요. 농성을 시작하기는 쉬운데, 접기는 쉽지 않다는 것을 배웠죠. 한국 정부가 노동허가제를 들어줄 리 없다는 것이 제 생각이었어요. 그래서 단속을 중단하고 3년 이상 미등록자에게도 출국 후 재입국을 허용하라고 요구했죠."

그렇게 3개월 동안 농성에 참여했다. 매일 열린 회의에 참석해서도 '무엇을 할 것인가.'를 생각했다. 그러자 '버마 사람이 버마를 떠나오지만 않았어도 이런 일이 없을 텐데.' 하는 생각이 치밀었다. 버마의 정치 현실에 눈길이 갔다. 군부독재의 강압적 통치는 계속되었고, 아웅산 수치의 가택 연금은 풀리지 않았다(2010년 11월 13일 연금 상태에서 해제되었다). 그는 농성이 끝나자 버마행동을 만들었다. 그리고 버마의 민주화와 한국 내 버마 이주노동자들의 인권과 권리를 위한 본격적인 활동을 시작했다.

"처음에는 한국에 있는 버마 사람들의 단결과 권리 증진을 위해 공동체 활동에 주력했어요. 그런데 시간이 지날수록 많은 문제가 버마의 정치 현실과 연결되어 있다는 것을 알았어요. 그러다 보니 정치 활동으로 자연스럽게 가게 되더군요."

버마 이주노동자들로 구성된 버마행동은 매주 거리에서 '프리 버마 캠페인'을 펼쳤다. "버마에 민주주의를! 버마에 평화를!"이라고 외쳤다. 군부독재 아래 고통 받고 있는 버마의 실상을 한국 사회에 알리고, 버마의 민주화와 한국 정부의 정책적 결단을 촉구하기 위한 것이다. 여기에는 한국에서 버마 민주화를 위해 활동하고 있는 버마민족민주동맹NLD 한국 지부도 참여하고 있다.

그는 최근 정치 활동이 활발해지면서 난민 신청도 늘었다고 했다. 난민 문제로 화제가 바뀌자 그는 할 말이 많아 보였다.

"버마는 아시아에서 가장 많은 난민이 발생하는 나라예요. 군사독재를 피해 타이와 버마 국경에 2백만 명 정도의 난민이 생활하고 있죠. 인근에 있는 중국·인도·방글라데시를 떠돌거나, 국경을 넘어오지 않고 밀림 등지에서 숨어 다니는 난민까지 포함하면 몇 백만 명인지 추산하기가 어려울 지경이에요."

현재 한국에서 난민 자격을 얻은 버마 사람이 50명이 넘는다고 했다. 물론 그 역시 난민 신청을 한 터였다.

"2004년에 난민 신청을 했어요. 올해(2010년) 5월에 결과가 나왔는데 반려됐어요. 사유가, 난민으로 인정할 만한 증거가 없다는 거예요."

하지만 그는 반려된 주요인이, 이주민 인권 활동으로 정부 정책에 반대하는 반정부 활동을 하고 있어서가 아니겠느냐고 했다.

"한국에 난민 신청하기 위해 온 것이 아닌데, 어떻게 증거자료를 챙겨 왔겠어요?"

그는 처음에는 난민 신청을 하지 않았다.

"예전에는 '난민' 하면 아프리카에서 굶어 죽어 가는 사람들만 떠올랐어요. 왜 내가 난민인가 했죠. 그런데 강제 단속에 걸려 추방이라도 당하면, 나는 반정부 활동을 했다는 이유로 감옥에 가거나 죽을 수밖에 없어요. 내가 처한 상황을 이해하고 나니, 나야말로 내 나라에 갈 수 없는 난민이라는 것을 깨달았어요."

그가 뱉은 말에서 독한 고독이 묻어났다. 외로움이라고 말할 수 없는, 이를테면 떠도는 스산함 같은 것이었다.

그의 얘기를 듣자니, 1980년대의 한국 상황이 몽타주처럼 겹쳐 지나

갔다. 한국과 유사한 역사적 경험을 공유하고 있어서일까. 아시아에서는 모든 것이 이어져 있고, 과거와 현재와 미래가 오늘이라는 시·공간 속에 카오스처럼 뒤엉켜 있다는 생각이 든다. 불현듯 김수영의 시 한 편이 떠올랐다.

자유를 위해서

비상하여 본 일이 있는

사람이면 알지

노고지리가

무엇을 보고

노래하는가를

어째서 자유에는

피의 냄새가 섞여 있는가를

혁명은

왜 고독한 것인가를

_김수영, "푸른 하늘을" 중에서

아버지를 부정하고, 국가를 부정하고, 새로운 세계를 꿈꾸는 자가 있다면, 아마도 그는 고독한 자일 것이다. 역설적이지만 고독하기 때문에 함께 사는 세상을 꿈꾸는 것이 아닌가. 고독한 자의 입에서 다시 아시아의 오늘이 흘러나왔다.

"한국도 버마의 민주화에 무관심해서는 안 됩니다. 한국은 아시아뿐 아니라 국제사회와 폭넓게 관계를 맺고 있는데, '버마 문제는 버마 사람들의 문제다.'라면서 한국과 관련이 없다는 식의 태도를 보이는 것은 정치적으로나 경제적으로 안정을 이룩한 나라로서 걸맞지 않다고 봅니다. 오히려 같은 아시아인으로서 한국 사회가 아시아를 더 사랑하고 존중했으면 좋겠습니다. 버마 문제는 아시아의 문제입니다. 버마인만의 문제가 아닙니다. 그런 시선에는 너희 문제이니 너희가 알아서 하라는 냉소주의와 배타주의가 있다고 봐요."

거침없는 그의 말에서 줄탁동시啐啄同時가 느껴지는 것은 어쩌면 당연하다. 안팎의 모색과 연대가 필요하다는 것을 누구보다도 절실하게 느끼고 있을 것이다. 그래서인지 그는 아시아의 민주화와 인권을 위한 한국 정부의 역할을 유달리 강조했다.

"한국의 모 기업이 버마에 무기를 수출하고 있습니다. 한국 정부는 '모르는 일이다. 우리와는 상관없는 일이다.'라고 하지만, 정부의 묵인 없이 가능한 일이 아닙니다. 그러면서도 경제적 이득을 챙기기 위해 가스개발 등에 관심을 보이고 있습니다. 이중적인 태도를 취하고 있는 것이죠. 우리에게는 버마 군부독재에 무기를 지원하고 기술을 전달하는 것 자체가 곧 '마음대로 국민을 죽여라.'라는 것과 다를 바 없습니다. 한국 정부가 양곤의 군부독재 정권을 지원하는 것이죠."

그의 고단한 삶을 따라오다 보니, '당신의 축복입니다.'라는 뜻을 지닌 버마 인사말인 '밍글라바'가 입에서 자꾸만 맴돈다. 뚜라 씨와 헤어져 집으로 오는 길, 역 쪽을 향해 휘황찬란한 불빛 속에서 남루함이 걸어간다. 할머니 한 분이 수레 가득 폐지를 싣고 느릿느릿 거북이걸음으로 걷고 있다. 하지만 내일은 올 것이다. 양곤에서, 방콕에서, 다카와 카트만두에서도 내일은 올 것이다. 지하철에서 나온 메마른 발걸음이 계단을 내려간다. 어디로 가는 것인가. 웬일일까, 파초芭蕉가 찢긴 채 나부긴다. 어둠이 내려온다. 바람이 일어선다. 이 바람은 아시아 도처에서 일어설 것이다.

(2010.11)

• 난민의 지위에 관한 협약(이하 난민협약)에 따르면, "인종, 종교, 국적 또는 특정 사회집단의 구성원 신분 또는 정치적 의견을 이유로 박해를 받을 우려가 있다는 충분한 이유가 있는 공포로 인하여 국적국 밖에 있는 자로서 그 국적국의 보호를 받을 수 없거나 또는 그런 공포로 인하여 그 국적국의 보호를 받는 것을 원하지 아니하는 자"제1조를 난민으로 규정한다. 한국에서는 1992년 12월 3일 난민의 지위에 관한 의정서(난민의정서)가, 이듬해 3월 3일 난민협약이 발효되었다. 한국 정부가 버마 군사정권에 반대하는 반체제 인사를 난민으로 인정한 것은 2007년 8월이다. 난민으로 인정받으면 거주F-2 비자가 부여되며 3년간 체류 자격을 얻는다. 취업할 권리가 보장되고 의료보험 혜택을 누릴 수 있으나, 직업 교육이나 생계 보조 등의 별도 지원은 없다.

이주, 새로운 세상을 꿈꾸다
＿한국에서 이주민으로 살아온 10년

　　박이스라르朴Israr 씨는 1966년 파키스탄 이슬라마바드에서 태어나 펀자브 대학에서 경영학을 공부했고, 파키스탄 은행과 콘티넨탈 호텔에서 일했다. 1994년 한국에 이주노동자로 들어와 수원에 있는 종이상자 제조 공장에서 일했다. 1996년 한국인 박영금 씨와 결혼했고, 2004년 한국에 귀화했다. '안양 박씨'의 시조가 된 그는 1남 1녀를 두었다. 현재 고물상을 운영하는 한편, 인권 교육 강사로 활동하고 있다.

　　이 대담은 한국이주인권센터 주최로, 한국 이주노동자 운동 15년*을 맞아 개최한 '이주노동자 자료전'의 인터뷰 내용이다. 구술 영상 자료로 제작된 인터뷰는 '스페이스 빔'에서 2006년 12월 15일부터 21일까지 〈이주, 다른 세상을 꿈꾸다〉로 전시된 바 있으며, 계간 『작가들』(2007년 봄호)에 "이주, 새로운 세상을 꿈꾸다"라는 제목으로 게재됐다.

> 이주노동자이자 이주민으로 살아가면서 느낀 점을 듣고자 합니다. 간단한 본
> 인 소개와 함께 한국에 오게 된 계기는 무엇인지 얘기해 주세요.

저는 1966년 파키스탄에서 태어났어요. 이슬라마바드에서 계속 살았습
니다. 밀농사를 짓는 집안이었고, 아들 다섯에 딸 셋인 대가족의 네 번째
아들로 태어났죠. 그곳에서 대학을 졸업하고 은행에서 근무도 하고 이슬
라마바드에 있는 호텔에서도 일했어요. 한번은 어머니가 그릇을 사오라
고 해서 시장에 갔어요. 그릇 뒤를 보니 '메이드 인 코리아'가 영어로 적혀
있었어요. 그때부터 코리아는 어디 있는 나라인지, 어떤 나라인지, 어떤
문화를 가지고 있는지 관심이 생겨 공부하게 됐어요. 한국이 더 가까이
다가온 것은, 1988년 서울 올림픽이 지나고 나서예요. 텔레비전에서 한
국의 올림픽이며 경제성장을 소개하고 있었죠.

사실 살다 보면, 누구나 자기 자신과 가족을 위해 잘살려고 노력하
잖아요. 저도 마찬가지예요. 파키스탄에서도 어차피 똑같이 일하는 것이
라면, 언제 해외에 가서 돈을 좀 벌어 보자고 생각했어요. 해외로 가서 경
험을 쌓고 싶은 느낌, 특히 한국이라는 나라에 꼭 가보고 싶은 느낌이 있
었어요. 그래서 제 마음을 좀 편안하게 해주는 나라이자, 아무래도 파키
스탄보다 잘사는 나라인 한국을 생각했어요. 그리고 같은 시간을 일해도,
가령 파키스탄에서 여덟 시간 일해서 버는 것과 대한민국에 와서 여덟 시
간 일해서 버는 것은 아무래도 차이가 있었기 때문에 한국을 선택했어요.
한국에 가서 돈 좀 벌어 보려고요.

█ 이주노동자로 한국에 와서 느낀 첫인상은 어땠나요?

은행에 사표를 내고 1994년 한국으로 오게 됐어요. 그런데 사실은 생각했던 것보다 더 힘이 들었어요. 제가 영어를 할 수 있어서 말이 통할 줄 알았어요. 한국 사람들도 영어를 잘하는 줄 알았는데 막상 와서 보니 많이 달랐어요. 예를 들어 제가 길을 물어보려고 "Please let me help. Please show me the way."라고 말해도 알아듣지를 못했어요. 한국 사람들이 생각보다 영어를 많이 못했어요.

또 아무래도 파키스탄은 이슬람문화잖아요. 이슬람문화에서 살다가 다른 문화를 만났기 때문에 너무 좋았어요. 이슬람문화는 오픈된 문화가 아니기 때문에, 여기 와서 술집도 보고 나이트클럽도 보니 마음에 들더라고요.(웃음)

처음 일하게 된 곳은 수원에 있는, 박스 만드는 공장이었어요. 그곳에서 만난 사장님, 같이 일하는 사람들과 아주 자연스럽게 너무 잘 지냈어요. 그런데 우리가 한국말을 알아듣지 못했으니까 서로 보디랭귀지로 의사소통하며 일하고 움직이고 그랬어요. 시간이 지나면서 "이거 해라", "저거 해라." 그러면 "아, 오케이." 하는 식으로 조금씩 한국말을 배우게 됐어요. 일하는 동안 회사에서 잘해 줬어요. 대한민국 사람이 정이 많기 때문이기도 하고, 그만큼 우리도 열심히 일했어요. 돈벌이도 괜찮았고요.

█ 월급이 얼마였나요?

그때 월급을 60만 원 정도 받았어요.

월급에서 20만 원은 제가 썼어요. 먹는 것, 집세, 공과금 같은 데에 쓰고, 나머지 40만 원을 파키스탄에 있는 부모님 앞으로 부쳤어요. 부모님도 그곳에서 너무 고마워하고, 저도 여기에서 너무 행복하고⋯⋯. 그렇게 시간이 지날수록 천천히 한국에 대해 알게 됐어요.

▌ 처음 한국에서 공장 생활을 할 때, 한국 사람들이 이슬람문화를 낯설어하지 않
  았나요?

월급날 돌아오면 회사에서 꼭 "우리 회식하자", "밖에서 밥 먹자."라고 그래요. 제가 공장에서 첫 번째 월급 받은 날, 사장님이 직원들을 데리고 회식하러 갔어요. 그때는 '돼지'를 한국말로 뭐라고 부르는지도 몰랐어요. 이슬람문화에서는 돼지고기 안 먹잖아요. 그래서 우리가 사장님한테 말했어요. "우리는 파키스탄에서 왔으니까 '피그' 못 먹어요." 근데 사장님이 그 말을 못 알아듣는 거예요. 결국 고기를 우리 눈으로 직접 봤어요. 무슨 고기냐고 물어보니까 식당 아주머니가 그러는 거예요. "이거는 돼지고기예요." 그런데 이번에는 '돼지'가 무슨 뜻인지 우리가 몰랐어요.(웃음)

가까스로 서로 뜻이 통했는데, 회사 사람들이 깜짝 놀라서는 우리한테 막 질문했어요. "왜 돼지고기를 안 먹어요? 돼지고기가 얼마나 좋은데. 영양가 많고 몸에 힘도 많이 주는데, 왜 안 먹어요?" 우리는 어떻게 말해야 할지 몰라서 손짓해 가며 얘기했어요. (손가락으로 하늘을 가리키며) "알라! 알라! 알라!" 그러자 같이 일하는 사람 중에 한 명이 감을 잡고, "이슬람 믿는 사람들은 돼지고기 못 먹어요." 하고 말해 줬어요. 그 뒤로 회식

할 때 돼지고기 먹자는 이야기 안 하고, 소고기나 닭고기를 먹었어요.

한국 사람들하고 잘 어울렸어요. 회식 끝나면 노래방도 가고……. 노래방에서 노래할 줄도 몰랐어요. 한국에 와서 처음 가봤으니까. 처음이라서 어떻게 하는 건지 몰랐어요. 그러면 사장님이 "우리 대한민국 노래 부르려면 먼저 파키스탄 노래부터 불러 봐." 하고 말해서, 신나게 파키스탄 노래 불렀어요.(웃음) 아주 재미있었어요. 그리고 한국 사람들 아주 좋다는 걸 느꼈어요.

▋한국 문화가 역동적이고 생기발랄한 문화라는 느낌을 받은 듯한데, 또 그런 경험이 있었나요?

한국에서는 토요일이나 일요일에 오전 근무 끝나고 축구 경기를 했어요. 축구는 잘 못했지만, 대학교 운동장에 가서 대한민국 대학생들과 어울려 놀았어요. 그럼 대학생들이 우리한테 와서 영어로도 물어보고 한국말로도 물어보고 그래요.

또 여기 와서 만나게 된 파키스탄 친구가 있는데, 그 사람이 파키스탄에서 수학 박사예요. 한국에 두 달 있다가 파키스탄으로 갔는데, 수학을 너무 잘하니까 한국 학생들이 그 친구한테 수학을 많이 배웠어요. 말은 달라도, 수학을 하는 방법은 세계에서 하나잖아요. 그러는 과정에서 서로의 깊은 문화라든지 역사를 같이 느낄 수 있어서 너무 기뻤어요.

▌ 한국에 와서 처음 겪었던 어려움이 뭐였나요?

언어였어요. 한 사람만 영어를 알면 아무 의미가 없잖아요. 상대도 영어를 알아야 되니까. 누구한테라도 말을 해야 하는데, 그러지 못하는 것이 힘들었어요. 두 번째는 음식이에요. 물론 돼지고기 요리는 못 먹지만 나머지는 대부분 잘 먹어요. 한국 음식도 좋은 음식이 너무 많고 영양가도 많아요. 하지만 처음에는 먹을 수 없었어요. 지금은 된장찌개·김치찌개·볶음밥 모두 잘 먹어요. 아내가 전라도 사람인데 음식을 아주 맛있게 만들어요. 그래서 지금은 제가 한국 음식을 많이 먹어요. 세 번째는 서로 다르다고 느끼는 거예요. 회사에 가면 우리 회사 사람들은 저를 아니까 말도 걸고 농담도 하고 그래요. 그런데 처음 보는 한국 사람들은 대부분 저희를 피해요. 어디 가려고 버스 정류장에 서있으면 몸을 돌려 버리는 식이에요. 우리는 얘기도 하고 싶고, 인사도 하고 싶은데 사람들이 그렇게 피할 때마다 우리와 다르다는 것을 느껴요. 그게 좀 안타까워요.

▌ 그럴 때 어떤 느낌이 들었나요?

한번은 집사람과 같이 남양주에 있는 공원에 놀러 갔어요. 싸간 김밥도 먹으며 재미있게 놀았어요. 그리고 집으로 가려고 버스를 탔어요. 우리가 앞에 있고, 뒷자리에 한국인 두 명이 있었어요. 버스가 출발하고 이십 분쯤 지났는데, 우리는 "오늘 어땠어요?" 하면서 재미있게 이야기하고 있었는데, 책을 보던 뒷사람이 갑자기 책을 딱 덮고는 내 머리를 때리는 거예요. 놀라서 뒤를 돌아보고 아내도 깜짝 놀라 "왜 사람을 때려요?" 하고 따졌어요. 그때는 제가 한국말을 몇 마디밖에 못했거든요. 그 아저씨가 "이

사람 외국인 아니냐? 근데 왜 우리나라 아가씨하고 같이 앉아서 이야기하며 가느냐?" 하는 거예요. 그 말을 듣고 나니 한국에 대한 마음이 그전과 너무 반대로 느껴졌어요. (미간을 찌푸리며) '이건 아니다. 이런 세상이 어디 있나.' 피부색이 검고 생긴 것도 다르지만, 그런 것 때문에 맞고 차별받아야 하는지 이해할 수가 없었어요.

> 아시아계에 대한 차별이 한국 사회에 만연해 있음을 보여 주네요. 다른 이야기를 해보면, 한국과 파키스탄 모두 대가족제도가 있는 것으로 알고 있어요. 두 나라의 가족제도에서 뭐가 같고 뭐가 달랐나요?

집사람을 한국에서 만났고 한국에서 결혼했어요. 처음에는 장인어른과 장모님의 반대가 심했어요. "그 사람은 외국인이다. 또 우리나라 문화도 모르는데 우리나라에서 어떻게 살려고 하느냐?" 하면서 말렸어요. 그렇지만 서로 정말 좋아하니까 결국 결혼하게 됐어요. 파키스탄에 있는 제 가족 중에도 국제결혼을 한 사람이 없었어요. 삼촌, 고모, 조카들 모두 영국에 사는데, 국제결혼을 한 사람은 한 명도 없어요. 그래서인지 큰형님이 외국에서 어떻게 결혼하고 생활하겠느냐며 반대했어요. 우리는 말을 안 들었어요. 아내는 자기 부모님 말 안 듣고, 저는 형과 가족 말 안 듣고. 그렇게 결혼했어요.

결혼하고 나서 집사람과 파키스탄에 가서 몇 개월 살다 왔는데, 아내는 그 문화에 적응하기 어려웠을 거예요. 머리도 다 가리고 다녀야 되고, 옷도 여름이든 겨울이든 봄이든 길게 끌고 다녀야 돼요. 한국에서는 여름이면 마음대로 미니스커트도 입고 다리가 좀 보여도 되는데, 파키스탄은 아직 안 돼요. 그때가 마침 여름이었어요. 파키스탄의 여름은 엄청 더워요. 아내도 그런 문화에 좀 답답해했어요. 그런 데서 어떻게 살 수 있겠어요. 그래도 파키스탄에 가서 아내가 사람들에게 많이 인정받았어요. 저를 봐서 그랬는지, 애들을 봐서 그랬는지는 몰라도 그 문화를 따라갔어요. 기도할 때 같이 기도하고 금식할 때 같이 금식하고. 저도 대한민국에 와서 많이 이해하고 달라졌어요. 차별은 아직도 있고 완전히 사라질 수는 없을 거예요. 그래도 어떻게든 줄여 가려 노력해야죠.

▎ 처가 부모님이 어떻게 대해 주나요?

처가가 전라북도 장흥이에요. 이번 추석 때도 갔다 왔어요. 장인어른이 4년 전 위암에 걸려 수술을 받았어요. 시골에서 조그맣게 농사짓는 사람이 큰돈이 있겠어요? 그래서 수술비를, 할 수 있는 만큼 도와 드렸어요. 장인어른도 너무 고맙게 생각하고 있어요. 하지만 우리는 시장에 가서 돈 내고 쌀을 사 먹은 적이 없어요. 항상 시골에서 쌀이 와요. 양파, 마늘……. 뭐든 다 보내 줘요. 너무 고마워요. 시골에 가면 장모님이 챙겨 줘요. 이번에 갔을 때는 장인어른과 같이 쌀을 정리했는데, 올라올 때 집에 가져가라며 차에 쌀을 실어 줬어요. 그리고 장모님이 쌀 때문에 고생 많이 했다며 "염소 한 마리 잡아먹어라." 그러셨어요.(웃음) 그래서 제가 염소를 이슬람식으로 목을 잘라 가져와서는 가족들 모두 먹고 있어요.

▎ 원래 사위 사랑은 장모라고 하잖아요. 씨암탉은 먹어 본 적 있어요?

없어요.(웃음)

▌ 씨암탉 대신 염소를 받은 것 같네요.

(웃음) 맞아요. 시골에서 전화하면 제가 무슨 일이 있어도 빨리 가요. 왜냐하면 애들 엄마도 저와 결혼해서 고생 많이 했잖아요. 제가 비자 문제 때문에 3개월마다 여기서 나가고 또 들어왔다가 다시 나가고 그랬어요. 그때마다 고생이 많았죠. 그래도 이제 살 만큼 되니까 무슨 일이 있든지 꼬박꼬박 가요. 추석이나 설날 같은 명절 때도 그렇고요. 그래서 장모님이 좋아한다는 이야기를 들었어요.

▌ 자식은 어떻게 되고 부인은 무슨 일을 하고 있나요?

결혼한 지 벌써 10년 됐어요. 큰아들(박하비비)이 초등학교 2학년이고, 딸(박시나)은 여섯 살인데 유치원에 다녀요. 애들 엄마는 식당일을 했는데 지금은 집에 있어요. 같은 동네에 사는 처형이 식당을 해요. 언니 식당일 도와준다고 그곳에서 일했던 건데, 아시다시피 식당일이 좀 힘들어요? 일하는 시간도 길고. 그래서 애들한테 제대로 신경을 못 써요. 우리 애들이 한국 애들과는 다르잖아요. 그래서 애들 엄마한테, 밖에서 일해 몇십만 원 더 벌기보다 집에서 애들에게 더 신경 쓰는 것이 어떻겠느냐고 했어요. 왜냐하면 제가 아무래도 아빠니까. 그리고 파키스탄에서 태어난 저보다는 한국에서 태어난 엄마가 애들과 같이 있는 편이 낫다고 생각했어요. 지금만이 아니라 앞으로도 이 나라에서 애들을 키울 생각을 하고 있으니까. 대학에 가든 어떤 일을 하든 대한민국에서 할 것 같아서요. 그러니 저보다는 애들 엄마가 길도 더 잘 알려 주고 공부도 제대로 가르칠 수 있을 것 같았어요.

그래서 아내가 집에 있어요. 애들이 학교 끝나서 집에 오면 애들 엄마가 간단하게 간식 주고, 그다음에 하비비는 태권도 학원에 가요. 태권도 학원 끝나자마자 눈높이 선생님이 와요. 눈높이 선생님과 공부하고 나서는, 엄마와 같이 학교 숙제를 하는 거예요. 그렇게 있다가 6시 반쯤 되면 딸이 유치원에서 와요. 애들에게 컴퓨터를 하거나 텔레비전을 보라고 한 시간을 주는데, 그동안 애들 엄마는 저녁 식사 준비를 해요. 같이 밥을 먹고 십 분에서 이십 분 쉬고 나면, 근처 공원에 가요. 삼십 분에서 사십 분 정도 애들과 놀다가 집에 오면, 하비비는 내일 학교 가져갈 책을 정리하는 거예요. 알림장 보면서 정리하고, 자기가 알아서 이 닦고 세수하고 자는 거죠.

> 여느 한국 부모와 차이가 없네요. 한국은 교육열이 강해 치맛바람이나 사교육비 문제가 있기도 한데, 직접 학교에 가본 적이 있나요?

대한민국이라는 나라에 대해 진짜 궁금한 것이 있어요. 한번은 새벽 1시쯤 집사람과 함께 집으로 돌아오는 길이었는데, 가방을 멘 학생 세 명이 가는 거예요. 제가 애들 엄마한테 물어봤어요. 이 시간에 학생들이 어디를 가느냐고. 그랬더니 고등학생은 새벽 2~4시까지도 공부하고 집에 간다는 거예요. 대한민국의 교육열이 강하다는 것을 그때 느꼈어요.

제가 지금 인권 교육 강사인데, 그래서 학교에 가본 적이 있어요. 학교에서 애들과 같이 인권 교육을 하니까요. 학교에서도 차별이 있다는 것을 알았어요. 한번은 하비비가 학교에서 돌아오자마자 우는 거예요. 제가 "무슨 일 있어? 왜 울어?" 하니까 "아빠! 내일 나 학교 못 가." 하는 거예요.

애들이 "야! 너 왜 깜씨냐? 아프리카에서 왔냐? 햇볕이 너무 강해서 타버렸냐?" 하며 놀린다는 거예요. 그래서 하비비한테 얘기했어요. "하비비, 아니야. 아빠 봐. 너는 한국에서 태어났지만, 아빠는 파키스탄에서 태어났어. 너는 아빠 아들이잖아. 당연히 너는 아빠를 닮을 수밖에 없어. 아빠랑 닮은 거는 자랑스러운 거야. 친구들이 또 놀리면 이렇게 얘기해. '너는 오리지널 한국 사람이지만 나는 아니야. 우리 아빠는 파키스탄 사람이야. 파키스탄에서 태어났고, 나는 아빠를 닮은 것뿐이야. 잘못은 없어. 자랑스러운 거야.' 이렇게 친구한테 이야기하면 된다고 얘기했어요.

▌ 초등학교에서 하는 인권 교육은 어떻게 시작하게 되었나요?

센터(한국이주인권센터)에 인권 교육 프로그램이 있어요. 그 사실을 알고 나서 선생님에게 부탁했어요. 저도 참여시켜 달라고. 제가 가진 만큼, 할 수 있는 만큼 도움을 주고 싶다고 했어요. 그랬더니 선생님이 초등학교에 가서 4학년에서 6학년 아이들에게 직접 파키스탄 문화나 차별에 대한 얘기를 해주고, 아이들과 같이 먹을 파키스탄 음식도 준비해 보라고 했어요. 대한민국에서는 밥을 먹잖아요? 쌀로 만든 밥. 주로 밀농사를 짓는 파키스탄에서는 밀가루로 로띠를 만들어 빵처럼 먹어요. 그런 것을 준비해 애들과 나눠 먹고, 빔 프로젝트로 그림도 보여 주면서 문화를 알려 주는 거예요. 애들이 너무 신나서 저한테 사인해 달라고 하고, 제 손 잡으면서 좋아하고, 막 안고 그래요. 그 순간에는 애들이 차별이라든지, 다르다는 느낌을 잊어버리는 거예요. 이게 중요해요. 지금 초등학교 다니는 애들이 이 나라의 미래니까. 앞으로 이 나라를 끌고 갈 아이들에게 인권 교육을 하는 것이 무척 중요하다고 생각해요.

인권 교육을 하면 기분이 좋아요. 그리고 대한민국에 혼혈아가 10만 명 넘는 것 같아요. 국제결혼을 한 부부에게 거의 한두 명 이상 아이가 있으니, 앞으로 더 많이 생길 거예요. 제가 이 프로그램을 통해 학생들과 어울리는 것도 더 중요해져요. 앞으로도 계속 하고 싶어요. 그리고 경제적으로 여력이 된다면, 학교에서 아이들을 열 명이나 스무 명쯤 대표로 뽑아서 방학 때 파키스탄이나 다른 나라에 여행을 보내 주고 싶어요. 그 나라에 직접 가서 사람들 속에서 문화를 체험하는 거죠.

▌ 인권 교육 이외에는 무슨 일을 하나요?

고물상 일을 해요. 회사에 가서 사장님을 만나 명함을 주면서 고물이나 고철이 있으면 달라고 부탁하고, 동네에서 어디 조그만 식당이나 가게를 철거하게 되면 거기서 나오는 고철도 가져오고 그래요. 또 폐기물이 나오면 차에다 싣고 폐기장에 가서 버리는 일을 하고 있어요. 회사에 안 다니기 때문에 인권 교육을 할 수 있어요. 회사에 매여 있으면 시간을 빼기가 어려울 테니까요.

▌ 부모 입장에서 이런저런 얘기를 했는데, 앞으로 아이들의 교육 문제는 어떻게 할 생각인가요?

저는 무조건 아이들을 이 나라에서 키우고 교육시킬 거예요. 이 나라의 교육열이 얼마나 강한지는 이미 알아요. 시골에서 소 한 마리를 키워 판 돈으로 아이들을 대학에 보내는 사람도 있다고 들었어요. 그냥 넘겨들을 수 없는 말이었어요. 그 말이 제 머릿속과 마음속에 자리 잡고 있어요. 소는 없으니까 뭐든 팔아서 아이들을 교육시킬 거예요. 항상 아이들에게 그래요. "이 나라는 너희가 태어난 나라다. 너는 한국 사람이다. 그걸 잊어버리지 마라. 그리고 어디 가서도 꼭 할 말은 하고 살아라." 저도 강하고, 애들 엄마도 강하니 우리 애들도 잘될 거예요.

▌ 결혼 이후 이주민으로서 어려웠던 점은 무엇인가요?

사실 제가 지금은 한국인이지만 다르게 생겼잖아요? 애들도 마찬가지예요. 우리 애들이 좀 예쁘게 생겼어요. 혼혈이잖아요. 또 원래 애들은 모두 예쁘기도 하고요. 가끔 가족 모두가 이마트에 가는데, 코너(매장)에 있는 아주머니들이 애들한테 "너무 예쁘게 생겼다. 너 한국말 아니? 어디서 왔어?" 하고 물으면, 저 앞에 가고 있는 엄마한테 "엄마, 어디 가?" 하고 쫓아가거든요. 그러면 "우와! 한국말도 하네!" 하면서 사람들이 깜짝 놀라요. (웃음) 하지만 나쁜 의도가 없더라도 어디서 태어났는지, 한국에서 태어났는지 외국에서 왔는지를 묻는 일들은 없었으면 좋겠어요.

저도 마찬가지예요. 영업하러 어느 회사에 들어가 명함과 스티커를 돌리면, 사람들 눈이 '이 사람이 여기 왜 왔나?' 하는 눈치예요. 그러고는 "어떻게 왔어?" 하고 반말이 나와요. 일자리를 찾으러 온 것으로 보이는 거예요. 제가 "여기 사장님이나 과장님 만나러 왔어요. 고물 장사하는 사람인데, 명함 하나 주러 왔어요. 생각 있으시면 연락 주세요. 정리도 잘하고, 가격도 잘 매겨 드립니다." 하고 얘기하면 "아, 그래요?" 하고 말투가 좀 바뀌는 거예요. 그리고 나서 "저는 파키스탄에서 태어났지만 한국으로 귀화했어요. 그래서 저는 한국 사람으로 한국에 살고 있어요." 하고 이야기하면 또 표정이 바뀌어요. 그제서야 반말을 쓰지 않고 좋은 말을 하기 시작해요. 그러지도 않았으면 좋겠어요. 예를 들어 캐나다는 이민 국가잖아요? 캐나다에 가면 누가 물어보지도 않아요. 어디서 왔는지, 어느 나라 사람인지. 다 똑같고 하나라고 생각해요. 한국에서도 앞으로는 이런 부분에서 많이 노력해야 할 것 같아요.

▌ 이주민으로 생활하면서 독특하다고 생각한 한국 문화가 있었나요?

술 마시는 것. 진짜 이해할 수 없어요.(웃음) 한자리에 앉아서 친구 서너 명이 술 마시기 시작해 4차, 5차를 거쳐 아침까지 마셔요. 진짜 이해할 수 없어요. 저도 한국에서 생활하니까 업체 사장님이나 친구를 만나 한잔씩 해요. 하지만 많이 늦어도 밤 12시까지이고, 많이 마셔 봐야 소주 두 병 마시는 정도예요. 근데 한국에서는 그렇지 않더라고요.(웃음)

▌ 점점 더 많은 아시아 이주민들이 한국에서 더불어 살 텐데, 이에 대해 어떻게 생각하나요?

이미 많이 들어와 있고 앞으로도 많이 들어올 거예요. 그리고 3D 업종에서 일하게 되겠죠. 대한민국 사람들이 외국인에 대한 지금의 인식에서 조금은 벗어나야 돼요. 외국인이 와서 한국의 경제 발전에 많은 대가를 지불하고 있어요. 대한민국 젊은이들이 어떤 일은 안 하려고 하잖아요. 무겁고 힘들고 위험한 일은 안 하려고 해요. 외국인 친구들이 와서 그런 일을 해요.

그 외국인 친구들이 일하다 다치거나 무슨 일이 생겼을 때 대한민국 사람들과 똑같이 법적으로 혜택을 줬으면 좋겠어요. 앞으로 그렇게 안 하면 더 어려워질 것 같아요. 싱가포르·홍콩·독일 등에서도 이주노동자와 이주민 때문에 법도 바뀌고 혜택도 늘어나고 있는데, 한국도 그렇게 했으면 좋겠어요.

> 다문화 사회로 진입한 한국의 이주 정책과 이주노동자 정책이 어떻게 달라졌으면 좋겠다는 의견이 있나요?

이주노동자가 한국에 들어오면 어려운 점이 있잖아요. 음식이라든지, 문화라든지, 언어라든지. 정부에서 이주노동자에게 필요한 교육 프로그램을 많이 만들었으면 좋겠어요. 물론 외국 노동자들이 일하러 왔고 돈 버는 것도 중요하지만, 다른 한편으로는 토요일이나 일요일에 한국 문화를 소개하는 프로그램을 통해 대한민국 역사를 알려 주는 거예요.

파키스탄은 영국 식민지였다가 1947년 독립했어요. 원래 인도·방글라데시·파키스탄 세 나라가 한 나라였어요. 지금은 독립해 있지만 파키스탄에서 이슬람 믿는 사람, 인도에서 힌두교 믿는 사람, 방글라데시에서 이슬람 믿는 사람이 있으니 조용한 사회일 수가 없었어요. 내전이 발발하고 발전은 더뎠죠. 파키스탄은 자원도 많고 영토가 대한민국의 네 배인 나라예요. 인구도 세 배나 많아요. 하지만 파키스탄은 아직까지 발전이 안됐어요. 사람들의 의지가 약해요. 반면에 한국 사람들은 정말 의지가 강해요. 일을 시작하면 끝을 보잖아요. 한국은 1945년에 독립하고 파키스탄은 1947년에 독립했는데, 지금은 두 나라가 너무 차이가 많이 나요.

이주노동자들이 그런 한국 역사를 배울 수 있는 프로그램이 생기면 좋겠어요. 한국에서 일을 마치고 자기 나라로 돌아갈 때 한국에 대한 첫 느낌, 그리고 한국 사람들이 일하는 모습을 배우고 돌아가면 그곳에서도 가족과 함께 잘 살 수 있을 거예요. 그래서 그런 프로그램이 있었으면 하고 생각해요.

▌ 이주민이자 이주노동자로서 한국 사람들에게 바라는 점이 있나요?

이거 하나만 부탁하고 싶어요. 이주민, 이주노동자, 혼혈아……. 이들이 어디에 있더라도, 전라도에 있든 부산에 있든 광주에 있든, 대한민국에 있는 사람인 한 모두 똑같이 예쁘게 봐주면 좋겠어요. 차별하지 않으면 좋겠어요.

▌ 파키스탄에 두고 온 부모·형제·친구가 생각날 때는 어떻게 해요?

혼자 있을 때 가끔 생각나요. 파키스탄에서 누가 돌아가셨거나 제사나 결혼식이 있을 때 전화가 와요. 제가 전화해서 그런 일이 있다고 알게 되기도 해요. 그럴 때는 너무 가보고 싶어요. 너무 가고 싶은데 경제적으로 좀 힘드니까 못 가게 돼요. 한번은 애들과 같이 간 적이 있어요. 3개월쯤 그곳에서 살았는데, 애들에게 돌아가자고 하니 안 가고 싶대요. "한국에 가지 말자. 아빠, 우리 여기서 살자." 하는 거예요. 왜 그러느냐고 물어보니 "여기에는 '너는 깜씨야. 너는 다르다.'라고 하거나 '외국에서 왔니?'라고 묻는 사람이 없어. 여기가 좋아. 여기서 살자."라는 거예요. 그 얘기 듣고…….(길게 한숨 쉬며 말을 잇지 못함)

▎ 꿈이 있다면 무엇인가요?

앞으로 우리 아이들을 이곳에서 잘 키우는 것이 꿈이에요. 아이들이 이 사회에서 자리 잡았으면 좋겠고요. 파키스탄 사람처럼 생겼지만 파키스탄에 데려가는 것은 좋은 방법이 아니라고 생각해요. 여기서 우리 애들이 잘 자라서 공부 잘하고, 하고 싶은 일 하며 살면 좋겠어요.

▎ 한국에 온 지 10년이 넘었고, 결혼도 했고, 한국 문화에도 익숙해졌잖아요. 한국에도 다문화 가정이 많은데, 이들에게 어떤 조언을 해줄 수 있을까요? 40만 명가량의 이주노동자들에게도 하고 싶은 얘기가 있나요?

이주노동자들은 파키스탄·인도 등 동남아시아와 아프리카에서 많이 왔잖아요. 아무래도 경제적으로 돈 벌기 위해 대한민국에 왔으니까 열심히 일하고 좋은 것도 많이 배웠으면 좋겠어요. 자기 나라로 돌아갈 때는 한국에서 좋은 느낌 가져가고 그 후에도 이곳을 기억했으면 좋겠어요.

　이 나라에서 결혼한 이주민들에게도 똑같이 이야기하고 싶어요. 인권 센터에 오면 종종 이런 말을 들어요. 어떤 사람이 여기서 애들을 낳았는데 파키스탄으로 보냈다, 인도로 보냈다, 방글라데시로 보냈다는 거예요. 그럼 부모는 어디 있어요? 부모는 여기 있어요. 그럼 그곳에서 누가 애들을 키우고 있어요? 할머니나 할아버지가 애들 키우고 있어요. 안타까운 일이에요. 내 자식이고 내가 부모니까 자기 손으로 키워야 해요. 물론 그렇게 생각하더라도 여기서 애들 키우기가 너무 힘들기는 해요. 어려우니까 떠나보내는 것을 이해하지만, 그래도 그건 답이 아니에요. 어려워도 같이 살아야 해요. 옛날에 우리도 너무 어려웠어요. 하비비가 태어날 때는 분유 값도 없었어요. 처형이 옆에 없었으면 어떻게 되었을지 몰라요. 어쨌든 한국에서 결혼했으면 아이들도 꼭 한국에서 키웠으면 좋겠어요. 여기서 열심히 노력하며 살고, 저와 같이 인권 교육도 하러 학교에 갔으면 좋겠어요. 그렇게 서로 도와 가며 살면 좋겠어요.

▌ 노후 계획이 있나요?

저는 지금 하는 일(고물상)을 앞으로도 할 거예요. 동네에 열 평(33제곱미터)쯤 되는 조그만 창고도 얻었어요. 고철에 비철(비철금속)이 붙어 있으면 팔 수 없는데, 그런 것을 창고에서 직접 작업해 분리해요. 고철은 고철대로, 비철은 비철대로.

앞으로 조그만 땅을 장만해 그곳에서 일하고 싶기도 해요. 또 이 일 하면서 여유가 좀 생기면 부모로서 애들한테 주고 싶은 것이 많아요. 재산이 조금 생기면 물려주고도 싶고요. 아이들에게 힘든 미래니까. 그렇게 천천히 앞으로 나아가는 것이 계획이에요.

▌ 알고 있는 한국 속담이 있나요?

하나 아는데 잊어버렸네.(웃음) 애들이 만날 엄마한테 연습해요. "시작이 반이다", "오는 말이 고와야 가는 말도 곱다." 제가 애들한테 배워요.(웃음)

● 한국에 외국인 산업 기술 연수 제도가 처음 도입되어 이주노동자 문제가 본격적으로 발생한 1991년을 기준으로 했다.

에필로그

〈우리는 노예가 아니다〉 2008년 후세인 씨를 비롯해 다섯 명의 파키스탄 산업 연수
생은 중소기업중앙회(옛 중소기업협동조합중앙회)를 상대로 낸 손해배상 청구
소송에서 승소했다. 판결문에서는 "중소기업중앙회는 산업 연수생의 권익을
보호하고 송출 기관의 업무를 지도·감독할 의무와 책임이 있다. …… 적절
한 연수 업체를 신속히 재배정하고 숙박비 등을 제공해 생존권을 보장해 줘
야 함에도 이를 이행하지 않은 것은 위법하다."라고 밝히며 이들에게 각각 3
백만 원을 지급하라고 판결했다. 현재 일부는 귀환했으나 나머지는 여전히
이주노동자로 일하고 있다.

〈힘내요, 조안〉 2009년 조안 씨는 끝내 백혈병으로 사망했다. 그의 남편과 딸은
비행기 편을 구하지 못해 임종을 지키지 못했다. 타이완에서 미등록 이주노
동자로 일하고 있는 어머니도 비자를 받을 수 없어 오지 못했다. 그의 사체
는 병원비를 대신해 대학병원에 신체 해부용으로 기증됐다.

〈알라여, 이 사람을 끝까지 보호하소서〉 라카 씨는 소금 공장에서 일하고 있다. 미등록
자로 생활하면서 출입국 관리사무소 직원에게 쫓기는 악몽을 꾼다고 했다.

그는 외부에서 걸려 온 전화를 받지 않기 위해 핸드폰을 꺼둔다.

〈웃자, 웃자, 아르빈〉 아르빈 씨는 그 뒤로도 여러 차례 인권 센터를 통해 노동부에 진정했으나, 이미 행정처분이 완료된 소송임을 확인하는 데에 그쳤다. 그가 다니던 공장은 여전히 가동되고 있으며, 임금을 체불했던 사장은 자기 소유의 재산이 없기 때문에 한 푼의 임금도 정산할 수 없음을 거듭 밝혔다.

〈타슈켄트에서 온 무용수〉 할리다 씨와 엘리나 씨는 사장과 합의해 체불임금 전액을 받았다. 그리고 얼마 후 둘 다 우즈베키스탄으로 돌아갔다. 3개월 후 엘리나 씨에게서 국제전화가 왔다. 고국의 부모에게 선물할 가전제품이 들어 있는 자신의 짐은 물론이고 체불된 급여와 성희롱에 따른 합의금을 할리다 씨가 주지 않고 있다는 내용이었다. 할리다 씨와 어렵게 통화했지만 그녀는 내 신원을 확인하자 곧바로 전화를 끊었다. 이후 엘리나 씨는 6개 가방 가운데 3개를 돌려받았다고 했지만 여전히 자신의 돈은 돌려받지 못했다고 하소연했다. 할리다 씨는 전화를 받지 않고 있다.

〈밥 먹었어요, 멜로와?〉 델로와 호세인 씨는, 해당되는 체류 자격은 없으나 법무부 장관이 체류를 인정하는 기타G-1 비자를 받고 병원 치료를 받은 뒤, 얼마 지나지 않아 공장으로 돌아갔다. 그 후 1년 동안 도금 공장에서 미등록자로 일하다가 출입국 관리사무소 단속에 걸려 추방당했다. 추방되기 전에 다니던 공장에서 체불임금을 받아 건네주기 위해 외국인보호소 면회실을 찾아가 1년 만에 다시 만났다. 그는 귀환한 이후 다시 일본에 이주노동을 하러 갈 생각을 내비쳤다. 현재는 연락이 끊긴 상태다.

〈자스민의 인생 유전〉 자스민 씨는 다시 남편과 결합해서 살고 있다.

〈쉼터로 쫓겨 온 여성들〉 후에 씨는 2009년 출국해 결혼했으며 아이를 낳았다.

〈갈 곳 없는 이주 청소년〉 장리는 한국 생활에 적응하지 못하고, 다시 중국에 있는 할머니에게 돌아갔다.

〈목소리 없는 목소리들〉 짜오위는 한국어능력시험 6급을 준비하고 있고, 왕보량은 집에 있다. 조양은 현재 대학 3학년생이다.

〈에리카의 꿈〉 에리카는 중학생이 되었다. 그의 아버지는 현재 한국 국적을 취득했고, 어머니인 오성혜 씨는 지금도 핸드폰 조립 아르바이트를 하고 있다.

〈솔롱고스를 떠나는 아이〉 몽토야 씨는 세차장에서 일하다 2010년 자진 귀환했다. 타밀은 초등학교에 다니고 있으며, 남편은 3개월에 한 번씩 한국에 와서 문짝을 구입해 몽골로 들여가는 일을 하고 있다. 타미는 할머니와 함께 살았는데, 이제 온 가족이 모여 살고 있다.

〈두 이주민의 세상살이〉 티마폰 씨는 딸아이를 낳았다. 아이가 크면 타이를 알리는 다문화 강사가 되고 싶다고 한다.

〈시민 K씨〉 시민 K씨는 현재 기술직으로 일하고 있다. 최근 태어난 딸의 국적 신청을 하기 위해 서류를 제출했으나, 딸의 신원을 확인할 수 없다며 친자 여부를 증명할 수 있는 유전자 확인서 제출을 요구받았다. 이에 그는 법무부의 친자 확인을 위한 유전자 확인서 제출 요구에 인권침해 소지가 있다며, 두 차례에 걸쳐 법무부 국민신문고에 민원을 제기했지만 받아들여지지 않았다. 결국 한국에서 출생한 딸의 국적 취득을 위해 유전자 검사 서류와 가족 관계 증명서를 제출했다.

〈**나는 누구인가**〉 하킴 씨는 2009년 6월 18일 야간 근무 도중 방글라데시 출신 동료 다섯 명과 함께 출입국 관리사무소의 단속에 걸려 체포되었다. 15년간 한국에서 이주노동자로 야간 근무만 했던 그는, 초조하고 불안한 미등록 체류자로서의 삶을 마감하고 결국 방글라데시로 추방되었다.

〈**밍굴라바, 뚜라**〉 버마행동 대표 뚜라 씨는 법무부의 난민 신청 불허 결정에 이의 신청을 했고, 2011년 4월 난민 지위를 인정받았다.

그 밖의 사람들은 연락이 닿지 않아 현재 어떤 삶을 살고 있는지 알 수 없다.

한국 이주 정책 및 이주 인권 운동 연표

1987 ● 필리핀 출신 가정부들이 서울 강남에서 일하고 있다는 『동아일보』
기사를 통해 한국에 이주노동자가 유입되고 있음이 드러남.

1989 ● 1988년 서울 올림픽 이후 국내에 들어온 재중 동포들이 서울역 등지
에서 한약재상을 하거나 아파트 건설 현장에서 일하기 시작.

1990 ● 12월 18일 유엔총회에서 국제적 차원의 이주노동자 보호를 위해 마
련한 법적 근거인 모든 이주노동자와 그 가족의 권리 보호에 관한 국
제 협약(이주노동자권리협약) 채택. 이날을 기념해 세계이주민의 날로
제정.

1991 ● 10월 26일 법무부 훈령 제255호 '외국인 산업기술 연수사증 발급 등
에 관한 업무처리지침'에 근거해 해외투자기업 산업 기술 연수생 도
입 시작. 해외투자법인 연수 제도가 처음으로 시행.
  ▶ 현지법인 연수 제도를 활용하기 위해 해외에 투자한 것으로 위장한 기업들이 값
    싼 외국인 노동력을 국내에 유입하기 시작.

- 11월 20일 한국이 '유엔아동권리협약'에 가입해 같은 해 12월 20일 발효.

1992

- 이주노동자 도입에 대한 부처 간 의견 대립.
  - ▶ 상공부(이하 당시 부처명으로 표기) 및 기업 측은 이주노동자 도입에 찬성한 반면, 노동부 및 노동계에서는 인력 도입을 반대. 그 결과 외국 인력 도입에 대한 정책을 수립하지 못했고, 임시방편으로 취업 중인 미등록 이주노동자 가운데 자진 신고한 이들의 체류를 허가. 1992년 9월부터 1994년 3월까지 6개월 단위로 총 3회에 걸쳐 체류 기간을 연장. 관광 비자로도 한국에서 취업할 수 있고 체류 허가를 받을 수 있다는 소문을 접한 많은 아시아인의 한국행 붐이 일어나기 시작해, 2년 사이 이주노동자 수가 급증.
- 8월 24일 한중 국교 수립.
  - ▶ 재중 동포들의 입국이 증가하기 시작.

1993

- 재중 동포 임호 씨가 미등록 체류자에 대한 범칙금 제도에 항거하며 자살.
  - ▶ 법무부가 50만 원이었던 불법체류 범칙금을 1천만 원 이하로 변경하면서 최대 20배까지 인상. 미등록 이주노동자들은 불법체류 기간에 해당하는 범칙금을 내야 출국 허용.
- 11월 외국인 산업 기술 연수 제도 도입 결정.

1994

- 국내 중소 업체들이 외국 인력을 활용할 수 있게 한 외국인 산업 기술 연수 제도를 시행. 중소기업협동조합중앙회에서는 네팔·버마·방글라데시·베트남·스리랑카·인도네시아·중국·필리핀·파키스탄·이란·우즈베키스탄·타이·몽골·카자흐스탄 등 14개국의 인력 송출 기

관과 연계해 5~3백 인 사이의 국내 기업 가운데 섬유·신발·조립금속 등에 종사하는 22개 중소 제조업체를 중심으로 연수생을 배정. 중소기업협동조합중앙회의 지정 위탁 관리 회사가 일정 국가의 통역을 대동해 관리하면서 연수생들의 인권 문제 발생.

  ▶ 이주노동자를 위한 시민사회단체 및 선교 단체 태동.

● 방글라데시·네팔·에티오피아 이주노동자 11명이 1월 10일부터 2월 7일까지 산재보험 적용을 요구하며 농성.

  ▶ 농성의 성과로 미등록 이주노동자들에게도 〈산업재해보상보험법〉이 전면 적용되었으며, 3년 전 산업재해까지 소급 적용.

● 저임금, 임금 강제 적립, 장시간 노동, 사업장 내 폭행, 송출 회사의 횡포 등 외국인 산업 기술 연수 제도로 말미암아 이주노동자의 인권 문제가 속출.

  ▶ 네팔에서 온 산업 연수생 13명이 명동성당에서 산업 연수제 철폐를 요구하는 농성을 시작했고, 이를 통해 산업 연수생 산재보험 적용, 최저임금 실시, 강제 적립금 폐지, 강제 노동과 여권 압류 금지 등 일부 제도 개선.

● 이주노동자 상담 단체들의 연대 모임으로 외국인노동자대책협의회 결성.

● 현지법인 연수 제도의 문제점 발생.

  ▶ 연수를 본래 목적인 기술이전 대신 값싼 노동력을 사용할 수단으로 여겨, 노동자를 고용한 후 한국 공장에 취업시키는 편법이 동원. 현지법인 연수생들에게는 최저임금과 산재보험이 적용되지 않음.

  ▶ 중국·인도 등 현지법인 연수생들의 농성과 저항이 속출.

● 바람직한 외국 인력 도입을 위한 법 제정 운동 시작.

▶ 외국인노동자대책협의회가 중심이 되어 외국인 노동자 보호법 제정을 위한 공청회, 캠페인, 서명운동을 전개.

▶ 입법화하는 과정에서 이주노동자의 운동을 정치 활동으로 규정하는 출입국 관리사무소와 마찰 발생. 이때 성남 외국인노동자의 집 활동가들 구속.

• 구속자 석방 및 외국인 노동자 보호법 제정을 위해 방글라데시·네팔·중국 노동자들이 명동성당에서 38일간 농성 전개.

• 재중 동포들이 한국에 입국하는 과정에서 거액의 사기를 당했고, 입국 사기 피해 실태를 파악하고자 조사단 구성.

1997

• 외국인 노동자 보호법 제정을 위해 한국인 활동가들이 농성 시작. 시민사회·노동계·법조계 등을 아우르는, 외국인 노동자 보호법 제정을 위한 공동대책위원회 발족.

1998

• 국제결혼 가정 증가.

▶ 외국인 남성과 결혼한 한국인 여성들이 차별적인 〈국적법〉에 대해 위헌 소송. 헌법 불합치 판결에 따라 〈국적법〉 일부가 개정됨. 부계 혈통주의에서 양계 혈통주의로 전환, 외국인 배우자 2년 체류 후 국적 취득 자격 부여.

• 산업 연수제를 외국인 취업 연수제로 전환('연수 3년'에서 '연수 2년, 취업 1년'으로 변경).

• 외환 위기 이후 경제 악화가 이어지면서 이주노동자 운동도 침체. 이주 노동자의 대량 실업이 발생하면서 출국하는 노동자 급증.

1999

• 〈재외동포의 출입국과 법적 지위에 관한 법률〉(재외 동포 특례법) 제정.

▶ 그러나 1945년 이후에 해외로 이주한 동포만 재외 동포로 인정. 재중 동포, 러시아(사할린) 교포 등은 적용 대상에서 제외됨. 차별적인 재외 동포 특례법에 대

한 재중 동포들의 항의와 농성이 지속.

- 최저임금, 산재보험, 퇴직금 지급 등 노동법에서 배제된 해외투자기업 산업 연수생들에게 적용될 노동관계법 일부 조항이 개선.
- 세계이주민의 날 국내 첫 공식 행사를 안산역에서 개최.

2000
- 산업 기술 연수생의 취업 연수 기간 조정('연수 2년, 취업 1년'에서 '연수 1년, 취업 2년'으로 변경).
- 예술·흥행 비자로 입국한 여성들에 대한 인신매매·인권침해 등의 문제 발생.
  - ▶ 외국인노동자대책협의회가 중심이 되어 예술·흥행 비자 발급에 대한 규제 및 관리 감독 요구.
- 외국인노동자대책협의회를 중심으로 산업 연수제 폐지, '외국인 노동자 고용 및 인권 보장에 관한 법률안'의 입법 청원 운동 재개.

2001
- 이주노동자들의 노동조합 활동이 전개되기 시작.
  - ▶ 서울·경기·인천지역 평등노동조합 이주노동자지부(이주지부) 설립.
- 재외 동포 특례법 개정을 위한 항의 집회 및 농성, 헌법 소원 제기.
  - ▶ 법 적용 대상자에 대한 헌법 불합치 판결.
- 미등록 이주노동자 자녀들의 초등학교와 중학교 전입학 허용.

2002
- 미등록 이주노동자들에 대해 자신 신고 기간 설정.
  - ▶ 1년간 체류 및 취업 허가.
- '외국인 근로자의 고용허가 및 인권보장에 관한 법률안' 국회 제출.
  - ▶ 법률 제정을 촉구하는 이주노동자들이 다양한 집회를 열고 캠페인을 펼치는 등 저항운동 분출.

- 포천 아모르 가구에서 9개국의 미등록 이주노동자 93명이 체불임금 지급을 요구하는 농성파업.

- 외국인노동자대책협의회 주관으로 '외국인근로자 고용 및 관리에 관한 법률안' 통과를 위한 국회 앞 농성 시작.
  - ▶ 8월 〈외국인근로자의 고용 등에 관한 법률〉(고용허가제) 제정.
  - ▶ 그러나 미등록 이주노동자를 선별적으로 합법화하고, 산업 연수제와 고용허가제 병행 실시하며, 작업장 이동을 3회로 제한한다는 법 조항 탓에 반쪽짜리 고용허가제라는 비판에 휩싸임.
- 고용허가제 부칙 조항에 적용되는 사면 대상자(5년 이하 체류 노동자) 18만 명에게 체류 허가 부여.
- 고용허가제 사면에서 제외되는 이주노동자 12만 명에 대한 단속과 강제 추방 정책 실시.
  - ▶ 강제 추방 반대, 미등록 이주노동자 전면 합법화를 위한 농성이 전국적으로 전개(명동성당, 성공회성당, 안산 등). 이 가운데 명동성당 농성은 380여 일에 걸쳐 진행.
- 한중 양해 각서MOU를 체결하면서 재중 동포의 국내 결혼 요건 완화. 이후 동남아인과의 국제결혼으로까지 확대되기 시작.

- 고용허가제 실시.
  - ▶ 인도네시아·베트남·필리핀·타이·스리랑카·몽골 등 6개국과 양해 각서를 체결하고 신규 인력을 도입.
- 외국 국적 동포들의 국적 회복 확대.
  - ▶ 1945년 이전 호적이 남아 있는 사람 또는 그 자녀들에 대해 국적 회복 실시.
- 이주노동자운동의 분화.
  - ▶ 외국인노동자대책협의회(1995년 결성, 2007년 외국인이주·노동운동협의회로 명칭 변경),

이주노동자인권연대(2004년 결성), 이주노동자노동조합(2005년 결성, 초기 형태는 2001
년부터 시작)으로 분화.

- 정부가 지원하는 외국인 노동자 지원 단체들이 설립되기 시작.

- 5월 3일 서울·경기·인천 이주노동자노동조합Migrants' Trade Union(이주노
  조) 결성.
  ▶ 노동부는 노조 설립 신고서를 반려하고, 초대 노조 위원장을 미등록자라는 이유
  로 연행. 행정법원에 이주노조 설립신고서 반려처분 취소 청구.
- 재중 동포 및 미등록자 자진 출국 프로그램 실시.
  ▶ 3월 1일부터 8월 30일까지 시행. 재중 동포의 경우, 비자 기간 중 출국할 경우 6
  개월 후 재입국을 보장하고, 미등록 신분으로 출국할 경우 1년 후 재입국을 보
  장. 기타 국가 미등록자의 경우, 고용허가제를 통해 1년 후 재입국을 보장.
- 외국인 보호시설에 대한 실태 조사 실시(국가인권위원회에서 지원).

- 이주 아동 권리 보장을 위한 캠페인 및 입법화 운동(미등록이주아동합
  법체류보장촉구연대).
  ▶ 이주 아동의 교육받을 권리, 보호받을 권리, 부모와 살 권리, 차별받지 않을 권
  리, 사회복지의 권리, 체류할 수 있는 권리 촉구.
  ▶ 이에 정부는 한국에서 태어난 자녀나 동반 입국한 자녀를 둔 미등록 부모에게
  2006년 8월부터 2008년 2월 28일까지 한시적으로 비자를 허용.
- 법무부 변화전략계획 수립 발표.
  ▶ 이민청 설립, 미등록자 인권 개선을 위한 로드맵 등이 계획안에 포함.
- 이주노조 설립신고 청구소송 기각 판결.
  ▶ 서울행정법원은 이주노조 설립신고서 반려처분 취소 청구를 기각하면서, 미등
  록 이주노동자는 〈출입국관리법〉상 노동자가 아니라는 이유를 제시. 이주노조

300

측에서 고등법원에 항소심 청구.

- 국가적 차원에서 다문화 정책 기초안 발표(문화관광부).

- 사회 통합 정책 및 거주 외국인 지원 조례 표준안 마련.

- 21개 지역 결혼이민자가족지원센터 설립 지원 시작(여성가족부).

- 외국인근로자지원센터(현 외국인력상담센터) 설립 지원 시작(노동부).

2007

- 〈재한외국인 처우 기본법〉 제정(법무부).

  ▶ 5년마다 외국인 정책 기본 계획을 수립하고, 중앙 행정기관 및 지방자치단체는 기본 계획을 바탕으로 연도별 시행 계획을 수립해 시행.

- 중국과 구소련 지역 동포를 대상으로 방문 취업제 실시.

- 산업 연수제 폐지.

  ▶ 외국 인력 도입 정책을 고용허가제로 일원화. 고용허가제 송출 국가를 6개국에서 10개국으로 확대.

- 고용허가제 체류 기간(3년) 만료자들을 대상으로 재고용 제도 실시.

  ▶ 이들이 기존 사업장과 재고용 계약을 체결할 경우, 출국해 1개월 뒤 입국하면 체류 기간 3년을 추가로 부여.

- 여수 외국인보호소 화재 사건 발생.

  ▶ 화재 당시 이주노동자 55명이 구금 상태에 있었고, 이 사고로 말미암아 17명이 중경상을 입고 11명이 사망. 이주노동자 인권 단체와 시민사회단체를 중심으로 여수 외국인보호소 화재참사 공동대책위원회가 구성되어 유가족 및 부상자를 위한 지원 활동 전개.

- 이주노조 위원장 강제 연행 및 미등록 이주노동자들에 대한 과잉 단속과 강제 추방 정책 추진.

  ▶ '신 공안 정국화'에 대한 우려 제기.

- 이주노조 설립신고 반려처분 취소 청구 고등법원 승소.

▸ 서울고등법원은 행정법원의 기각결정에 대해 취소 판결. 노동청은 이에 불복하고 대법원에 항소.

- 〈다문화가족지원법〉 제정(보건복지가족부).
  ▸ 다문화가족지원센터를 건립하고, 다문화 가족을 위한 교육·복지·적응·통합 등의 사업 실시.
- 〈결혼중개업의 관리에 관한 법률〉 제정.
  ▸ 국제결혼 중개 업체의 허가 방식을 등록제로 한다는 내용과 신상 정보 제공 및 피해자 보상 등에 대한 규정이 담김.
- 제1차 외국인정책기본계획 시행(2008~12년).
  ▸ '외국인과 더불어 사는 열린 사회 구현'을 비전으로 '개방적 이민 허용을 통한 국가 경쟁력 강화', '질 높은 사회 통합', '질서 있는 이민 행정 구현', '외국인 인권 옹호' 등 네 가지 정책 목표를 상정하고 13개 중점 과제를 채택.

- 사회통합위원회 발족.
  ▸ 한국 귀화를 원하는 외국인을 대상으로 사회 통합 이수제 시행. 한국 국적을 취득하려는 외국인에게 언어·문화·사회·제도 등에 대한 기본적 소양 교육 실시.
  ▸ 이주 여성 관련 단체들은 생활이 어려운 이주노동자와 결혼 이주 여성에게는 현행 사회 통합 이수제가 비현실적인 정책이라고 주장.
- 미등록 이주 아동 '중등 교육권' 보장 정책 권고안 발표(교육과학기술부).
- 방문 취업 동포 건설업 취업 등록제 시행.
- 고용허가제 재고용 요건 변경.
  ▸ 고용허가제 재고용 요건을 '고용 3년, 1회 출국, 재고용 3년'에서 '고용 3년, 무출국, 재고용 1년 10개월'로 조정. 변경된 제도에 따라, 고용 기간을 중단하지 않고 현 사업장에서 4년 10개월간 재직하며 체류할 수 있게 됨.

2010
- 다문화 가족 지원 정책 기본 5개년 계획 수립. 〈다문화가족지원법〉 시행.
- 〈결혼중개업의 관리에 관한 법률〉 시행.
- 다문화가족지원센터 전국에 159개소 설치(2010년 11월 1일 현재).
- G20(주요 20개국) 서울 정상 회의 개최를 앞두고 미등록자 합동 단속.
  - ▶ 노점상, 노숙인, (미등록) 이주민 등을 사회적으로 고립시키는 한편, 잠재적 범죄 집단화함.

2011
- 다문화가족지원센터 전국에 201개소 설치(2011년 12월 29일 현재).
- 위장 결혼으로 말미암아 발생한 무국적자의 인권 증진 방안 권고(국가인권위원회).
- 고용허가제 개정.
  - ▶ 고용허가제 재고용 기간 만료자(총 6년 혹은 4년 10개월 만료자)가 일정 요건을 충족할 경우, 현 사업장과의 재고용 계약을 통해 또다시 3년을 체류할 수 있도록 관련 법 개정(2012년 7월 이후 적용 예정).
- 이주노조 위원장에 대한 체류 허가 취소 결정.
  - ▶ 법무부 서울 출입국 관리사무소가, 위장 취업을 했다는 이유로, 적법한 체류 허가를 가지고 있던 이주노조 위원장의 체류 허가를 취소. 이와 관련된 법정 투쟁 지속(2012년 2월 이주노조 위원장 자진 출국).